特 殊 教 育 专 业 应 用 型 系 列 教 材

辅助沟通系统与应用

丛书主编：邓　猛

主　　编：徐　云　季雨竹

参　　编（排名不分先后）：

白　雪　边琼霞　黄　楠　马　杰　马玉娇

李　鹏　郐玲亚

Fuzhu Goutong
Xitong Yu Yingyong

北京师范大学出版集团
BEIJING NORMAL UNIVERSITY PUBLISHING GROUP
北京师范大学出版社

图书在版编目（CIP）数据

　辅助沟通系统与应用/徐云，季雨竹主编. —北京：北京
师范大学出版社，2022.11
　ISBN 978-7-303-27629-5

　Ⅰ．①辅…　Ⅱ．①徐…　②季…　Ⅲ．①儿童教育－特殊
教育－研究　Ⅳ．①G76

中国版本图书馆CIP数据核字（2021）第263351号

教 材 意 见 反 馈：　gaozhifk@bnupg.com　010-58805079
营 销 中 心 电 话：　010-58802755　58800035

出版发行：北京师范大学出版社　www.bnup.com
　　　　　北京市西城区新街口外大街12-3号
　　　　　邮政编码：100088

印　　刷：天津旭非印刷有限公司
经　　销：全国新华书店
开　　本：787mm×1092mm　1/16
印　　张：17.5
字　　数：297千字
版　　次：2022年11月第1版
印　　次：2022年11月第1次印刷
定　　价：49.00元

策划编辑：余娟平　　　　　　　责任编辑：孟　浩　赵鑫钰
美术编辑：焦　丽　　　　　　　装帧设计：焦　丽
责任校对：陈　民　　　　　　　责任印制：陈　涛

版权所有　侵权必究

▶ 致读者（前言）

  沟通障碍，世界卫生组织、美国言语语言听力协会等将其定义为因先天或后天因素，个体在接收、传递、处理或理解口语、非口语或符号系统方面存在能力缺陷。它突出表现在以下方面：因器质性或非器质性因素导致构音、发音及语言流畅方面存在异常；在使用符号编排的交流工具时，在语形、语意、语法、语用方面存在异常；在语言理解或语言表达方面，较同龄儿童存在明显偏离或低下的情况。语言发育迟缓、失语症、书写异常等都属于沟通障碍。沟通障碍直接影响日常生活与工作，甚至影响社会经济发展。

  世界卫生组织在2021年指出，全世界患有残疾性听力沟通障碍的人士约有4.66亿人，其中，儿童约3400万人，成人约4.32亿人。据估计，到2050年，总数将增加至9亿。中国残疾人联合会公布的资料显示，我国的残疾人已经超过8500万人，听力障碍、智力障碍、孤独症、脑瘫和多重障碍等均可伴有沟通障碍。我国的沟通障碍儿童大约有1300万人。由于他们无法做到用正常的言语、手势等自然的方式与他人进行沟通，一种替代性的沟通支持工具——辅助沟通系统应运而生，以保障这个群体获得社交沟通、教育和工作的权利。

  辅助沟通系统源起于欧美，现已被广泛运用于实际特殊教育实践与康复训练中。在我国，辅助沟通系统的研究与应用还处于初期阶段。我们从2009年开始，在国家相关基金项目的资助下，与企业、学校、机构和家庭开展了广泛而深入的研究，"政产学研用"相结合，积极推进国家产业与应用特别扶持政策的落地，获得了一系列研究成果，有关知识产权有10多项，出版了有关辅助沟通系统的著作，相关使用单位反响甚好。

  本教材结合多年从事辅助沟通系统研发的相关企业的经验及一线教师的大量教学工作的理论实践经验撰写而成。既重视介绍关于辅助沟通系统的理论知识，又强调辅助沟通系统的实用技巧，同时注重实用技术与实例操作相结合，理论价值与实用价值并重，通俗易懂，可读性强。

  本教材共分为十个单元，第一单元到第五单元为理论部分，第六单元到第九单元为实践部分，第十单元为发展展望。其中，第一单元主要介绍辅助沟通系统的含义与应用，包括基本概念、服务对象、组成要素、目的、作用及原则；第二单元主要介绍辅助沟通系统的发展现状；第三单元主要介绍辅助沟通系统的设计与操作，包括词汇库、符号和排列以及操作辅助沟通系统的方式；第四单元主要介绍辅助沟通系统的评估，包括评估的发展和常用方法、评估步骤以及评估体系；第五单元主要介绍辅助沟通系统干预训练的实施，包括干预训练的方案设计、原则和存在的问题以及常见方法介绍；第六单元主要介绍辅助沟通系统在智力障碍儿童中的应用，包括智力障碍的基本概念、智力障碍儿童的语言障碍特点与辅助沟通系统的应用以及应用案例分析；第七单元主要介绍辅助沟通系统在脑瘫儿童中的应用，包括脑瘫的基本概念、脑瘫儿童的沟通障碍特点与辅助沟通系统的应用以及应用案例分析；第八单元主要介绍辅助沟通系统在孤独症儿童中的应用，包括孤独症的基本概念、孤独症儿童的语言障碍特点与辅助沟通系统的应用以及应用案例分析；第九单元主要介绍图片交换沟通系统（PECS），包括PECS开始前的准备、PECS教学模板以及在教学中的应用；第十单元主要介绍辅助沟通系统的未来发展趋势，包括相关政策法规、现代科技与辅助沟通系统的结合以及研究进展与趋势。

本教材以习近平新时代中国特色社会主义思想为指导，全面贯彻党的教育方针，落实立德树人根本任务。本教材坚持"以就业为导向，以能力为本位，以学生为主体"的职业教育思想，积极倡导做中学、做中教的职业教育教学方式，注重学生的职业发展和职业素养的培养。每个单元全面渗透了教育部印发的《高等学校课程思政建设指导纲要》，以促进学生德智体美劳全面发展。为了更好地服务于学生学习以及教师教学，每个单元通过导语与问题情境引发学生的学习兴趣，导入相应单元和任务的学习内容；通过知识导览与要点回顾中的思维导图，帮助学生梳理相关知识体系；设置了检测与思考板块，考查学生是否达成了本单元的学习目标。此外，还适当增加了"拓展知识""想一想""案例卡片"等拓展学习内容，更好地帮助学生深入了解相关知识，以达到融会贯通的目的。同时，本教材为适应当前信息技术的发展，实现教材载体的多媒体融合，提供了配套的数字资源，供学生学习使用。

本教材的编写团队由来自浙江工业大学、浙江特殊教育职业学院、杭州市湖墅学校、西安市启智学校、杭州达那福医疗器械有限公司、杭州塔式教育科技有限公司等单位的应用心理专业、特殊教育专业、康复辅具开发研究领域的专家、教科研人员，以及一线教师与行业技术人员组成。徐云与季雨竹经过反复讨论设计了本书的写作框架。浙江工业大学季雨竹负责撰写第一、第三单元，西安市启智学校黄楠负责撰写第二单元，浙江工业大学季雨竹、徐云负责撰写第四、第七单元，杭州市湖墅学校邰玲亚、马玉娇负责撰写第五单元，杭州市湖墅学校邰玲亚、白雪负责撰写第六单元，浙江特殊教育职业学院李鹏负责撰写第八单元，杭州塔式教育科技有限公司边琼霞负责撰写第九单元，杭州达那福医疗器械有限公司马杰与浙江工业大学徐云负责撰写第十单元。徐云与季雨竹一起负责全书的统稿、校稿、修改和补充。浙江工业大学帅佳佳、朱建、林心怡、孙郁雯、曹秀爱、张潘等人在本教材第一、第三、第四、第七、第十单元的撰写中收集了大量文献资料，协助整理、写作并帮助统稿、校稿。由衷感谢编写团队所在单位领导的大力支持和作者们的倾心付出。

　　本教材内容较多，尽管作者们充分吸收了国内外的研究成果，但水平有限，难免会有疏漏，敬请读者谅解。

　　希望本教材能够对特殊儿童教育、心理与康复领域的专业人员，有沟通障碍的残疾人朋友及其家庭有所帮助。为"生活在我们伟大祖国和伟大时代的中国人民，共同享有人生出彩的机会，共同享有梦想成真的机会，共同享有同祖国和时代一起成长和进步的机会"，为"一个不能少""人人享有康复服务"，为促进社会公平，实现"共同富裕"，贡献我们的一份绵薄之力。

徐　云　季雨竹

于浙江工业大学畅远楼

252 单元十·辅助沟通系统的未来发展趋势

单元一·辅助沟通系统概述

导 语

想一想，那些有沟通障碍的人，他们无法通过说话来满足日常基本的沟通需要，常常需要使用其他方法来代替，如在纸上写出来、用手指图片示意。除了上述提到的方法，还有什么方法能够帮助这些人更好地进行沟通呢？通过本单元的学习，我们将初步了解辅助沟通系统及其基本原理、服务对象、目的与作用等，为后面内容的学习打下基础。

学习目标

1. 知道辅助沟通系统的基本概念。
2. 能说出辅助沟通系统的组成要素。
3. 能正确理解辅助沟通系统的作用。
4. 了解应用辅助沟通系统的原则。

知识导览

单元一 辅助沟通系统概述

任务一 辅助沟通系统的含义
- 一、辅助沟通系统的基本概念
- 二、辅助沟通系统的服务对象
- 三、辅助沟通系统的组成要素

任务二 辅助沟通系统的应用
- 一、应用辅助沟通系统的目的
- 二、辅助沟通系统的作用
- 三、应用辅助沟通系统的原则

扫码学习

► 任务一
辅助沟通系统的含义

问题情境……►

　　设想一下，在日常生活中，如果你不能说话，你就无法清楚地表达需要，不能在有困难时请求帮助，不能和他人分享情绪。不能说话给生活带来了许多麻烦，让人们陷入痛苦之中。电视上播放过这样一个节目：一位言语残疾者李·里德利（Lee Ridley），他失去沟通能力37年，而辅助沟通系统帮他"说话"，使他成为2018年"达人秀"冠军。那么，究竟什么是辅助沟通系统？它又能帮助哪些人？有哪些组成要素呢？接下来的学习可以帮助我们回答以上问题。

一、辅助沟通系统的基本概念

　　无论是什么原因造成了听说读写困难，严重影响了日常沟通，人们都可以使用辅助沟通系统，即AAC。AAC是augmentative and alternative communication，意思是扩大性与替代性沟通，根据其含义，一般采用辅助沟通系统作为其代名词。对于具备一定自然语言能力的个体来说，在其有限的语言能力的基础之上提供支持和帮助，这是"扩大性"沟通；而那些由于生理或肢体问题完全丧失自然语言能力的个体，则需要"替代性"沟通。简单来说，辅助沟通系统就是任何能帮助个体提高沟通能力的工具或表达方式。

　　美国言语语言听力协会（American Speech-Language-Hearing Association，ASHA）对辅助沟通系统的定义如下：辅助沟通系统是指通过一系列临床和教育实践研究，为患有重度语言表达或语言理解障碍的个体提供口语化和书面化的沟通方式，以弥补他们因语言障碍造成的沟通能力暂时或永久的缺失，以及参与社交活动时受到的限制。

　　根据上述定义，我们知道，辅助沟通系统既是一个研究领域，也是临床言语-语言治疗的技术之一。在2010年美国医疗改革中，适应训练（habilitation）、康复服务（rehabilitation）中都提到了辅助沟通系统技术和辅助沟通系统干预服务。辅助沟通系统可以为语言沟通障碍人士提供专业的干预服务，补偿其丧失的沟通能力。

📘 |拓展知识|

什么是言语-语言治疗？

言语-语言治疗起源于欧美发达国家，在第一次世界大战期间快速发展，涵盖了医学、教育学、物理学、语音学等多个学科的内容，知识覆盖范围广泛。该治疗主要针对言语、语言、沟通、吞咽等方面需要改善的个体。常见治疗领域包括失语症、构音障碍、吞咽障碍等。治疗遵循"评估—治疗—评估"的顺序。通过对语言障碍患者全面的评估，确定言语-语言障碍类型、障碍的严重程度、患者现阶段的交流水平，根据评估结果，制定并实施相关的治疗方案，尽可能提高患者的沟通能力。治疗过程中，还需要实施阶段性评估，根据评估结果及时修改、完善治疗方案。相关从业人员被称为言语-语言治疗师。

想了解更多内容请扫描二维码。

辅助沟通系统于1970年出现，目前在医疗和教育领域大量应用并且取得了良好的效果。辅助沟通系统是一个跨学科研究领域，需要由专业团队合作来进行评估、建议和后期持续评估的工作。辅助沟通系统经过几十年的逐步发展，已成为一门独立的学科，有其自属的期刊和国际性的学术组织。

二、辅助沟通系统的服务对象

根据美国言语语言听力协会的定义，沟通障碍是指对口语、非口语或读写符号系统的概念，在接收、传递、处理或理解上存在缺陷。一般来说，只有重度沟通障碍者才是辅助沟通系统的适用对象。重度沟通障碍者主要是指个体已经无法通过口语或书写的方式来理解别人传递的信息或自我表达。例如，完全丧失言语能力的霍金，只能靠轮椅行动而口腔不能有意识活动的脑瘫儿童，无法进行言语表达的孤独症儿童，中风后患有失语症的老年人等。在辅助沟通系统的帮助下，霍金可以继续进行科学研究、写作、演讲，脑瘫儿童能够正常上学、交朋友，孤独症儿童可以告诉家长他的需要，患有失语症的老人也能更好地恢复语言能力。

案例卡片

霍金怎么通过电脑说话？

斯蒂芬·威廉·霍金（Stephen William Hawking，1942—2018）出生于英国牛津，毕业于牛津大学，后在剑桥大学继续深造，主要研究宇宙论和黑洞，被视为现代伟大的物理学家之一。他传奇的故事被改编成电影《万物理论》，于2014年在美国上映。

1963年，霍金被检查出患有肌萎缩侧索硬化（Amyotrophic Lateral Sclerosis，ALS）。这一病症导致他全身瘫痪，不能说话，仅有三根手指可以活动。技术人员为霍金打造了一整套高科技辅助沟通系统，包括红外线感应器（根据眨眼的速度发出讯号）、电脑（适应霍金的眨眼速度，保证打出的英文单词的准确率）和语言合成器（将文字转为声音）。

随着病情不断恶化，霍金完全丧失了言语能力。2005年开始，他连手指都不能动弹。技术人员不断改进辅助沟通系统设备，以适应霍金的变化。比如，通过眼动追踪和联想输入功能，提高他"说话"的效率等。在辅助沟通系统的支持下，霍金与他人交流，并继续进行科学研究。

想了解更多内容请扫描二维码。

造成沟通障碍的原因多种多样，主要可以分为先天因素和后天因素两大类。根据造成沟通障碍的原因，可以将沟通障碍者分为先天性沟通障碍者和后天性沟通障碍者。

（一）先天性沟通障碍者

这类患者由先天因素导致沟通能力受损，主要包括智力障碍患者、脑瘫患者、孤独症患者、发展性失语症患者、重度听力损伤者以及盲聋者等，也叫发展性沟通障碍者。由先天因素导致的沟通障碍会伴随患者一生，影响患者的方方面面（如学习、生活、工作等），所以，患者对辅助沟通系统的需求极为迫切。由于这类患者在一出生或婴幼儿时期就出现沟通障碍，缺乏说话、写字的经验；因此，所使用的辅助沟通系统要依照年龄的增长、能力的改变随时调整。此外，还必须通过语音与书写的辅助沟通形式来发展语言概念。下面主要介绍患有智力障碍、脑瘫、孤独症这三类先天性沟通障碍的儿童。

智力障碍儿童的沟通问题主要是自发性沟通、类化沟通能力不足，存在特异的沟通行为模式。研究表明，经过系统训练，辅助沟通系统可以帮助智力障碍儿童提升主动沟通能力，并改善其异常行为模式。

脑瘫儿童在动作和语言发展方面存在巨大的困难，语言发展受到动作发展、知觉等方面的影响，如吞咽、呼吸等动作会影响患者的发音。脑瘫儿童使用辅助沟通系统主要是为了纠正发音，训练说话节奏，同时配合松弛法使肌肉紧张状态达到最佳，以此来提升语言能力。辅助沟通系统还可以激发脑瘫儿童的沟通动机，帮助脑瘫儿童发展沟通能力。

孤独症儿童的情况比较特殊，个体差异极大。已有研究主要将其分为两类：口语类和非口语类（包括语言理解和语言表达两方面的困难）。尽管有些孤独症儿童具有发声的能力，即"说话"的能力，但是无法形成有意义的语言。使用辅助沟通系统的主要目的是让孤独症儿童说出有意义的句子，激发沟通的动机，和周围人进行友好的交流。

（二）后天性沟通障碍者

这类患者由后天因素（如出生后受伤或疾病）导致沟通困难，如创伤性脑损伤患者、脑中风患者、脊椎损伤者、喉部或喉头切除者、呼吸严重不足影响说话能力者、大脑血管发生严重病变者等。因为沟通障碍是因后天因素引起的，后天性沟通障碍者曾经拥有说话或书写的经验，有可能还保留某种程度的沟通能力，所以在为此类沟通障碍者设计辅助沟通系统时，应以其具备的经验为基础，提供多元沟通的机会，提高其沟通技巧。

在后天性沟通障碍者中，有一类患者是老年人。由于患有退行性神经异常疾病，随着病情逐渐恶化，沟通也越来越困难。这类疾病包括多发性硬化症（Multiple Sclerosis，MS），肌萎缩侧索硬化，帕金森病（Parkinson Disease，PD），阿尔茨海默病（Alzheimer's Disease，AD）等。使用辅助沟通系统的目的是让患者能够自在地与家人、亲属及医疗团队维持良好的沟通互动。随着病情变化、肢体活动能力或意识状态改变，应该随时调整治疗方案。这对于病人尊严的维护和意识的表达有极大的帮助。

此外，定义中也提到了暂时性的沟通障碍。由于某些医疗方面的原因，包括严重受伤、口部插管、气管切开或喉咙部位接受了切除手术等，这类患者暂时无法与人沟通。一般而言，此类患者在接受治疗期间或尚未痊愈之前，需要辅助沟通系统的短期协助，一旦恢复沟通能力即不再需要。（见表1-1）

表1-1　辅助沟通系统的适用人群

分类	具体名称
先天性沟通障碍者 （发展性沟通障碍者）	智力障碍、脑瘫、孤独症、唐氏综合征、发展性失语症、先天性视觉障碍、先天性听觉障碍等
后天性沟通障碍者	创伤性脑损伤、多发性硬化症、肌萎缩侧索硬化、帕金森病、阿尔茨海默病、亨廷顿舞蹈病、气管切开或严重受伤等

三、辅助沟通系统的组成要素

辅助沟通系统为了帮助重度沟通障碍者实现有效且便捷的沟通，需要四大要素相互配合、共同作用。这四大要素分别是沟通符号、沟通辅具、沟通技术与沟通策略（陈强、徐云，2011）。

✐ |想一想|

你有没有注意过怎样才能实现与他人的沟通交流呢？想象以下几种场景：

①室友帮你打水，你对她比了个心。

②小兰和小华在自习课上传纸条。

③战争期间，人们用莫尔斯电码传递信息。

在这几种场景里，人们都没有说话，但是沟通仍然发生了。信息并没有通过言语进行传递，而是以其他无声的形式，如手势、纸条上的内容、莫尔斯电码进行传递。而这些形式，包括语言本身，就是符号。

（一）沟通符号

符号是能够用来表达意义的一切形式，如手语、肢体动作、眼神、面部表情、照片、图片、布列斯符号和文字等。沟通符号依据是否由身体直接产生，可以分为非辅助性沟通符号和辅助性沟通符号两大类。

非辅助性沟通符号是由我们身体直接产生的，用以沟通的符号。例如，我们在日常交流中最常使用的口语，就是由各种声音符号组成的，经过编码之后传递给交流对象，对方接收符号并进行解码，继而理解符号的含义。肢体动作、眼神、表情等也都是非辅助性沟通符号。

辅助性沟通符号是指利用身体以外的事物进行沟通的符号，是本书讨论的重点。辅助性沟通符号包括：①直接符号，照片、模型等；②象征性符号，简笔画、图片、布列斯符号等；③文字符号；④声音符号；⑤抽象符号。沟通符号可以表示使用者想要表达的含义和交流的目的，直接影响沟通效率，所以沟通符号的挑选和设计，是辅助沟通系统应用过程中重要的一步。在接下来的单元中，我们会详细讨论。

（二）沟通辅具

沟通辅具也是辅助沟通系统的重要组成要素。沟通辅具是指用来传递、接收信息的装置。重度沟通障碍者无法利用自己身体的某一部分来满足日常的沟通需求，因此要利用身体以外的设备来辅助完成信息的传递。根据是否具备打印或声音输出功能，沟通辅具主要分为低科技沟通辅具与高科技沟通辅具。此外，从低科技沟通辅具到高科技沟通辅具的过渡中，也存在一类中科技沟通辅具，一般由一些简单的按钮和录音功能组成。

低科技沟通辅具是指不具备打印或声音输出功能的设备。例如，沟通簿、沟通图卡、沟通表、注音板等。沟通版面的制作是把文字、图片等各种符号放在一个平面中，以单选或多选的方式呈现，沟通障碍者可以从中挑选符号来表达所思所想。随着沟通障碍者能力水平的提升，掌握的符号数量增多，我们可以按照患者需求按主题或类别对符号进行分类整理。

高科技沟通辅具是指具备打印或声音输出功能的设备。例如，微型计算机语音沟通板、可发声的电子设备。高科技沟通辅具又可以根据是否能独立存在，分为专门性沟通辅具和非专门性沟通辅具。有关内容将在之后的单元中详细介绍。

（三）沟通技术

沟通技术是指传递信息的方法，即沟通障碍者使用沟通辅具的方法，包括直接选择和间接选择两种。

直接选择：沟通障碍者利用自己的身体部位，如手、头等，直接在控制界面上进行挑选。如果沟通障碍者的身体部位出现问题，那么可以用键盘、头杖等特殊工具代替。

间接选择：沟通障碍者经过多个步骤才可以选到所需要的选项。扫描是常见的间接选择方法，沟通障碍者可以利用游标或者灯光移动进行选择。根据扫描的方式，可以分为环形扫描、线性扫描、群组扫描。选择控制技术主要包括自动式、逐步式、反向式这几种。扫描一般需要和特殊开关配套使用。

（四）沟通策略

沟通策略是指整合沟通符号、沟通辅具、沟通技术的方案，以规划沟通障碍者的训练，帮助患者更好地进行沟通。由于沟通障碍者的情况不同，要想制定有效的沟通策略，就必须对患者的需求、能力水平等进行全面评估，这样才能最大程度地提升患者的沟通能力。有研究者认为，沟通策略就是让信息的传递达到最大的沟通效度（Beukelman，Mirenda，2013）。所以，辅助沟通系统的沟通策略有三个目的：①加快沟通信息传递；②产生符合语法的沟通信息；③提高沟通速度。

要点回顾 ·····▶

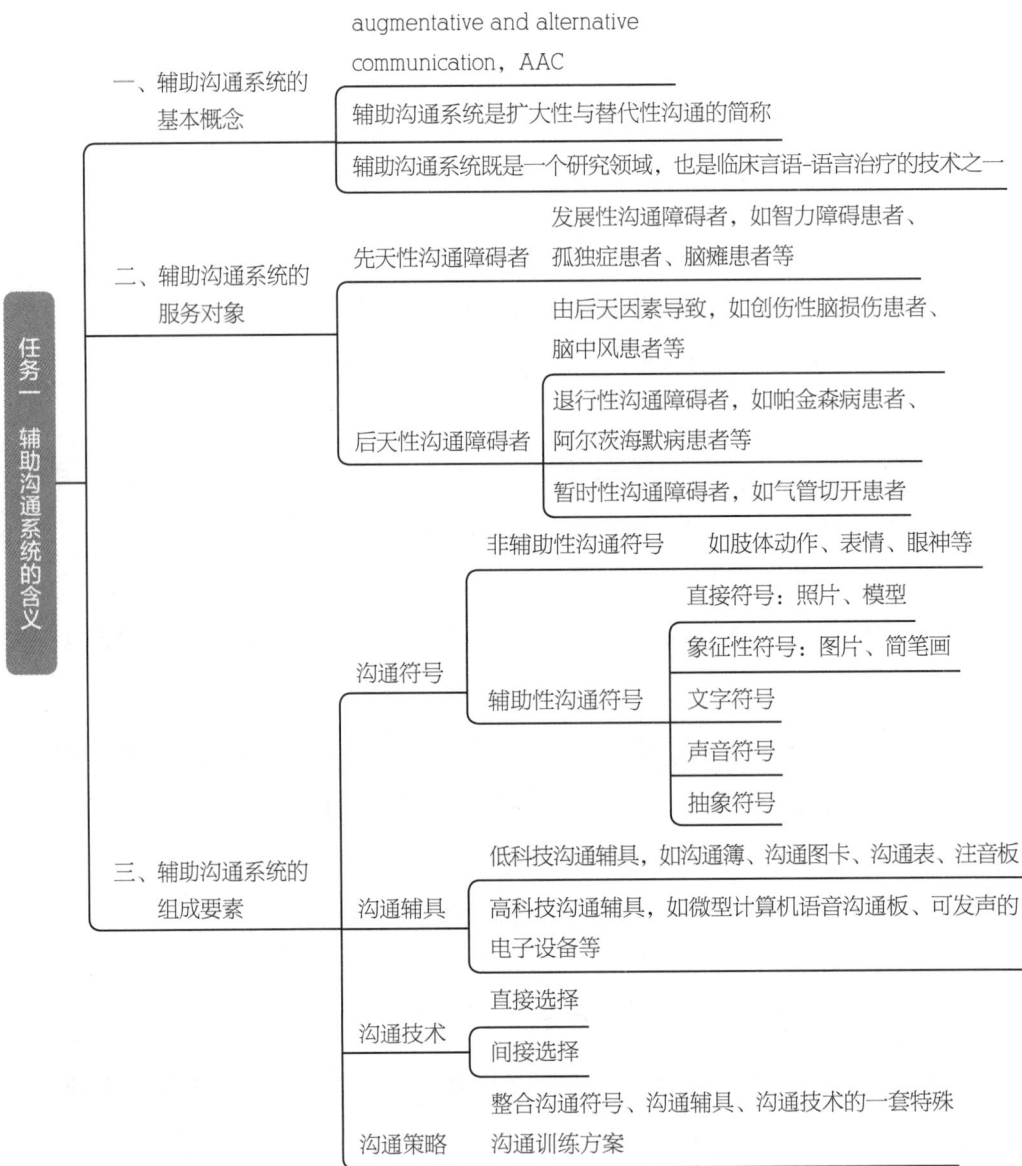

		augmentative and alternative communication，AAC
	一、辅助沟通系统的基本概念	辅助沟通系统是扩大性与替代性沟通的简称
		辅助沟通系统既是一个研究领域，也是临床言语-语言治疗的技术之一

任务一 辅助沟通系统的含义

二、辅助沟通系统的服务对象
- 先天性沟通障碍者：发展性沟通障碍者，如智力障碍患者、孤独症患者、脑瘫患者等
- 后天性沟通障碍者：
  - 由后天因素导致，如创伤性脑损伤患者、脑中风患者等
  - 退行性沟通障碍者，如帕金森病患者、阿尔茨海默病患者等
  - 暂时性沟通障碍者，如气管切开患者

三、辅助沟通系统的组成要素
- 沟通符号
  - 非辅助性沟通符号：如肢体动作、表情、眼神等
  - 辅助性沟通符号：
    - 直接符号：照片、模型
    - 象征性符号：图片、简笔画
    - 文字符号
    - 声音符号
    - 抽象符号
- 沟通辅具
  - 低科技沟通辅具，如沟通簿、沟通图卡、沟通表、注音板
  - 高科技沟通辅具，如微型计算机语音沟通板、可发声的电子设备等
- 沟通技术
  - 直接选择
  - 间接选择
- 沟通策略：整合沟通符号、沟通辅具、沟通技术的一套特殊沟通训练方案

检测与思考 ·····▶

（一）选择题

1. 以下选项中，属于象征性符号的是（　　　）。

A. 一张桌子　　　　B. 表情包　　　　C. 汉字　　　　D. 口语

2. 以下选项中，属于非辅助性沟通符号的是（　　　）。

A. 手语　　　　　　　　　　　　B. 实物

C. 英文字母　　　　　　　　　　D. 线条画

3. 以下选项中，不属于先天因素导致的沟通障碍的是（　　　）。

A. 智力障碍　　　　　　　　　　B. 脑瘫

C. 唐氏综合征　　　　　　　　　D. 中风

（二）判断题

1. 只有像霍金使用的那种仪器才能叫辅助沟通系统。（　　　）

2. 沟通障碍者使用辅助沟通系统的具体方法叫作沟通技术。（　　　）

3. 沟通策略是指包含沟通符号、沟通辅具的整合方案。（　　　）

（三）简答题

1. 辅助沟通系统的英文全拼是什么？怎么理解这个概念？

2. 哪些个体需要辅助沟通系统的支持？

3. 辅助沟通系统的组成要素是什么？

4. 什么是符号？沟通符号可分为哪两类？

5. 沟通辅具主要有哪些分类？霍金使用的属于哪种？

单元一任务一
检测与思考参考答案

▶任务二
辅助沟通系统的应用

问题情境……▶

　　想一想，我们在饭店吃饭时，会进行哪些交流呢？一般会和同伴交流，共同决定吃什么；可能会询问服务员是否有餐巾纸；当服务员拿来餐巾纸之后，还需要说"谢谢"，以表示礼貌。而沟通障碍者可以利用辅助沟通系统进行上述互动。除了点餐，应用辅助沟通系统还可以达到哪些目的？在这个过程中又需要遵守哪些原则？让我们通过学习下面的内容，来寻找上述问题的答案。

一、应用辅助沟通系统的目的

我们每时每地都在进行着沟通，如相互打招呼、问问题、交流电影观后感等。应用辅助沟通系统的目的是满足沟通障碍者当前或者未来的沟通需要，主要包含五大方面：表达需求、传递信息、发展社交亲密感、遵守社交礼仪以及与自己进行内部沟通（Beukelman，Mirenda，2013）。

（一）表达需求

表达需求是指请求他人改变其行为来满足自身的需求。在日常生活中，沟通障碍者可以利用辅助沟通系统与他人进行沟通，表达自己的需求。主要包括表达喜好（例如，小孩有一个喜欢了很久的玩具，希望父母可以买来送给他），进行交易（例如，在购买电影票时，告诉工作人员电影名称、观影位置、电影票数量等信息），请求帮助（例如，独自一人没法搬动柜子时，请好朋友来帮忙），以及表达舒适、安全、健康等方面存在的问题并寻求解决办法（例如，和医生沟通自己的身体状况、交流治疗的方案）等。这对我们来说十分简单，但是对沟通障碍者来说却并不轻松。因为他们不能直接说出自己的需求，需要通过外界的帮助（例如，纸、笔、电脑语音沟通板等）才能实现。利用辅助沟通系统表达需求的沟通重点在于沟通障碍者需要的物品或者期待出现的行为。此类沟通一般发生在熟悉或不熟悉的人之间，持续时间不会很长；清楚、完整地表达自己的需求并且得到回应之后就可以停止沟通。这类沟通一般在有限的场景中出现，沟通内容可以预测。

（二）传递信息

传递信息，即从他人处获得信息并给予相关信息。这类沟通主要围绕着信息展开，内容涵盖面广，存在于各个生活场景当中（例如，课堂上教师传授知识，工作中同事之间交流经验，医院里医生告知相关病情），沟通内容不容易预测，需要根据辅助沟通系统使用者的具体情况来判断其需求。例如，有些沟通障碍者可能永远都不会参加工作，那么就不需要工作方面的信息传递，而应该更加关注其他的语言需求。

信息传递的过程，实际上也是学习的过程。沟通障碍者和他人交换信息，可以获得丰富的词汇，学习他人的表达方式，观察他人的互动模式。所以，辅助沟通系统需要具备合适的词汇库，让患者可以使用词汇库中的词汇进行沟通。由于患者语言水平会不断提高，所需的词汇数量也会持续增加，所以，辅助沟通系统需要不断更新词汇库来满足患者变化的需求。

（三）发展社交亲密感

发展社交亲密感的重点在于建立、维持和进一步发展社会关系，而社会关系可以在沟通互动中逐渐增强。所以，在这类沟通中，沟通内容通常不是重要的关注对象，更加强调的是沟通互动本身、沟通双方或多方的关系。沟通的目的是在沟通互动中形成情感联结，提升亲密感。

家庭是所有社会关系的根源，因为每个人一出生就和家人建立了联系，随着相处时间的增加，关系也越来越紧密。所有社会支持系统中，家庭亲密关系发挥的作用最大。良好的家庭关系还可以降低重大危险心理问题出现的概率。其他社交场合中常常会借鉴家庭互动的模式。

人们通过沟通来分享自己的想法、情绪，从而建立社会亲密关系。社会关系有时可以通过简单的沟通来建立，如喊一声名字、给一个拥抱；有时却需要长时间的交流、情感的传递来建立，如安慰失恋的朋友。

（四）遵守社交礼仪

社会需要礼仪来规范行为，沟通也必须要遵守约定俗成的社交规范。社交礼仪具有文化和地域的差异性，在设计辅助沟通系统时需要参考使用者的背景资料。而且在不同的场景、不同的时间，面对不同的沟通对象，沟通不同的内容时，沟通的社交礼仪存在巨大的差别。但是，社会的规则毕竟是有限的，所以此类沟通容易预测沟通的内容，如符合社交规范的问候语（你好、早安等）、结束语（谢谢、再见等）。遵守社交礼仪的沟通一般比较简短，而且内容并不重要，符合规范即可。

（五）与自己进行内部沟通

与自己进行内部沟通的重点在于梳理自己的想法。沟通的对象就是自己。沟通内容的重要程度因人而异。例如，有人喜欢用制订计划的方式来梳理想法，也有人不喜欢。记日记、写年终总结等也都属于内部沟通的范畴。

在不同的阶段和场合，与不同的对象沟通时，使用辅助沟通系统进行沟通的目的不同，沟通表达的侧重点也会随之发生改变。如表1-2所示，沟通目的不同，沟通需求、沟通重点、沟通对象、沟通内容等也不同。

表1-2 不同沟通目的的比较

沟通目的	沟通需求	沟通重点	沟通对象	沟通内容	沟通持续时间	沟通例子
表达需求	请求他人改变其行为来满足自身的需求	需要的物品或期待出现的行为	熟悉或不熟悉	内容重要,可以预测,范围有限	短,主要是表达需求	表达喜好,进行交易,请求帮助,表达舒适、安全、健康等方面存在的问题并寻求解决办法
传递信息	信息交换	信息	一般是熟悉的,较少是不熟悉的	内容重要,不可预测,范围较广	看具体情况,主要在于信息实现交换,沟通双方或多方形成互动	在学校、单位、医院、家庭等场景中表达、获得信息
发展社交亲密感	建立、维持和进一步发展社会关系	沟通互动本身、沟通双方或多方的关系	经常是熟悉的	内容不重要,不可以清楚预测,范围广	一般持续时间长,沟通需要维持双方或多方的互动	与周围人(家人、朋友、工作伙伴、教师、医生等)的互动
遵守社交礼仪	遵守约定俗成的社交规范	约定俗成的规范	熟悉或不熟悉	内容不重要,可以清楚预测,范围很窄	根据规范而定(若是与人打招呼,持续时间很短;若是聚餐时的寒暄,则持续时间长)	与周围人进行短暂的符合规范的互动
与自己进行内部沟通	梳理自己的想法	自己的想法	非常熟悉(沟通对象是自己)	内容重要性视个体的重视程度而定,不可以预测,范围较广	视实际情况而定,可长可短	自我反思、制订计划

上述的沟通目的会随着年龄的变化而变化。有沟通障碍的儿童，沟通目的一般比较单一，沟通的内容涉及范围较窄；有沟通障碍的成人，沟通目的复杂，可以多项并存，沟通的内容涉及范围广。生活方式、生活环境的改变，沟通障碍的严重程度和沟通对象的变化，都会影响沟通目的的重要程度。在设计辅助沟通系统时，要考虑个体差异，满足个体独特的沟通目的。当然，需要注意的是，辅助沟通系统的终极目的并不仅仅是利用科学技术来解决某一个具体的沟通问题，而是给予使用者更多的机会去参与各种互动，改变现状。若利用得当，甚至可以改变沟通障碍者的未来。

二、辅助沟通系统的作用

20世纪70年代，许多专业人士认为个体能够自己发展口语能力，辅助沟通系统只是利用科技手段代替患者说话的工具，因此，轻易不会给沟通障碍者提供辅助沟通系统，除非确定患者真的说不出话了。由于错过了语言发展的关键时期，患者沟通水平的提高并不明显。还有很多人认为辅助沟通系统只能帮助患者"出声"，患者的社会生活并没有得到很大的改善。但是，后来的许多研究表明这种对辅助沟通系统的看法是完全错误的。辅助沟通系统的作用不仅是帮助患者说话，而且涉及生活的各个方面，主要包括语言发展和社会生活两大方面。

（一）语言发展

> ◢ |想一想|
>
> 某校一名二年级学生小甲，男，9岁，中度智力障碍并伴随一级言语残疾。小甲感知觉基本正常，认识常见物品，粗大与精细动作发展较好。小甲基本无口语能力，常发出无意义的音，如"en""a"。但语言理解能力较好，能听懂他人的一般指令，能理解常用词汇和简单句子。主要沟通对象是父母、教师和同学。沟通方式以肢体动作和不清晰的语音为主。例如，请求别人时双手交叉握拳，想要喝水时用食指指嘴。沟通效率低，严重影响其生活品质。
>
> 教师推荐他使用辅助沟通系统，但是家长对此很犹豫。他们担心使用了辅助沟通系统，小甲仅采取简单的"指图片"行为就可以表达他的需求，会更加不愿意

说话，这会阻碍小甲自然语言的发展。

　　提问1：你觉得使用辅助沟通系统会阻碍自然语言的发展吗？

　　在教师的劝解下，小甲开始使用辅助沟通系统。一段时间之后发现，小甲和家人的沟通更加顺畅，在学校里学习成绩也有了显著的提高。家长很开心，觉得有了辅助沟通系统，小甲未来的生活肯定会变得更好，因此，可以不必再花力气去提升语言能力。

　　提问2：你觉得使用了辅助沟通系统后，是不是就不需要继续发展语言能力了？

　　沟通障碍者及其家属一般会存在两个误区。第一个就是认为使用辅助沟通系统会阻碍自然语言的发展。其实，使用辅助沟通系统可以帮助患者表达得更加清楚。当患者发现周围的人可以"听懂"他的话时，交流时的心理恐惧感会逐渐降低，他会更愿意和其他人交流。在互动的过程中，患者的语言能力可以得到持续的锻炼和提升。

　　近年来，许多研究表明辅助沟通系统可以帮助沟通障碍儿童提高语言能力和沟通能力，其中，患唐氏综合征、脑瘫、孤独症的儿童改善效果显著。研究发现，使用了辅助沟通系统之后，脑瘫儿童和智力障碍儿童都表现出了以下特点：沟通意愿增强，主动沟通和学习行为增多；识字量、词汇量增多，看图说话和写作能力增强；沟通流畅性提高，交流阻碍减少（孙立新、张茹，2017）。对孤独症儿童的研究也发现，70%的孤独症儿童可以通过使用辅助沟通系统提升沟通能力，他们的主动沟通次数会明显增多，言语表达能力和语言理解能力有显著提升；可以与环境进行友好互动，情绪性的行为问题减少（刘亚楠、刘建军，2017）。

　　沟通障碍者及其家属存在的第二个误区就是把辅助沟通系统当作"神丹妙药"，认为使用了辅助沟通系统后就不需要继续发展语言能力了。的确，使用辅助沟通系统确实可以显著增强患者的说话动机，提高其说话的频率，有利于沟通能力的改善。不论是由先天因素还是后天因素导致的沟通障碍，患者都能在使用了辅助沟通系统之后，明显感受到语言水平的提升。但是，我们仍然不应将辅助沟通系统看作最后一根救命稻草。辅助沟通系统的最终目标不是代替患者进行沟通，而是利用辅助手段帮助患者促进语言能力和沟通能力的恢复或发展。

（二）社会生活

在发展初期，辅助沟通系统被认为是一种有效的替代性沟通方法，仅仅在帮助沟通障碍者进行沟通方面发挥作用。但是，患者在使用了辅助沟通系统之后，沟通能力显著提升，可以更好地适应社会生活。事实证明，这项技术的使用有助于人际关系的发展，有助于患者独立生活，有助于患者参与家庭、学习、工作和社会中的各项活动。

1. 有助于人际关系的发展

使用了辅助沟通系统后，患者可以清晰地表达自己的所思所想，减少因表达不清而导致误会的情况，和他人进行较为流畅的沟通，从而形成人际互动，加深双方的了解，这大大促进了患者人际关系的发展。人际沟通一般从符合社会规范的问好或寒暄开始，逐渐深入，进行情感联结，建立社交亲密感。在这一过程中，需要注意沟通内容、时间、地点、对象和环境等，在不同的情境中使用不同的策略。沟通中可能会使用到一些促进人际关系发展的小技巧。在设计辅助沟通系统时，就需要全面考虑患者这方面的沟通需要。

2. 有助于独立生活

经过系统训练，患者可以独立使用辅助沟通系统，减少对照顾者的依赖，从而拥有更多的选择权和决策权，获得更多的控制感，继而摆脱因沟通障碍带来的负面情绪，提升自信心。患者可以独立决定生活的方向，走向社会，逐渐从被照顾者角色向照顾者角色转变，满足自我实现的需求。在家人或者医生的帮助下，利用辅助沟通系统进行沟通，亲身示范，可以进一步培养患者的自理能力。

3. 有助于参与家庭、学习、工作和社会中的各项活动

患者使用了辅助沟通系统后，可以拥有提高阅读书写能力的机会。因此，患者接受教育并且顺利完成学业的概率大大提高，各方面的能力也逐步提升，这为患者参加工作做了充分的准备。除了工作，患者还可以利用辅助沟通系统参与其他的社会活动，如志愿者活动、社区服务、社团活动等，丰富患者业余生活。利用辅助沟通系

统，患者还可以和家人进行有效沟通，增进彼此的关系，提升满足感、幸福感。在治疗时，利用辅助沟通系统，患者一方面可以详细描述自己的身体状况，为医生提供详尽的参考资料；另一方面可以清楚了解病情和治疗方案，提高自身的控制水平，减少对未知的迷茫、恐惧，对治疗充满希望。

三、应用辅助沟通系统的原则

在应用辅助沟通系统的过程中，我们应当遵循一定的原则。如果忽视这些原则，辅助沟通系统的效果就会大打折扣，严重的甚至会起到负面作用。这些原则主要包括评估需全面细致、长时观察，制定个性化方案，综合考虑影响辅助沟通的因素，重视早期干预，强调发展。

（一）评估需全面细致、长时观察

若沟通障碍者使用了合适的辅助沟通系统，将事半功倍，有利于沟通障碍者进行有效的沟通；相反，若沟通障碍者使用了不合适的辅助沟通系统，将事倍功半，不利于其进行沟通，影响语言能力的发展。要想挑选合适的辅助沟通系统，就必须要经过全面细致的评估。评估主要包括两个方面。①尽可能详尽地了解沟通障碍者目前的沟通需求有哪些，对未来的沟通又有哪些预期，然后对照现实情况进行判定，哪些需求已经满足，哪些需求没有被满足，需要辅助沟通系统提供帮助。②评估沟通障碍者的认知水平、感官能力、动作技能及交流环境等方面。对认知水平的评估主要涉及以下内容：认识具体实物的水平，将实物与对应的符号进行匹配的水平，运用符号的水平，对特殊符号——字词的认识和运用水平，回答问题的能力等。评估时应该遵循临床标准化的评估要求。完成评估之后，设计者根据评估结果，选择符合沟通障碍者能力、满足其需求的沟通辅具，设计沟通符号，制订训练计划及应用辅助沟通系统的策略。

沟通障碍者的需求会随着自身的发展和环境的变化而发生改变，所以，仅在应用辅助沟通系统之前进行评估是远远不够的。需要在应用辅助沟通系统的过程中，每隔一段时间就进行一次评估。特别要关注发生变化的因素，如个人的能力水平，对未来的预期，角色转换（从被照顾者变为照顾者，从学生变为公司职员等），使用辅助沟通系统的场景，使用辅助沟通系统的熟练程度等，使辅助沟通系统与沟通障碍者发展

的能力、变化的需求相匹配。设计者需要未雨绸缪，在关注当前的基础上，为沟通障碍者未来的发展打好基础。辅助沟通系统的应用、干预策略的实施，影响沟通障碍者的一生，需要谨慎进行。

（二）制定个性化方案

沟通障碍者在沟通中会受到各种因素的影响，辅助沟通系统需要具备应对各种情况、适时调整的功能。例如，符号的选择。在沟通障碍者识字能力处于较低水平时，可以使用图片；但是，随着其识字水平逐渐提高，字词的比重应逐渐上升，图片的比重应逐渐下降。这也再次说明辅助沟通系统的使用者和评估者应该通力合作，整个应用过程中都需要评估进行协助。同时，应用也可以提升评估的现实性。患者在实际使用了辅助沟通系统之后，对自己的预期、目标会发生改变，评估结果将更加贴合实际情况。

设计辅助沟通系统应用的策略时，应该把沟通障碍者放在决策的中心位置上。即使每个沟通障碍者沟通的问题一样，他们的需求也不一定一样。专业人员根据他们的需求和特征给出专业意见，但是并不能剥夺沟通障碍者的决策权。专业人员应该给出可供选择的方案或者意见，而不是代替沟通障碍者做出决定。当然，若沟通障碍者不能自主做出决定，可以让其和家人商量之后再决定。

（三）综合考虑影响辅助沟通的因素

提到辅助沟通系统，我们往往最先想到沟通辅具，在应用时，也着重考虑沟通辅具的使用。实际上，这里存在一个误区，我们不应该忽视其他因素的重要性。辅助沟通系统应用的过程中应当综合考虑四个影响因素，即人、活动、沟通辅具和情境。评估需求时，需要观察沟通障碍者的特点以及一般会从事哪些活动，并且综合考虑这些活动所处的情境，毕竟同一个活动会出现在不同的情境之中，同一个情境下会出现多种活动。一般以活动为主进行观察，记录下各种活动出现的场景和社会情境。在不同情境下进行同一种活动时，沟通障碍者会有不同的需求。以吃饭为例，在家中和父母说吃什么与在饭店点餐是不一样的，具体说的话、使用的沟通策略都不同。因此，设计者要综合考虑这些因素，这是应用辅助沟通系统的必要前提。设计者考虑到了人、活动、情境之后，对沟通辅具的特点和需要满足的需求就有了初步的规划。

|拓展知识|

辅助技术系统

辅助技术是一门利用科学技术帮助残疾人的技术性学科，包括解决问题的全部方法和过程。辅助技术系统包含发展残疾人相关能力的设备或者产品，以及帮助残疾人挑选适合产品的服务过程，不仅提供设备，而且进行对应教学，是一种服务系统。

辅助技术系统的最终目的是满足使用者的需要，使其可以在不同环境中完成不同的任务。辅助沟通系统是辅助技术系统中的一种。为满足沟通障碍者的沟通、语言发展方面的需求，经过全面、准确的评估，选择沟通辅具，设计沟通符号，制定沟通策略。

人类活动辅助技术模型（如图1-1所示）把人类的活动和辅助技术联系起来，主要包括人、活动、辅助技术、情境四大部分。

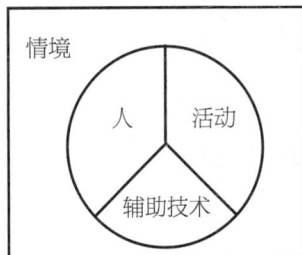

图1-1　人类活动辅助技术模型

想了解更多内容请扫描二维码。

（四）重视早期干预

语言发展不是一蹴而就的，人们需要经历长时间的学习训练、不断发展，才可以达到语言的成熟阶段。沟通障碍儿童一般会遇到以下问题。①在音节的构成和发声方面存在问题，会省略一些音节不发，用一个音节替代多个音节发声，音节发音错误，发音不清等；②语言表达不流畅，会重复说同一个字或词，语速快，拖长音，会突然中断说话等；③语言发展较普通人慢，如同龄儿童已经理解了字词的意思，而沟通障碍儿童可能还不认识文字符号。先天和后天的各种因素都会对语言发展造成影响。生理结构上的问题需要采用医疗手段处理，而能力上的问题则需要采用有针对性的训练手段进行干预。只有提早发现问题，进行及时且长期的干预，才能有效提高沟通障碍儿童的沟通能力。

|拓展知识|

汉语中儿童语言的发展阶段

基于西方儿童状况和文化背景，戴维·英格伦姆（David Ingram）将语言发展阶段划分为前语言阶段、单词语句阶段、早期词组阶段、简单句阶段四个阶段。但我国研究者认为这种划分方式对汉语儿童的适用性不高。因此，周兢（1997）在对我国0~8岁儿童的语言发展进行研究后，将语言发展阶段重新划分为以下四个阶段。

前结构阶段（0~2岁）。儿童语言感知能力发展，可以把声音和对应物品结合起来。语言发音能力发展，从单音节发音到双音节发音，儿童可以说出单词和词组。儿童开始接近和了解语言结构，但未能获得掌握和表达语言结构的方法策略。

简单结构阶段（2~4岁）。简单的语言结构能力提升。在这一阶段，儿童掌握了汉语音、义、声调三合一的规则，习得了语言要素，进而能够清楚表达语义。儿童获得了具体事物的语言概念，并能够进行抽象归纳。另外，在这一阶段，儿童开始掌握简单的句法结构规则。

合成结构阶段（4~6岁）。在简单结构阶段的基础上继续发展。儿童可以将两个简单结构合成为一个较为复杂、高级的结构。出现的合成结构句式关系主要有并列合成关系、条件合成关系、因果合成关系、转折合成关系等。儿童的语音、语义进一步发展。

嵌置结构阶段（6~8岁）。儿童已经可以利用语段流利表达他们的想法了，但是语言发展并没有停止。

想了解更多内容请扫描二维码。

（五）强调发展

　　沟通障碍者利用辅助沟通系统一方面是为了消除因各种原因造成的沟通障碍，另一方面是为了促进自身的发展。在应用辅助沟通系统的过程中，不能只关注沟通障碍者的当前状态，放大患者的缺点，而应该以鼓励为主，提升其自信心，并且有意识地引导沟通障碍者在使用辅助沟通系统时学习字词、句子、沟通方法等，促进其语言能力的发展、沟通能力的提升，更加注重其潜能的发掘和未来生活的改善。

要点回顾 ⋯⋯▶

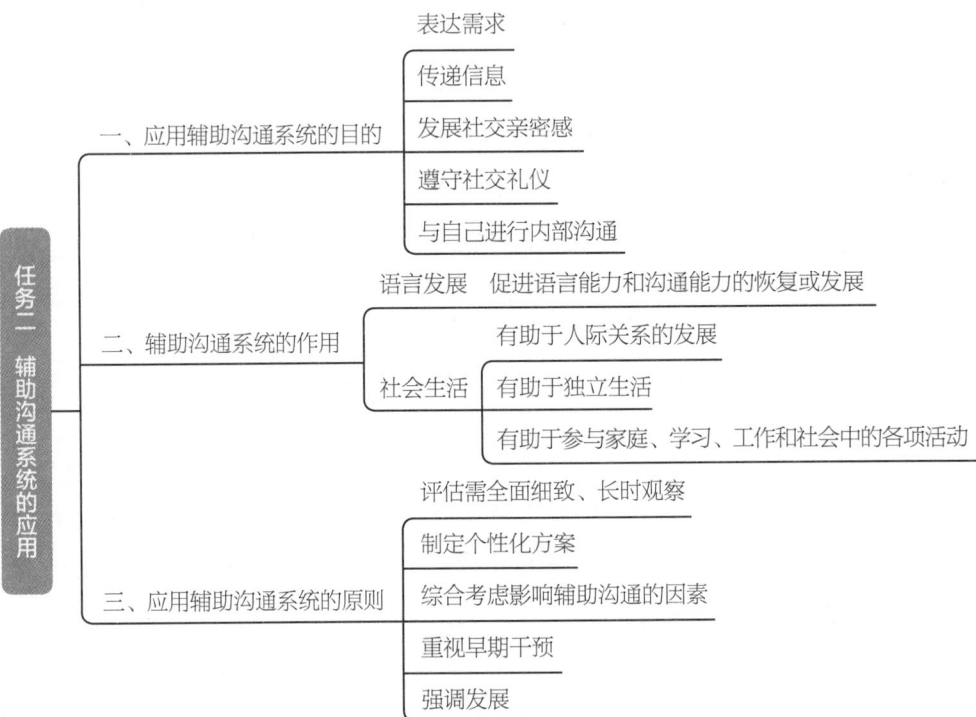

检测与思考 ⋯⋯▶

　　（一）选择题

　　1. 小明是一名孤独症儿童，他利用辅助沟通系统和妈妈说："今天晚上我要吃红烧肉。"在这个场景中，应用辅助沟通系统达到了（　　　）的目的。

　　A. 发展社交亲密感　　　B. 表达需求　　C. 遵守社交礼仪　　D. 传递信息

2. 小明利用辅助沟通系统和朋友一起聊天，他的朋友表示自己长大后想去当兵，小明说自己更加喜欢当一名作家。在这个场景中，应用辅助沟通系统达到了（　　）的目的。

A. 遵守社交礼仪   B. 与自己进行内部沟通

C. 发展社交亲密感   D. 传递信息

（二）思考题

1. 应用辅助沟通系统的目的有哪些？

2. 有人认为使用辅助沟通系统会阻碍自然语言的发展，你觉得这种观点对吗？

3. 辅助沟通系统是如何促进沟通障碍者人际关系的发展的？

（三）简答题

1. 应用辅助沟通系统的原则有哪些？

2. 为什么应用辅助沟通系统时需要重视早期干预？

（四）案例题

小兰，高中文化水平，34岁。2014年，从高处落下后入院治疗。手术后，患者意识清晰，暂时丧失说话能力。左侧肢体、右侧肢体出现不同程度的损伤，行动不便。转康复科继续治疗。被诊断为不完全运动性失语。情绪不稳定，不愿意配合进行相关诊断和后续治疗，在日常交流方面存在困难，其他人无法理解患者所说的话。在进行了辅助沟通系统康复训练之后，患者可就熟悉话题进行交谈，但是和陌生人交流时存在困难。

为小兰提供的沟通辅具是电子沟通板，沟通板上会显示各种图片，每张图片对应了小兰在日常沟通中需要的文字。小兰按图片时，沟通板会发出声音，代替小兰沟通。在康复训练中，护士会运用示范—重复的策略帮助小兰完成根据图片指认实物的任务。经过训练，小兰可以和护士说自己想吃什么。根据应用辅助沟通系统的策略，护士指导患者阅读图片或杂志上的短句、短文，患者需要解释图文的意义，阅读字数在100字以内。在患者开始阅读前，由护士或家属示范一次，然后再由患者自行阅读。遇到阅读不畅的地方，护士或家属可以适当提醒，如提醒句子的第一个字或者词。利用辅助沟通系统，医生在康复训练前向小兰讲解病情及康复治疗的具体方案，听取患者意见，共

单元一任务二
检测与思考参考答案

同制订康复计划。小兰在出院前还利用辅助沟通系统向帮助她的护士和医生表示了感谢。

　　1. 根据应用辅助沟通系统的原则，结合上述材料，谈谈应用辅助沟通系统时需要关注哪些方面。

　　2. 在上述材料中，应用辅助沟通系统达到了哪些目的？

参考文献 ·····▶

陈强，徐云. 辅助沟通系统及实用技术. 北京：科学出版社，2011.

刘亚楠，刘建军. 辅助沟通系统在孤独症儿童交流训练中的应用. 中国康复理论与实践，2017（4）.

孙立新，张茹. 纵横码技术在脑瘫儿童学习中的应用. 现代特殊教育，2017（7）.

周兢. 汉语儿童语言发展阶段新说. 南京师大学报（社会科学版），1997（1）.

BEUKELMAN D R, MIRENDA P. Augmentative and alternative communication: Supporting children and adults with complex communication needs. 4th ed. Baltimore: Paul H. Brookes Pub Co, 2013.

单元二 · 辅助沟通系统的发展现状

导　语

　　人类通过沟通将想法分享给其他人，也通过沟通为自己的需求发声。随着科学技术的快速发展，如今各种现代技术被运用于人类的沟通活动中。通过不断更新设备和教育方法，这些技术正在帮助越来越多的沟通障碍者。

　　从20世纪50年代开始，辅助沟通系统就作为干预手段被用来治疗沟通障碍者，并由最初的以非辅具性系统为主、辅具性系统为辅的模式发展至与移动智能技术结合的形式。本章将介绍辅助沟通系统的发展历史及在国内外的发展现状、辅助沟通系统的具体类型以及如何选择与应用。

学习目标

1. 了解辅助沟通系统的发展历史。
2. 能说出辅助沟通系统的具体分类方式。
3. 比较不同类型辅助沟通系统的优缺点。
4. 了解辅助沟通系统在我国的应用现状。

知识导览

单元二 辅助沟通系统的发展现状

- 任务一　辅助沟通系统的发展变革
  - 一、辅助沟通系统的发展历史
  - 二、辅助沟通系统在国外的发展现状
- 任务二　辅助沟通系统的分类
  - 一、辅助沟通系统的分类方式
  - 二、不同类型辅助沟通系统的比较
- 任务三　辅助沟通系统在我国的发展
  - 一、辅助沟通系统在我国的发展现状
  - 二、国内辅助沟通系统的使用情况
  - 三、国内辅助沟通系统的干预效果

扫码学习

▶ 任务一
辅助沟通系统的发展变革

问题情境···▶

　　全球经济快速发展，人们的生活水平及医疗照护水平逐步提高，人们对医疗服务的要求不再只是基本的延续生命，还包括提高生活质量。辅助沟通系统在20世纪50年代开始被专业人员使用。经过几十年的发展，与辅助沟通系统有关的法律政策、科学技术有哪些？人们对此的认识如何？这些内容将在本任务中予以介绍。

一、辅助沟通系统的发展历史

　　辅助沟通系统起源于美国。第二次世界大战期间出现了一些由脑损伤引起的无口语能力的伤病员，语言治疗师利用英文字幕板、扩音设备、实物图片等帮助伤病员摆脱了无口语能力的困境。20世纪70年代，部分学者认为口语康复教学不适用于当前的言语教学，应该用辅助沟通系统取而代之。他们认为重度沟通障碍者可以通过手势或者任何辅助性沟通符号达到沟通的目的。此时，干预治疗采取以非辅具性系统为主、辅具性系统为辅的模式，其中较广泛使用的是图片或字母沟通板。

　　辅助沟通系统在20世纪80年代快速发展。使用数量急剧增加，沟通辅具也趋于多样化，包括简易的特殊开关、目视扫描设备等。这个时期，非辅具性系统和辅具性系统已不再是独立的系统，两者开始尝试组合运用，如手势结合图片等。尽管此时非辅具性系统仍占据主导地位，但是组合运用两种系统的新观念已经对语言治疗服务产生了重要影响。1983年，国际辅助沟通系统学会的成立不仅促进了对辅助沟通系统的学术研究，也加速了辅助沟通系统概念的推广。

（一）法律政策推进

　　1986年，美国发布的《障碍者教育法修正案》提出，为残疾儿童提供技术服务。1989年又通过了《残疾人相关技术援助法》，其中强调应该竭尽全力为残疾的公民提供所需的辅助技术。20世纪80年代通过的法律条文反映了人们逐渐认识到用来提高残疾人生活质量的辅助技术具有强大的力量。1997年，《残疾个体教育法修正案》明确指向了辅助沟通系统。

随着法律的不断更新与完善，评定残疾人是否有资格享受辅助沟通服务的方法逐渐改变，从候选模式到普遍模式。候选模式是指残疾人只有具备某些基础能力，如认知方面、肢体动作方面等的能力，才可以从辅助沟通系统中获得益处。所以，幼儿没有资格使用辅助沟通系统，他们还不具备必要的基础能力。普遍模式认为，每个人都有沟通交流的权利，均可从辅助沟通系统中受益。该模式指出，沟通交流本身远比如何进行沟通交流重要得多。所以，在孤独症、智力障碍等发育障碍儿童的语言康复训练中，辅助沟通系统被普遍使用。

（二）科学技术发展

21世纪以来，随着电子科学技术的不断更新，高科技的辅助沟通系统也在逐渐发展。现有的电子产品处理速度提高，容量加大，重量和价格逐步降低，广泛应用在普通民众的生活中。将这些技术应用于辅助沟通系统中更有利于沟通交流，如语言治疗师可以用相机拍摄图片，随时随地将图片传至辅助沟通系统并应用于教学中。

科技的不断进步提供了功能强大的沟通辅具。现在市场上已有的辅助沟通系统产品不仅有声音传输功能，在外观上也呈现出多样化趋势。更多高科技产品被发明出来，以满足沟通障碍者的需求。

（三）意识观念转变

正如前文提到的那样，在20世纪70年代，人们对什么时候给沟通障碍者提供辅助沟通系统感到迟疑。当时许多人认为人有发展口语的潜力，并错误地认为辅助沟通系统只是替代口语的一种方式，一般只有确定患者不会说话了才给他们提供辅助沟通系统，因此可能错过了语言发展的关键时期。

经过几十年的研究与实践，辅助沟通系统已经成为重度沟通障碍者和外界沟通交流的重要桥梁。在一确认现有语言能力无法满足个体的沟通需求时，就应当引入辅助沟通系统。研究发现，适合的辅助沟通系统既有利于特殊儿童沟通交流，也能提高其语言理解能力，提高口语表达和语言认知水平。2005年，美国言语语言听力协会也指出，在美国言语障碍者中，从辅助沟通系统中受益较多的是患脑瘫、唐氏综合征、孤独症等发育障碍的儿童。

不过，时至今日，仍然有许多人担心辅助沟通系统会抑制儿童言语的发展。若提供了非言语沟通模式，儿童将没有动机再发展言语。这一情况往往是针对幼儿的，所以有些家长或服务的提供者不愿意让年龄较小的儿童使用辅助沟通系统。然而，许多研究表明，在使用辅助沟通系统的过程中，特别是使用具备声音输出的沟通辅具时，事实上智力障碍儿童现有的言语水平能够得到有力提升。近年来，研究者一直在探究辅助沟通系统在言语发展中有哪些具体的作用、怎样在幼儿中应用、在理解和表达方面起到了哪些作用等。

二、辅助沟通系统在国外的发展现状

随着计算机和信息技术的发展，发达国家将现代信息技术应用于特殊教育行业已有三十余年了。在这些国家中，对特殊人士、教师以及相关的专业人士而言，辅助沟通系统已经是不可或缺的工具了。

（一）国外辅助沟通系统的使用情况

通过对近几十年国外辅助沟通技术干预的相关研究进行分析，我们发现，现在的干预技术一般都涉及视觉符号、手语、产生语音的装置等，并且使用了这些技术后，都可以取得较好的效果。随着技术的进步，更多人开始关注辅助沟通系统和移动智能技术的组合，高科技辅助沟通系统应运而生。平板电脑，基于Android、IOS系统的移动终端设备逐渐成为新载体。下面介绍当前较为常用的辅助沟通系统形式及其发展进程。

1. PECS

图片交换沟通系统（picture exchange communication system，PECS）是1985年，在德纳瓦州的孤独症学习计划中，美国心理学博士安德鲁·邦迪（Andrew Bondy）和言语病理学家洛丽·佛罗斯特（Lori Frost）提出的一种综合了行为分析和结构化教学的方法。PECS利用图片或者实物，让儿童学习交互性沟通是如何进行的，最终是为了让儿童在使用PECS的过程中提高表达性和感受性的沟通交流能力，使其在不同的环境、活动中，和不同人的交流中能够主动请求和评论，改进情绪控制能力，减少攻击行为，对其他人的问题有所回答。

PECS是对儿童应具备的能力要求最少的沟通方法，易学习，而且可以有效激发儿童沟通的动机，在互动交流中提高其言语能力。所以，PECS和其他沟通方式（如手语、图片指示等）相比，在基础技能、练习内容和效果等方面比较优秀。后面的单元中将会对PECS进行详细介绍。

2. 语音发声装置

语音输出沟通装置（voice output communication aids，VOCA）和语音产生装置（speech generating devices，SGD）作为辅助沟通系统中方便的电子装置，可以输出文字、图片或声音。该装置可以通过特殊开关实现不同界面之间的操作，选择不同的图案符号，发出不同的声音，从而协助儿童表达需求，以及和人简单地沟通交流。这一过程还可以减少儿童的攻击行为，提高其参与度。

3. 移动智能技术与辅助沟通系统的结合

技术的不断发展与进步为沟通障碍者的沟通方法提供了更多新的可能。当前，由于移动设备普及，辅助沟通系统正处于转型期，变得越来越经济、便携，还可以进行视觉交流和语言教学。

2007年，iPhone首次亮相，之后iPad和其他移动智能技术产品陆续发布，对全球产生了一定的影响。移动智能技术逐渐成为主流，这也使得对沟通障碍者的评估和治疗发生了变化。目前的移动智能技术可以应用于多种目标技能领域，辅助沟通系统正在逐步向高科技进化。社会对辅助沟通系统的接受能力逐渐提升，更多人开始使用辅助沟通系统。虽然与移动智能技术相结合的辅助沟通系统还是新事物，但具有绝对的优势，如方便携带、具有丰富的多媒体表现形式、触屏的交互方式简单易上手、有强大的网络功能等。而且，这种辅助沟通系统因为具备视觉和听觉两方面的刺激，更具有科学性，容易引起使用者的兴趣（刘亚楠、刘建军，2017）。

（二）国外辅助沟通系统的干预效果

传统的沟通方式都十分重视对言语及文字的学习，而一些在言语学习中有困难和还未掌握言语能力的儿童很难使用传统的沟通方式来达到沟通的目的。因此，沟通障碍儿童使用的辅助沟通系统多是结合他们的学习优势及沟通需求进行设计的。

儿童可以通过早期语言和沟通能力的发展来建立社会关系，表达个人需要，支持概念的发展。经过几十年的不断进步，辅助沟通系统已经成为重度沟通障碍者与外界沟通运用最广泛、最有效的方式。研究发现，将辅助沟通系统作为干预手段，可以取得良好的效果。

1. PECS

1994年，安德鲁·邦迪与洛丽·佛罗斯特挑选了85名5岁以下没有功能性口语能力的孤独症儿童，并对他们进行了PECS训练。首先，让儿童用图片交换实物；接着，逐渐让儿童主动回答日常问题。经过一段时间的训练，儿童的沟通能力都有了一定程度的提高。后来，有研究者选取了三例无主动口语能力的孤独症患者，采用单一被试实验研究的实验方法，运用PECS进行训练，训练结果表明患者熟练使用PECS的水平、口语的主动性、模仿的次数、话语的平均长度等方面都明显提升。2004年，甘兹（Ganz）和辛普森（Simpson）选取了三位患有广泛性孤独症及发育迟缓的儿童参加单一被试PECS训练的实验，儿童在训练之后使用PECS的熟练程度提升，口语能力显著提升。

但是，PECS也存在一些局限，如要求沟通障碍儿童具有图卡辨别的能力，没有语音功能等，这导致此类辅助沟通系统在应用时受到限制。

2. 语音发声装置

近年来研究表明，在使用了辅助沟通系统，特别是有声音输出功能的辅助沟通系统后，沟通障碍儿童的语言水平可以得到提升。

2010年，范德米尔（van der Meer）等人研究了公开发表的23篇关于孤独症患者使用VOCA的文献之后指出，对于孤独症儿童来说，VOCA可能是一种可行的辅助沟通装置。2013年，罗兰（Lorah）等人指出将iPad当成SGD，与PECS相比，在沟通中有更高的回应率。

在涉及患者偏好的研究中，虽然有儿童偏爱PECS，但更多的沟通障碍儿童更加偏爱SGD。另外，研究表明，在干预的不同阶段，儿童的偏好可能会有所改变，所以强调要对偏好持续地进行评估。

3. 移动智能技术与辅助沟通系统的结合

2014年，格瓦特（Gevarter）等人的研究表明，孤独症患者可以利用iPod、iPad、iPhone和可兼容的应用程序在教育活动中获得帮助。这些研究让人们对怎样使用移动智能技术来提升患者的沟通能力有了更深的了解。同年，斯蒂尔（Still）等人进行了一项研究，主要回顾了高科技辅助沟通系统对孤独症患者（16岁以下）表达需求的影响。研究共有46名患者使用了言语输出设备或与移动智能技术相结合的辅助沟通系统。结果表明，辅助沟通系统的干预效果十分积极。在学校或家庭环境下使用iPad中的教育和娱乐应用软件，对沟通障碍儿童是有益的。从当前技术革命和辅助沟通系

辅助沟通
系统与应用

统发展的阶段来看，移动智能技术与辅助沟通系统的结合是大势所趋。

当前，世界上相当一部分人都使用移动智能技术设备，其中既包含健康人群，也包含具有特殊需要的人群，如沟通障碍者。以前，要想显示照片，需要把照片从相机传至电脑，然后再从电脑传至辅助沟通系统，再传至通信网络，这样才可以支持信息显示。后来，辅助沟通系统不断更新升级，加上了摄像头，这样从照片到信息显示就不用再重复上述步骤，变得更加便利、快捷。随着辅助沟通系统的发展以及移动智能技术的应用，目前的辅助沟通系统支持使用内置摄像机拍摄、从网上下载或从存储设备中导入图像。这些图像可以以不同的尺寸显示或优化，可以链接到相关的图像、标志，还可以打印出来。

国外辅助沟通系统的干预研究已经由传统的训练室拓展至真实生活情境中。同时，越来越多的训练者选择在儿童家中进行干预，以便让家长观看或者直接参与，发挥家长在干预中的重要作用。另外，为了使干预情境更多地接近真实生活，许多研究者并没有规定特定的干预时间和区域，而是将其和儿童日常的生活充分结合起来，如在学校的"午餐时间"或"活动时间"以及对应的地点，训练儿童的沟通能力。

要点回顾 ┅┅▶

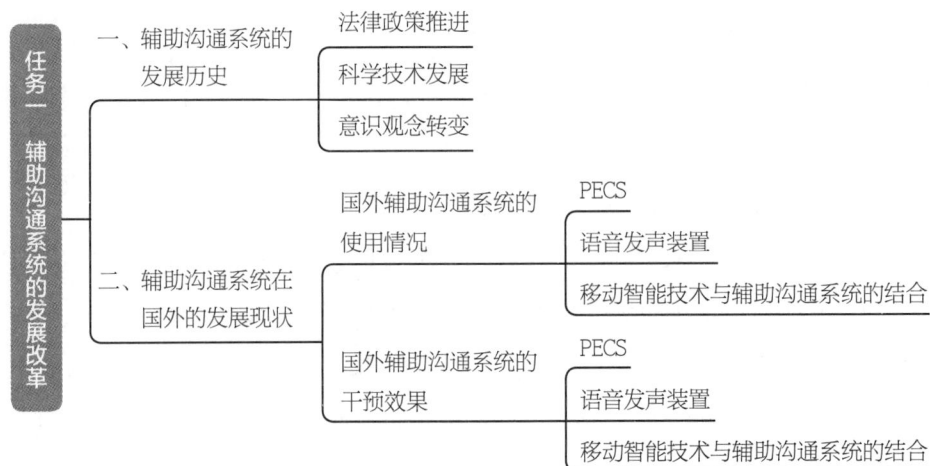

032

检测与思考 ·····▶

（一）选择题

1. 辅助沟通系统起源于（   ）。

A. 英国　　　　　　B. 美国　　　　　　C. 法国　　　　　　D. 日本

2. 辅助沟通系统于（   ）被用于言语教学中。

A. 20世纪50年代　B. 20世纪60年代　C. 20世纪70年代　D. 20世纪80年代

3. （   ）明确指出辅助沟通系统可以用以提高残疾人的生活质量。

A. 《残疾个体教育法修正案》　　　　B. 《残疾人相关技术援助法》

C. 《美国残疾人教育法》　　　　　　D. 《障碍者教育法修正案》

（二）判断题

1. 辅助沟通系统会阻碍儿童口语的发展。（   ）

2. 辅助沟通系统只有在个体完全放弃自然语言能力以后才可以被使用。（   ）

3. 任何患语言沟通障碍的儿童都可以使用PECS。（   ）

（三）简答题

1. 简述关于辅助沟通系统的法律政策是如何推进的。

2. 谈谈你对"使用辅助沟通系统不会阻碍儿童的语言发展"这句话的理解。

单元二任务一
检测与思考参考答案

▶ 任务二
辅助沟通系统的分类

问题情境···▶

　　作为沟通障碍儿童的主要技术支持，辅助沟通系统现有的分类较多，产品类型也较为多样化。家长和训练师在选择时需要在对各类产品有所了解的基础上再依据儿童的基本情况做出合适的选择。那么，当前辅助沟通系统都有哪些分类？不同类型的系统又有什么不同？在面临产品选择时我们该如何考虑？这些问题的答案即将揭晓。

一、辅助沟通系统的分类方式

（一）以技术类别区分

1. 非辅具性系统

非辅具性系统主要是指利用身体本身，不需要借助外在器具的帮助便可达到沟通的目的。它主要包括眼神、脸部表情、身体姿势、语言、手语等。

（1）眼神

在日常生活中，我们可以使用眼神与人交流，甚至可以做到眉目传情。我们常说愤怒的眼神、关怀的眼神，这都说明了眼神可以表达出心中的话语。很多特殊儿童的家长能从其子女的眼神中很快地发觉他们身体及心理的需要。

（2）脸部表情

人们常说喜、怒、哀、乐形于色，就是说脸部肌肉动作和表情可以让对方更容易了解自己的心情。比如，眉飞色舞、面貌慈祥、点头表示同意、摇头表示反对等，都说明了脸部可以提供较多涉及身体、心理需要的线索与信息。

（3）身体姿势

人可以运用较多的身体姿势来表达心中的想法。例如，以手指示方向或指出自己想要的物品。也可以手脚并用，甚至运用整个身体的动作来表达意思。身体姿势加强了脸部表情的沟通，让周围的人更容易了解个体心中的意思。

（4）语言

语言是最传统并被普遍接受的一种沟通方法。即使很多沟通障碍者没有直接表达语言的能力，也可发出部分声音要求帮助，以引起他人注意和表达心中的想法。

（5）手语

手语是用各种不同的手势及动作来表达心中意思的沟通方式，对于一些具有较好手部动作能力和较高智力水平的语言障碍者而言，是一种非常有效的沟通方法。

2. 辅具性系统

辅具性系统是指利用身体以外的器具进行辅助，来达到沟通的目的。它主要包括沟通图片、图板、象形符号系统、列字表、目光对话框、语音沟通板、计算机沟通系统等。辅具性系统根据应用技术的不同，又可分为低科技沟通辅具和高科技沟通辅具，以及从低科技到高科技过渡的中科技沟通辅具。低科技沟通辅具包括沟通簿、沟通图卡、沟通表、沟通板、字母板、注音板等；高科技沟通辅具则具备打印或声音输出的功能，包括语音沟通板、计算机沟通系统等；中科技沟通辅具是低配版高科技沟通辅具。

（1）低科技沟通辅具

①沟通图卡和沟通簿。

沟通图卡主要是为沟通障碍人士设计的，主要目的是用图画来帮助沟通。用一千个文字，不如用一张图片来表达。因为图卡很容易表达一些情境性的含义。另外，图卡也被广泛地用于帮助智力障碍者和学习障碍者进行学习。一般可用单张图卡来沟通。教学中也可将日常生活中需要沟通的内容放在一个沟通板上，或将所有沟通图卡依据其代表的意义汇集成沟通簿（图2-1），提供给教师、专业人员相关的图形数据库，供其用复印、剪贴的方式选取需要的图形。

图2-1 沟通簿

②列字表和列字册。

对于有书写沟通能力障碍的人士而言，当临时书写沟通时间太长时，我们就可以将相关的文字、字母、注音符号放在一张表上或沟通簿内，按照使用者的需要及惯用语句来安排设计，指出相关的文字作为沟通的桥梁。

③目光对话框。

可用塑料或木材等原料制成一个对话框，用粘贴、印制或使用双面毡的方式，将要沟通的图片（或文字）放入其中。使用时，将对话框置于使用者眼前，使用者仅需将视线停留在对话框某个角落的图片（或文字）上，他人就可以了解使用者想要表达的意图，从而达到沟通的目的。

（2）中科技沟通辅具

中科技沟通辅具通常是指使用了非常简单的科技手段的沟通辅具，一般是由一些简单的按钮加上录音功能组成的。中科技沟通辅具可以是由纸

静态版面沟通辅具（擎天）

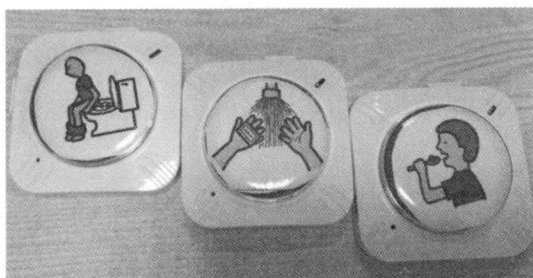

语言辅助沟通训练仪（布里斯）

图2-2　中科技沟通辅具

质沟通板向高科技沟通辅具过渡的设备，但是使用高科技沟通辅具之前，并不一定都要先使用中科技沟通辅具。图2-2为中科技沟通辅具。

（3）高科技沟通辅具

高科技沟通辅具又分为专门性沟通辅具和非专门性沟通辅具两大类。专门性沟通辅具是独立存在的，其主要功能就是沟通；非专门性沟通辅具是不能独立存在的，需要依靠计算机的操作系统才可以运作。

有些高科技沟通辅具和智能手机、平板电脑相似，但是有些高科技沟通辅具则需要有特地为支持沟通而设置的设备。通常它们有语音发声功能，内置符号及沟通板。当我们点击图片符号时，设备会发出声音，给孩子不断地提供言语示范，让他知道这个词是怎么发声的；同时内置照相机，孩子也可以通过拍照来和我们沟通；有键盘可以打字，并可以把文字转换成语音，帮助发展孩子的阅读能力。图2-3为高科技沟通辅具。

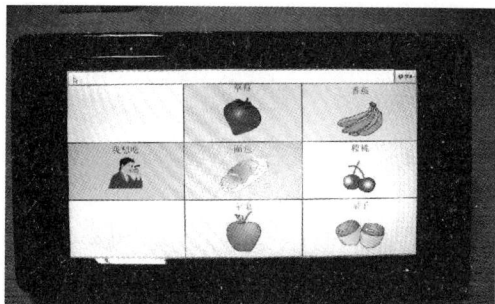

微型计算机沟通系统

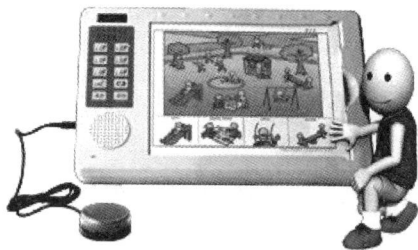

语音沟通板

微型计算机沟通板

智能键盘沟通系统

图2-3　高科技沟通辅具

（二）以符号类别区分

沟通符号是利用视觉、听觉和触觉等来表达概念的符号，可以分为非辅助性沟通符号和辅助性沟通符号。非辅助性沟通符号是指由人的身体直接产生的符号，沟通的目的通过这些符号就可以达成。因此，除了口语外，人的肢体动作、表情、眼神等都属于非辅助性沟通符号。辅助性沟通符号是指借用身体之外的对象来达到沟通的目的，通常主要指图片和文字。

（三）以操作方式区分

计算机技术的快速发展，为沟通障碍者带来了更多新的可能。沟通障碍者在选择沟通辅具时，有三种操作方式可供选择。

1. 扫描

扫描过程中，沟通辅具会持续地展示符号，这种持续性的展示，是按照一定的顺序呈现的。沟通障碍者可操作各种特殊开关，使他想要表达的符号暂停展示，从而表达出他想表达的想法、意图。扫描的优点为可利用特殊开关如脚踏式开关、单键开关、吹气开关等进行操作，不会因动作不灵活而无法使用。它的缺点是反应相当慢，使用者必须专注目视呈现情形才能反应正确。

2. 编码

编码是把需使用的沟通符号进行编码，每个符号都有其代码，使用者利用这些代码沟通，如412代表"妈妈"。其优点为反应比扫描快，使用者不需注视呈现情形。缺点为复杂度较高，使用者必须具有较好的认知记忆能力。

3. 直接选择

直接选择是指利用手指、头杖等直接选出或由键盘打出所要表达的意思。其优点为反应快，缺点为使用者需具备良好的精细动作或者头部控制能力。

二、不同类型辅助沟通系统的比较

（一）非辅具性系统和辅具性系统的比较

非辅具性系统是比较简单、直观的沟通方式；辅具性系统中的低科技沟通辅具也具有较强的直观性，但是相对于非辅具性系统而言，需要使用者有一定的认知能力。下面各选取两种类型中较为常用的形式进行对比，如表2-1所示。

表2-1　非辅具性系统和辅具性系统的比较

类型	方式	优点	缺点
非辅具性系统	手语	随时随地使用； 重度认知障碍者也可使用； 可进行简单日常生活需求的表达	辨识度低； 需沟通双方都有手语先验知识； 重度肢体障碍者不适用
辅具性系统	沟通图卡	容易制作； 方便携带	重度认知障碍者、视觉障碍者不适用； 复杂的感觉、临时的事件无法呈现
	列字表和列字册	容易制作； 费用低； 方便携带	使用者需有拼音基础； 需有一定的认知基础

（二）低科技沟通辅具和高科技沟通辅具的比较

低科技沟通辅具（如沟通板）和高科技沟通辅具之间有许多相似的地方；但是，就辅具的不同特性而言，它们在使用方式、有效的互动策略及使用者必备的使用技能方面，存在极大的差异。一般来说，这些辅具都有机械性功能，如选择词汇、控制输出；其他较细微、重要的互动沟通功能，则是高科技沟通辅具才能提供的。下面重点介绍高科技沟通辅具在教学使用和对话使用两方面优于低科技沟通辅具的特点。

1. 教学使用

①语音合成输出可以激发使用者和其他沟通伙伴的使用动机，鼓励使用者开始沟通。

②高科技沟通辅具提供了多样的输出模组，可用于不同的情况。

③高科技沟通辅具可以让词汇单元（如字、字母）整合成完整的语言，并呈现给沟通伙伴。此外，在使用高科技沟通辅具时，使用者可以看到或听到自己的错误，进而纠正这些错误。这项功能可以促进使用者的语言发展。

④高科技沟通辅具通常可以在不需重新输入的情况下，快速重复一段发音。这项功能是很有用的，不仅能帮助沟通伙伴明白谈话内容，而且能够使使用者在语言学习中视情况纠正错误。

2. 对话使用

高科技沟通辅具在对话使用中，比起低科技沟通辅具来说有几项优点，其中有三项特别重要。①词汇存储及使用较佳；②沟通自主性较佳；③可提高使用率。就高科技沟通辅具而言，使用者不必等到沟通伙伴将其切换到发声装置主动解码模式下，就可以进行沟通。在使用其他输出模式，如语音、视觉显示及打印时，灵活度也较高。

要点回顾

```
                                                              眼神

                                                              脸部表情
                                          非辅具性系统        身体姿势
                                                              语言
                                                              手语
                         以技术类别区分
                                                                        沟通图卡和沟通簿
                                                      低科技沟通辅具    列字表和列字册
                                                                        目光对话框
                                          辅具性系统    中科技沟通辅具
                                                      高科技沟通辅具
      一、辅助沟通系统
          的分类方式
                         以符号类别区分   非辅助性沟通符号
                                          辅助性沟通符号

                                          扫描
                         以操作方式区分   编码
                                          直接选择

任务二  辅助沟通系统的分类

                         非辅具性系统和辅具性系统的比较
                                                                        激发使用动机
      二、不同类型辅助                                                  多样输出模组
          沟通系统的比较                              教学使用        整合完整语言
                         低科技沟通辅具和高科技沟通辅                   纠正语言错误
                         具的比较
                                                      对话使用
```

检测与思考 ····▶

（一）选择题

辅助沟通系统的分类方式共有（　　）种。

A. 2　　　　　B. 3　　　　　C. 4　　　　　D. 5

（二）填空题

1. 辅助沟通系统的分类方式分别为_____、_____、_____。

2. 以技术类别区分，辅助沟通系统可分为_____、_____。

3. 辅具性系统分为_____、_____、_____。

4. 以符号类别区分，辅助沟通系统可分为_____、_____。

5. 以操作方式区分，辅助沟通系统可分为_____、_____、_____。

（三）简答题

1. 简述非辅具性系统的形式。

2. 简述辅具性系统的形式。

3. 简单比较非辅具性系统和辅具性系统的优缺点。

4. 简单比较低科技沟通辅具与高科技沟通辅具的优缺点。

单元二任务二检测
与思考参考答案

▶ 任务三
辅助沟通系统在我国的发展

问题情境···▶

　　辅助沟通系统起源于欧美发达国家，几十年前，我国将其引进并且大力推广。我国的特殊教育界开始学习并使用沟通辅具，在一些对语言障碍儿童，特别是孤独症儿童的训练中，取得了优良的效果。目前，国内有哪些比较常用的辅助沟通系统？国内的辅助沟通系统对特殊儿童的干预效果如何？通过对本任务的学习，我们可以对以上问题加以了解。

一、辅助沟通系统在我国的发展现状

辅助沟通系统发源于美国，许多发达国家使用辅助沟通系统对语言障碍者进行干预与治疗。后来，我国的特殊教育界开始使用沟通辅具训练一些沟通障碍儿童，如利用语音沟通板对孤独症儿童进行为期较短的单独训练，结果令人欣喜。儿童在语言发展的过程中需要长时间地学习，不存在一蹴而就的情况。专业人员也需要尽早利用辅助沟通系统对其进行干预，对儿童进行持续的训练，这样才可以使其沟通能力得到有效的发展。我国在使用高科技沟通辅具领域尚处于起步阶段，还存在较多困难。

（一）缺乏专业人员，难以打造专业团队

专业团队需要对辅助沟通系统进行评估，以确保其适合患者，而评估过程又涉及多个领域，所以，团队中需要包含各领域的专业人员，如语言治疗师、特教教师、医疗人员、计算机技术人员等。团队接受个案后，首先需要对个案的各项能力做专业的评估，包括认知能力、表达能力、语言能力等方面。团队人员不是一成不变的，根据个案的情况会做出相应的调整。以语言治疗师为主的专业人员在现在的特殊教育学校和孤独症治疗机构中非常稀缺。在我国，语言治疗师大部分都在医疗机构中就职，导致学校急需专业的语言治疗师。

（二）高科技沟通辅具研发困难

目前，大多的沟通辅具都是由发达国家研究开发的，十分昂贵，一台设备基本都需要上万元。这对于家境普通的患者而言，根本难以负担。这也导致了沟通辅具无法轻易变成家庭教具。而在发达国家，辅助沟通系统被广泛使用，已经成为特殊儿童的课堂上必不可少的辅具。但是，在我国，对高科技沟通辅具的研究与开发几乎还是一片空白。

二、国内辅助沟通系统的使用情况

近年来，随着对辅助沟通系统的认识逐渐加深，国内辅助沟通工具也从低科技沟通辅具向高科技沟通辅具不断迈进。尤其是平板电脑和智能手机等触屏设备日益普及，一些辅助沟通系统的APP被成功研发并在应用市场推广。下面就两款有代表性的APP加以介绍。

（一）《小雨滴》

《小雨滴》是一款国内自主研发的APP，目前适用于IOS和Android两种系统。此款APP可以从应用市场中免费获取。图2-4为家长编辑模式。

　　《小雨滴》设有儿童和培训者两套界面。在培训者界面下，培训者（通常为家长或教师）可以根据儿童的不同学习阶段，从素材库中提取不同卡片，根据儿童的特有需要，在屏幕上显示儿童需要学习或沟通的语句。如果素材库中材料不够，培训者可以很方便地自定义新素材。《小雨滴》还可以根据不同儿童或不同场景设置并保存相应课件，培训者可以在不同课件之间切换，这为培训多名儿童的特教教师提供了很大便利。

图2-4　家长编辑模式

（二）《静待花开》

《静待花开》也是我国自主研发的APP，目前仅适用于IOS系统，可以从应用市场中免费获取。图2-5呈现的是基本表达教学模式，图2-6呈现的是每日视觉流程表。

《静待花开》在使用中可以采用拖入和点击两种方式将课件中的卡片放入句子条。设成拖入模式时，儿童需要用手指把卡片拖到句子条上；设成点击模式时，只需要点击卡片，卡片就会自动飞到句子条上，点击模式适用于能力较低的儿童。特教教师可以为不同儿童设计不同的课件，点击课件列表右上角的编辑按钮，可以暂时将不用的课件移动至"暂时不用（隐藏）的课件"中，这样课件就不会在首页显示，以免对不需要使用这组课件的儿童造成干扰。这款工具也具备视觉提示功能，包括每日视觉流程表等。

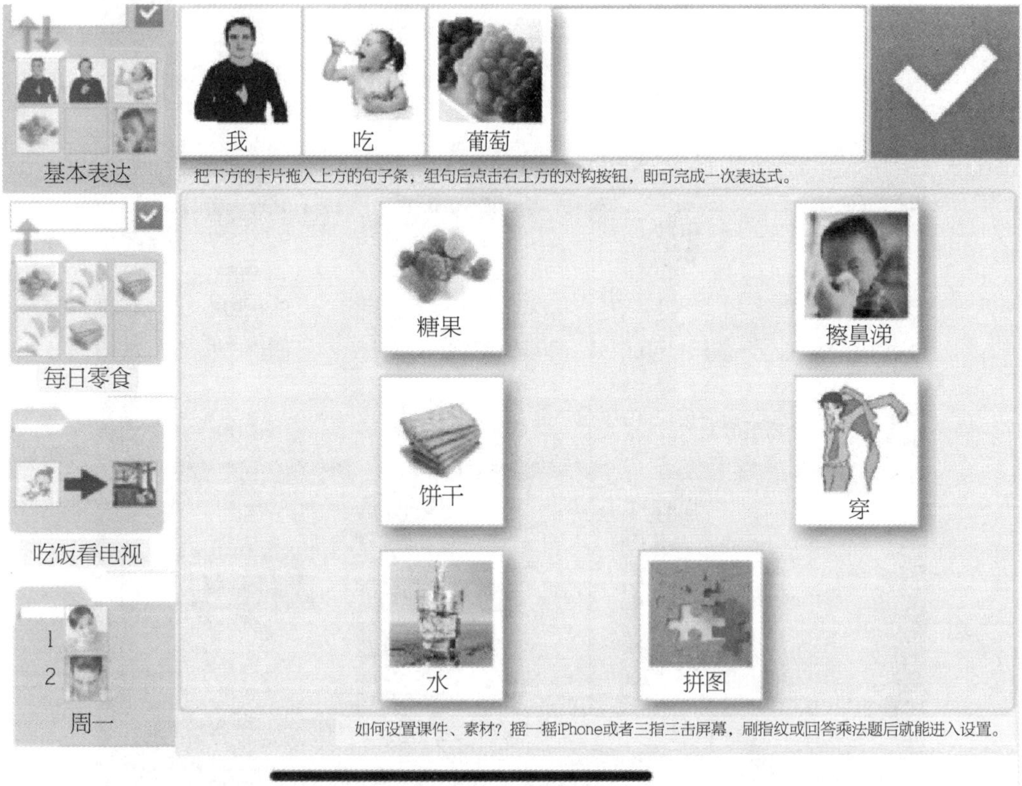

图2-5 基本表达教学模式

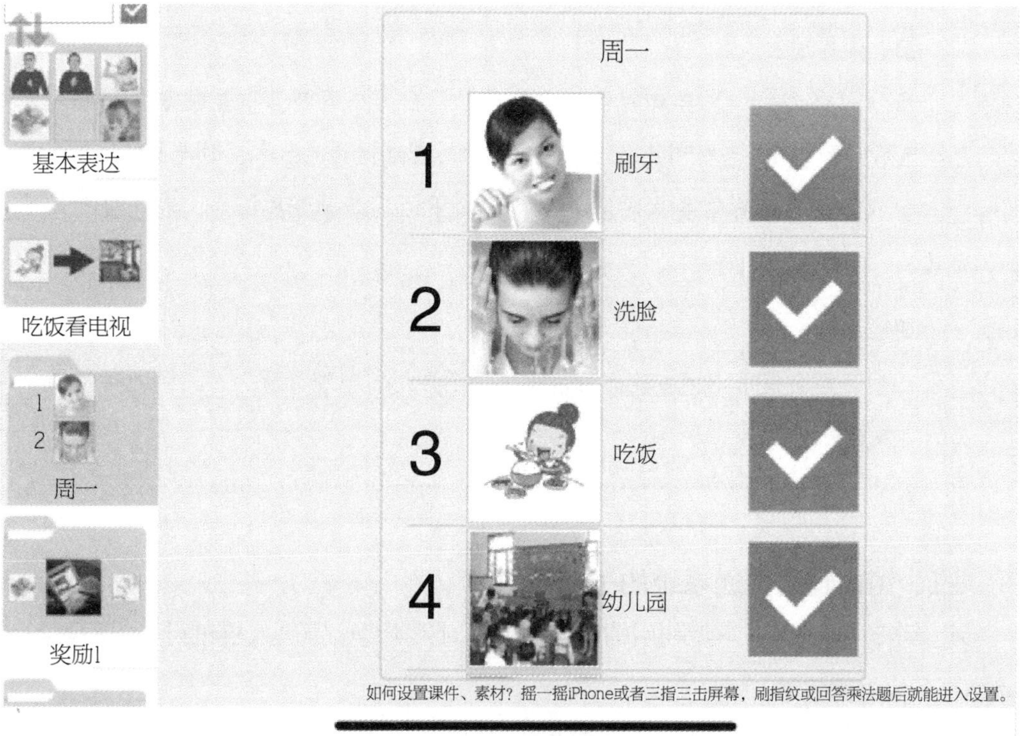

基本表达

吃饭看电视

周一

奖励1

周一

1 刷牙

2 洗脸

3 吃饭

4 幼儿园

如何设置课件、素材？摇一摇iPhone或者三指三击屏幕，刷指纹或回答乘法题后就能进入设置。

图2-6 每日视觉流程表

📎 |案例卡片|

一、个案情况

小明，7岁，患有孤独症，就读于特殊教育学校一年级。无口语能力，识字量少，手势语较多，情绪行为问题严重。仅能表达"好""再见"两个有意义词语，其他均为"咿咿呀呀""啊"等无意义词语。

强化物偏好：食物，iPad。

因此，运用《小雨滴》软件为小明制定语言训练方案。

二、训练目标

能够操作《小雨滴》表达自己的需要和意图。

三、训练过程

阶段一：选择小明喜欢的食物（薯片），在《小雨滴》中呈现薯片实物图片。他想要薯片须先点击图片，方可获得薯片。若选择其他图片，则得不到薯片。

阶段二：小明看到薯片时能够主动拿起iPad，点击薯片图片，表达自己的需求。

四、训练效果

小明已学会使用iPad向教师表达需求，不再用"咿咿呀呀"。情绪行为问题得到有效解决。

三、国内辅助沟通系统的干预效果

近年来，国内许多学者利用辅助沟通系统对各类身心障碍人群进行了干预服务，都取得了良好的效果。

2014年，徐云、徐文峰、马蓉蓉选取了5名孤独症儿童作为实验对象，并对这些儿童进行了辅助沟通系统干预。实验采取单一被试实验法。研究结果证明，孤独症儿童经过训练，沟通行为数量增加，沟通质量明显提高。研究者指出，辅助沟通系统对孤独症儿童的沟通能力提升起到了巨大的作用。

2015年，莫春梅、邱雪将两名某特殊学校的孤独症儿童当作实验对象，研究PECS和录像示范学习对孤独症儿童非言语沟通能力的影响。结果证明，这两种方法都使儿童的视觉优点得到了发挥，具有一定的效果，但是如果两者可以结合，那么效果一定会更好。

2015年，杨思渊、孟灵博、麦坚凝探究了以平板电脑为载体的电子辅助沟通系统（Digital AAC，DAAC）对语言沟通障碍儿童的影响。实验选取了缺乏有效言语沟通的孤独症儿童（4～6岁）共21名，将其随机分为三组，分别是PECS组、DAAC组和对照组。依次比较三组儿童在引起沟通、沟通能力、问题行为方面的改善状况。结果证明，PECS组和DAAC组在提高沟通主动性、沟通能力和减少因情绪导致的问题行为上比对照组好，而PECS组和DAAC组在这些方面没有明显差异。但是，在学习和行为泛化的简易程度上，DAAC组比PECS组优秀。

陈静于2019年观察了应用iPad支持的《小雨滴》软件后，三名智力障碍儿童表达需求和回应问题行为的改善状况。研究采用单一被试跨行为多探测设计。结果表明，iPad支持的《小雨滴》软件对三名被试的表达需求和回应问题行为均有良好的干预效果，三名被试表达需求和回应问题的次数在干预期明显增加。因此，研究者指出，可以尝试在智力障碍儿童的训练中使用以iPad为载体的《小雨滴》软件。

上述研究表明，我国的辅助沟通系统正逐渐从传统辅助沟通系统变为高科技辅助沟通系统，关于高科技辅助沟通系统和移动智能技术相结合的研究也渐渐增多。随着移动智能技术的不断进步，辅助沟通系统也随之发展，移动智能技术和辅助沟通系统的结合，使得辅助沟通系统能够更好地帮助沟通障碍儿童交流。但是，不可否认，国内对辅助沟通系统的研究较少，对沟通辅具的研发也刚开始，高科技辅助沟通系统仍需从国外进口。目前，辅助沟通系统在国内的应用还处于试验阶段，本土化的研究很少，而且没有大样本的研究验证其实效性。所以，希望通过对本单元的学习，同学们可以对辅助沟通系统在国内外的发展状况有一定的了解，共同探究辅助沟通系统这个新领域，促使高科技辅助沟通系统在国内应用到更大的范围中。

要点回顾

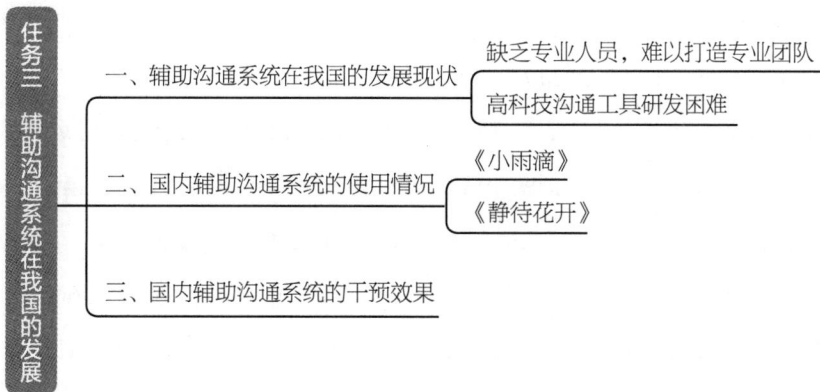

任务三　辅助沟通系统在我国的发展

一、辅助沟通系统在我国的发展现状　缺乏专业人员，难以打造专业团队
高科技沟通工具研发困难

二、国内辅助沟通系统的使用情况　《小雨滴》
《静待花开》

三、国内辅助沟通系统的干预效果

检测与思考

1. 简述辅助沟通系统在我国的发展现状。

2. 介绍几款我国自主研发的辅助沟通系统的应用软件。

3. 自选一款iPad软件，尝试为一位沟通障碍个案制订训练计划。

单元二任务三
检测与思考参考答案

参考文献 ·····▶

陈静. iPad应用软件对自闭症儿童沟通行为的干预研究. 西安：陕西师范大学，2019.

刘亚楠，刘建军. 辅助沟通系统在孤独症儿童交流训练中的应用. 中国康复理论与实践，2017（4）.

莫春梅，邱雪. 视觉支架式策略在自闭症儿童非语言沟通能力训练中的应用. 教育与教学研究，2015（9）.

徐云，徐文峰，马蓉蓉. 辅助沟通系统在孤独症儿童沟通障碍中的应用. 现代营销（学苑版），2014（4）.

杨思渊，孟灵博，麦坚凝. 电子辅助沟通系统对孤独症儿童的近期效果研究. 中国儿童保健杂志，2015（5）.

GEVARTER C, O'REILLY M F, ROJESKI L, et al. Comparing acquisition of AAC-based mands in three young children with autism spectrum disorder using iPad® applications with different display and design elements. Journal of autism & developmental disorders, 2014（10）.

LORAH E R, TINCANI M, DODGE J, et al. Evaluating picture exchange and the iPad™ as a speech generating device to teach communication to young children with autism. Journal of developmental & physical disabilities, 2013（6）.

MCNAUGHTON D, LIGHT J. The iPad and mobile technology revolution: benefits and challenges for individuals who require augmentative and alternative communication. Augmentative & alternative communication, 2013（2）.

STILL K, REHFELDT R A, WHELAN R, et al. Facilitating requesting skills using high-tech augmentative and alternative communication devices with individuals with autism spectrum disorders: a systematic review. Research in autism spectrum disorders, 2014（9）.

VAN DER MEER L A J, RISPOLI M. Communication interventions involving speech-generating devices for children with autism: a review of the literature. Developmental neurorehabilitation, 2010（4）.

FROST L A, BONDY A S. PECS training manual. Newark: Pyramid Educational Consultants, 1994.

CHARLOP-CHRISTY M H, DANESHVAR S. Using video modeling to teach perspective taking to children with autism. Journal of positive behavior interventions, 2003 (1).

GANZ J B, SIMPSON R L. Effects on communicative requesting and speech development of the Picture Exchange Communication System in children with characteristics of autism. Journal of autism and developmental disorders, 2004 (4).

单元三・辅助沟通系统的设计与操作

导 语

通常，我们在沟通时要想表达一个意图，首先要在大脑内组织好沟通计划信息，再通过口头语言的形式表达出来。而对于具有沟通障碍的人士来说，他们在信息的组织和传达上都存在困难。这时，就需要辅助沟通系统帮助他们对信息进行重新组织。专业技术人员需要考虑辅助沟通系统的设计与操作的科学性，使它们尽可能符合沟通障碍人士自身或设备的特点。本单元将介绍辅助沟通系统中信息的分类、存储、排列、编码和呈现，以及不同的信息输入、输出方式。

学习目标

1. 了解日常沟通中的信息分类和影响词汇选择的因素。
2. 知道符号在沟通辅具上的排列方式。
3. 知道如何提高沟通障碍者的沟通速度。
4. 熟悉辅助沟通系统的信息输入和输出的主要特征。

知识导览

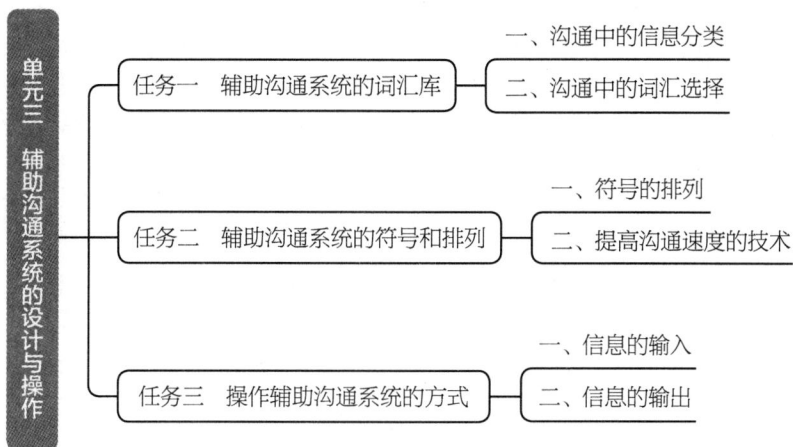

单元三 辅助沟通系统的设计与操作

任务一 辅助沟通系统的词汇库
一、沟通中的信息分类
二、沟通中的词汇选择

任务二 辅助沟通系统的符号和排列
一、符号的排列
二、提高沟通速度的技术

任务三 操作辅助沟通系统的方式
一、信息的输入
二、信息的输出

扫码学习

▶ 任务一
辅助沟通系统的词汇库

问题情境…▶

　　要帮助沟通障碍人士在使用沟通辅具时实现信息的重新组织和传达，第一件事就是要尝试将他们大脑中储存的"隐形资料库"——他们原先熟悉的字、词以及句子搬运到沟通辅具中来，准备好"原材料"。但是这个资料库往往非常庞大，若不经规范整理，它将会使沟通辅具的使用变得极为困难。那么，应该以什么为依据将这些信息进行区分，才能更加科学、高效呢？你有留意过平日里与人交流时，人们的沟通内容分成哪几个部分吗？本任务就以上问题展开讨论。

一、沟通中的信息分类

　　日常生活中，沟通的主题是复杂多样的，沟通时遇到的人物、场景也是形形色色的。所以，要想使信息既储存有序又能应对多元的沟通情境，就需要根据信息的一些共同特征来组织信息的存储。比如，文法形式（名词、动词、形容词群组在一起），语义形式（相同意义的词汇在一起，如食物、活动）以及语用形式（以对话形式储存，如打招呼、闲聊等）。在日常生活中，大部分沟通的结构都可以划分为打招呼、闲聊、分享、道别四个阶段。当我们以语用形式为分类依据对信息进行分类存储时，可以明显提高语言沟通障碍人士使用辅助沟通系统的频率和沟通效率。

（一）打招呼

　　打招呼（greeting）是社交互动的基本环节之一，其功能是发起对话，表明说话者注意到了某人，向其传递友善的信号以及想与对方进行社交互动的意图。

　　问候语的形式一般比较笼统，除了如"你好""吃了吗"等常规用语，有时还会与沟通所处的场景相结合。例如，说话者来到阳台，见到邻居在晒衣服，说了句："在晒衣服啊。"在这个场景中，说话者向邻居传递了"我注意到你在晒衣服"的信号，并邀请其开启一段对话。

　　沟通障碍者自身的年龄、社会地位以及文化背景等因素会影响到问候语的选择和使用。例如，在中国的文化背景下，我们见到平辈的人时会说"你好"，而遇到长辈时需要说"您好"以示尊敬；当我们向陌生人提出一个请求时，就会用上"请……可以吗？"的句式表示礼貌，而对于熟悉的人，我们可能会省略这些用语，更加随意、自在一些。

因此，专业技术人员需要提前存入不同的问候语以适应不同文化、情境、对象的变化，使沟通障碍者也能通过问候语体现社交礼仪和尊重。比起机械的、千篇一律的问候，多样化的问候信息也能让对话者感到更加亲切和自然。

（二）闲聊

闲聊（small talk），是一种信息互换的对话形式，其功能是发起并维持对话互动，使沟通由打招呼阶段向分享或道别阶段过渡。

闲聊分为一般闲聊（generic small talk）和特定闲聊（special small talk）。前一类闲聊的指向性不强，因此可以用于更加广泛的会话情境之中。表3-1呈现了一些例子。

表3-1　一般闲聊与特定闲聊的例子

一般闲聊	特定闲聊
你最近都在干什么？ 故事还不错！ 她很好	你之前说要写一篇文章，后来怎么样了？ 故事里的角色塑造得很棒！ 她是一个很好的教师

普通人一般闲聊占日常对话的比例随着年龄的增长而下降。在3至5岁的学前儿童中，闲聊占据了近50%。这个比例在75到85岁的人群中下降至26%。但无论在哪个年龄阶段，闲聊都是日常沟通互动中不可或缺的一部分。

（三）分享

1. 讲故事

分享信息的第一种形式是讲故事（story telling）。按照故事的内容，可以把故事分为亲身故事（first-person stories）、他人故事（second-person stories）、哲理故事（official stories）和虚构故事（fantasy stories）四种。亲身故事是指那些说话者亲身经历过，从说话者的视角出发的故事；他人故事是指那些说话者以聆听或者阅读的方式从他处获得的故事，只要说话者相信，就可以向他人讲述它们；哲理故事是指那些用于教授课程或解释某种现象的道理的故事；虚构故事是指那些人为编造的故事。

在不同年龄、情境、文化背景的人的日常沟通中，每一种故事类型所占的比例也不一样。以虚构故事为例，儿童在家中谈论的内容中平均有9%的内容涉及虚构故事；而在学校中，这个比例上升至11%。

随着个体年龄的增长，讲故事逐渐成为一种重要的分享形式。它的功能通常是营造娱乐氛围，利用故事内容进行事理的说明和教育，并与他人建立起更进一步的社交关系。例如，当我们拜访老人时，经常能听到他们以"以前我……""想当年……"等措辞告诉我们某件事情应该怎么做。

在沟通辅具不断发展的基础上，使用者要想讲故事还需要依赖辅助者的从旁协助。第一，辅助者需要准确地把握和理解沟通障碍者想要讲述的故事类型、内容和主旨。第二，辅助者需要帮助沟通障碍者将故事的信息录入设备，一般以句子为单位，从而使沟通障碍者在叙事过程中能够调整自己的叙事节奏，使与沟通对象之间的互动变得更加灵活。第三，辅助者还需要帮助沟通障碍者在熟悉和掌握讲故事的形式方面进行一些必要的训练。

随着使用者对讲故事的分享形式的习惯，沟通辅具中的故事数量逐渐增多，此时辅助者还需要根据故事的主题内容、所涉及的人物等因素为沟通障碍者创建故事索引，以帮助沟通障碍者快速地找到需要讲述的具体内容。

📖 |拓展知识|

公开演讲

能够进行故事的讲述意味着沟通障碍者也可以使用辅助沟通系统开展公开的演讲或者举办讲座。事实上，正有一批人在做这样的事情。

沟通的康复工程研究中心（Rehabilitation Engineering Research Center on Communication Enhancement，AAC-RERC）的网站上有相关的资源支持阅览，其中包含了一些沟通障碍者认识世界并与世界发生交互的看法和感受。

推荐资源：

1.《辅助沟通系统：一名使用者的视角》（*AAC: A User's Perspective*）——科林·波特纳夫（Colin Portnuff）。

2.《辅助沟通系统与大学生活：就去做吧！》（*AAC and College Life: Just Do It!*）——贝丝·安妮·卢西亚尼（Beth Anne Luciani）。

2. 过程描述

分享信息的第二种形式是过程描述（procedural descriptions），也称程序性描述。这类信息通常会包含许多细节，并以时间的顺序呈现，用于描述某一件事情的发生过程。例如，告诉朋友最近一家好吃的餐馆该怎么走，或者告诉小孩子系鞋带的步骤。患有沟通障碍的人士，尤其是同时患有肢体障碍的残疾人，通常需要向护理人员或者照顾者准确传达他们的一些特殊需求，如个人喜欢的梳理头发的方法、穿衣的方式和安置的姿势等。专业技术人员需要考虑如何帮助他们有条理地传达对某一件事情要求上的细节，以便使其得到期望的照料。

3. 特定内容的谈话

作为分享信息的第三种形式，特定内容的谈话（content-specific conversations）通常涉及大量新信息的交换，而这些新信息往往围绕着同一个特定的主题。具备读写能力的沟通障碍者可以通过常规的字母拼写或单词组合做到新信息的构建，而不具备的人群只能通过已有的词汇库或者信息库完成特定内容的沟通。例如，有关"大学生活"的词汇库中，往往会包含宿舍住宿、学生信息注册登记、大学课外活动等词汇。这些词汇库构建的依据可以是场景以及感兴趣的主题等。

（四）道别

道别是沟通中的最后一个环节，用于结束一段沟通。道别语包含如"再见""拜拜"等单纯表示告别意涵的词语，也包含"很高兴能和你交谈""很期待下次与你谈话"等表达对之前沟通过程的情感态度的短语。在一些紧急情况下，道别语还可以表示给对方带来不便的歉意，如"很抱歉，我想我现在得赶着去接我的孩子了，我们下次有机会再聊吧"。在日常的对话中，礼貌地道别让人感到被尊重。

|想一想|

在接下来的一周，请留意你在平时生活中与不同年龄、性别、社会身份以及熟悉程度的人打招呼的方式。比较一下与不同人打招呼时的区别。你有与不同类型的人分享特定信息的倾向吗？

也许在这之前你根本没有留意。尝试在对话中"多出一个自己的'分身'"，观察对话的过程，并将其与以上提到的对话结构进行比对。

二、沟通中的词汇选择

人们的大脑里存储了大量的词汇信息，对于大多数普通人来说，完成对词汇的选取、组织，再进行口头或者书面表达的过程都是自动化的。我们无须为开启一段对话提前准备好可能使用到的词汇、句子。但是，专业技术人员不仅仅需要为沟通障碍者提前准备好，而且还需要依据沟通障碍者的特点对词汇进行个性化的筛选。因此，我们需要了解有哪些因素会影响到沟通障碍者的词汇选择。

（一）影响词汇选择的因素

1. 沟通模式

言语活动通常分为内部言语活动和外部言语活动两类。前者是一种自问自答或不出声的言语活动；而后者是与他人交际时的言语活动，一般包括口头沟通和书面沟通。虽然书面沟通常被视为口头沟通的文字记录，但是两者还是存在着一些差异的。

汉语研究中，有研究者利用《新闻联播》与《实话实说》两档节目构建了书面语与口语的研究样本。对比分析后发现，由于书面语句子往往更长，表达更严谨，因此，各类词语充当定语成分的比例要大于口语。而在口语中，出于表达的习惯，人们更多使用代词充当主语，且常与量词结合使用，如"这个""那个"等。口语句子较简短，因此，当词语数量一样多时，口语中的句子更多，因此谓语比例更大，动词与形容词充当谓语的能力更强（刘丙丽、牛雅娴、刘海涛，2013）。

2. 沟通情境

在不同的沟通情境，如家庭、学校、工作单位中，说话者面对的对象、所谈论的主题以及需要满足的社交需求都会有所差异。即使是描述同样的一件事，人们在不同沟通情境下叙述时使用的词汇也有所区别。

有人对5名学龄前阶段的普通儿童在家和在学校的口语语料进行了记录收集。对比分析后发现，其中只有1/3的词汇是家庭和学校的场景中共用的，余下的词汇各有1/3是家庭或学校的场景中专属的（Marvin，1994）。

此外，在学校情境中，不同科目的课堂上使用的词汇也截然不同。例如，物理课上可能经常要用到"力""压强"等术语，而历史课上可能需要接触"孔子""庄子"等专属人名。专业技术人员需要提前了解这些与课堂环境适配的词汇，从而帮助沟通障碍者更好地适应课堂交流的模式和节奏。

3. 沟通能力

根据沟通障碍者是否识字以及他们对于识字的需求，可以将他们划分为三个群体，并分别为其设计词汇库。

（1）前识字阶段群体

前识字阶段群体主要由还没有接触到教育训练的幼儿组成，他们尚未具备读写的技能。因此，在为此类个体挑选词汇时，通常要以符号或代码暂代词汇，不仅需要满足其日常沟通的需求，更要尝试帮助其发展言语技能。

一般将满足沟通基本需要的词汇称为涵盖性词汇（coverage vocabulary；Vanderheiden，Kelso，1987）。由于处于前识字阶段的个体缺乏读写技能，所以个体只能选择已经存储在沟通辅具中的信息，这就要求沟通辅具中的词汇库尽可能地涵盖个体可能使用的词汇。在这之前，专业技术人员需要全面地评估沟通障碍者的个人特点。例如，个体马上就要上学了，在此之前可能从来没有和其他小朋友一起合作游戏过，那么，就需要将表示邀请、回应的语句提前储存在沟通辅具中。

当然，全面的内容意味着庞大的信息量，因此，专业技术人员还需要将词汇的内容与使用者使用词汇的情境、环境或者活动进行匹配。在电子设备当中，专业技术人员可以根据沟通相关的情境进行"主题组织"。例如，"餐厅"的板块下可以放置食物、餐具以及进食的动作等相关词汇。而对于一些低技术沟通板块，专业技术人员可以在将主题词汇置于其中之后，将其有策略地安置在使用者的生活环境当中以便取用，提高信息的输出效率。

前识字阶段群体仍然具备掌握读写技能的潜力和价值，因此，相关的词汇库中不能仅包含满足沟通需要的涵盖性词汇，还需要有辅助个体语言技能发展和词汇量增长的发展性词汇（developmental vocabulary），让他们有机会在之后的生活场景里去认识和学习。例如，一名处于前识字阶段的幼儿跟随父母第一次去电影院，这就是一个很好的学习机会。专业技术人员可以通过提前了解和设计，将与看电影有关的词语置入沟通辅具的词汇库当中。这样，父母在带领幼儿看电影的过程中，就能把电影票、3D眼镜或者保持安静等词语的内涵结合具体实物和场景教授给幼儿，进一步拓展和丰富幼儿的词汇。

此外，语言的发展不仅是词汇量的增加，而且还包含对复杂的句法结构的运用。因此，发展性词汇的列表里还应该包含丰富的不同语义类型（如名词、动词、介词等）的单词，以供沟通障碍者尝试去组合练习。例如，幼儿学习了"电影票"这个名词后，还要能结合其他词语说出"买电影票""妈妈给我买了一张电影票"等更加复杂的词语组合，而不能仅停留在说出电报式语言（telegraphic speech）的阶段。

|拓展知识|

电报式语言

电报式语言是指幼儿在2岁左右时语言学习进入了双词表达期（The Two-Word Utterance Phase），越来越多地使用两个词构成的句子，如"妈妈，走""汽车，开"等（Berk，2013）。电报式语言具有简洁、省略细节和不太重要的词等类似电报信息的特点。

想了解更多内容请扫描二维码。

（2）文盲群体

文盲群体同前识字阶段群体一样缺少读写技能，但是再学习的潜能和价值相对较低，因此，专业技术人员主要通过加入实用性比较强的符号，以辅助此类人群满足日常生活中多元的沟通需求。尽管文盲群体的沟通辅具当中也会适当地加入一些发展性词汇，但主要的目的只是提高个体的词汇量和主题量，而非增进他们对于复杂句法结构的理解和运用。

需要注意的是，同样的符号对于不同年龄、性别和文化背景的人的含义可能是不同的，专业技术人员需要考虑到信息内容、符号表征和沟通障碍者的个人特点之间是否适配。例如，同样是笑脸这个符号，对于婴幼儿来说可能象征开心的情绪，而对于青少年以及成年人来说可能表示某种赞许。针对这样的情况，专业技术人员可以通过增加大拇指向上的符号，将表示赞许的含义从笑脸中分离出来。

（3）非文盲群体

非文盲群体由于掌握了一定的阅读和拼写的技能，可以主动"构建"信息而不是简单地"选择"沟通辅具中既定的信息，因此，在输入方式上较前识字阶段群体和文盲群体更为自由，如拼音、五笔或者双拼。所以，非文盲群体的沟通需求侧重于如何更加高效、有效地输出信息。因此，专业技术人员需要围绕信息的提取进行以下三方面的考虑。

第一，提高及时性（timing enhancement）。在生活中，一些信息只有在特定的时间段内表达才能够发挥它应有的作用。例如，"请停一停车，我需要在这一站下"。尽管识字个体可以利用拼写的方式传达准确的信息含义，但如果这些信息没有在特定的时间段内（车再次启动之前）发送出去，那么信息的作用和意义也就随之消失了。因此，专业技术人员应该确认有哪些需要及时传递信息的特殊情境，并确保这些信息能以完整的形式提前存储在设备当中以方便提取。

第二，信息加速（message acceleration）。沟通障碍者利用沟通辅具进行交流的速度比普通人要慢很多，要想保障及时性，提高信息的输入、输出效率是关键。在语言中，很多词语常常一起出现，如"中华人民共和国"。这时可以使用缩略或者文字预测的方式，这些方式可以极大程度地减少敲击键盘的次数，提高个体交流想法的流畅度。缩略是指一些词语简称，如"中华人民共和国"可以直接用"中国"表示；而文字预测是对后续可能出现的内容进行预测，随后将这些内容陈列出来以供输入者选择，常见于各大输入法中。

📖 |拓展知识|

加速式词汇

加速式词汇（acceleration vocabulary）往往是为了提升交流速度而被挑选出来的。使用加速式词汇需要沟通障碍者本身具备一定的拼写能力，通过加速策略，将预先存入沟通辅具当中的那些非常常用的短语或句子进行快速的播放和调用，以解决拼写或组合句子花费时间太长的问题。常常适用于提出一个请求或者发表一个评论的沟通情境中。

想了解更多内容请扫描二维码。

第三，减少疲劳（fatigue reduction）。沟通障碍者比普通人更容易出现精力不足、身体疲累的状况。提高沟通速度往往能帮助沟通障碍者减少输入信息的疲劳。但是，要想进一步减少疲劳，还需要额外考虑沟通障碍者高疲劳的情境或时间段，以进行有针对性的设计。例如，一些人可能在上午和下午都很精神，但是在中午却常常感觉精神疲劳、状况不佳。专业技术人员就可以根据个体在中午常常涉及的活动或者需要沟通的情境主题筛选出词汇，并用更为简单的代码、符号表示，从而帮助沟通障碍者满足应有的沟通需求。

（二）词汇库的构成

1. 核心词汇

核心词汇（core vocabulary）是指很多人普遍使用且频繁出现的词汇和信息。例如，初中生平时交流中常用的词汇就是这一群体的核心词汇。这些词汇往往来源于以下几个部分。第一，追踪以往的沟通障碍者中同一群体的词汇使用情况，制作对应词表；第二，根据普通说话者或书写者的词汇使用模式形成词表，如《现代汉语常用词表》；第三，根据沟通障碍者个人过去的使用记录进行分析，形成词表，但此来源较为敏感，涉及隐私，需要专业技术人员与沟通障碍者共同商议决策。

2. 边缘词汇

边缘词汇（fringe vocabulary）是指个体特有的词汇和信息，它们只适用于某些特定的主题或者活动中。此类词汇较为个人化，最好来源于与沟通障碍者关系密切的人，如家人、朋友、恋人、教师或者其他照顾者。辅助沟通领域里已经有一些得到广泛使用的工具，它们可以帮助专业技术人员从这些来源中提取出边缘词汇，如环境或生态量表（Carlson，1981；Mirenda，1985；Reichle，York，Sigafoos，1991），沟通日记和核查表等（Fenson，Marchman，Thal，et al.，2007）。汉语沟通发展量表是中国常用的评估工具，该表会针对孩子的词语储备、词语使用情况以及句子和语句的使用情况进行评估（梁卫兰、郝波、王爽等，2001）。例如，判断词语储备时，若孩子不是简单重复他人的话，而是自主说出"妈妈""剪刀"等词语，则在对应的词语旁边的"会说"一栏打钩；判断使用情况时，题目会描述一个情境，如"当讲起名词时，您的孩子有没有使用量词？（如个、辆等，不需要很准，只要他用了即可）"，评估者需要根据孩子的实际情况，在"还没有""有时有（指至少使用过一次）""经常有（指大部分情况下都会使用）"栏内打钩。

要点回顾 ·····▶

- 任务一 辅助沟通系统的词汇库
  - 一、沟通中的信息分类
    - 打招呼，如"你好""吃了吗"
    - 闲聊
      - 一般闲聊，如"她很好"
      - 特定闲聊，如"她是一个很好的教师"
    - 分享
      - 讲故事，如"小红帽"
      - 过程描述，如"系鞋带的方法"
      - 特定内容的谈话，如"大学生活"
    - 道别，如"再见"
  - 二、沟通中的词汇选择
    - 影响词汇选择的因素
      - 沟通模式：口语、书面语
      - 沟通情境：学校、家庭、工作单位
      - 沟通能力
        - 前识字阶段群体
        - 文盲群体
        - 非文盲群体
    - 词汇库的构成
      - 核心词汇，指很多人普遍使用且频繁出现的词汇和信息
      - 边缘词汇，指个体特有的词汇和信息，它们只适用于某个特定的人物、地点、主题或者活动

检测与思考 ·····▶

1. 尝试和同学进行一次简短的对话，然后按照对话的结构进行划分。

2. 想一想，你经常会通过什么方式与他人进行分享，你最喜爱的是哪一种方式，以及为什么。

3. 简述哪些因素会影响词汇选择。

4. 通过资料查阅，看一看还有哪些因素可能会影响词汇选择。

5. 举出一些学校和家庭中词汇使用情况的区别。

6. 不同沟通能力的群体的特点分别是什么？有什么区别？

7. 信息加速与提高及时性、减少疲劳之间有什么关系？

8. 核心词汇与边缘词汇的来源都有哪些？

9. 如何提取边缘词汇？

单元三任务一
检测与思考参考答案

▶ 任务二
辅助沟通系统的符号和排列

问题情境…▶

想一想，如果你惯用左手，需要经常使用手机，那么你会把手机放置在左边的口袋里还是右边的口袋里呢？在考虑沟通辅具的使用过程时，专业技术人员也常常需要考虑类似的问题：在按照原则对词汇库进行筛选后，如何以符合沟通障碍者的现实条件、认知特点的形式将它们呈现出来，使他们对于信息内容的提取和搜索更加直观、简单和快捷呢？你会以什么样的形式和方法将这些信息进行归纳，然后有序地排列出来呢？通过学习本章的内容，我们可以对这样的问题做出回答。

一、符号的排列

（一）网格式布局

网格式布局（grid display）是指将沟通界面的区域划分成几个不同的部分或者一定数量的小方格，然后将符号按照一定原则排列至相应的区域或者特定的位置，划分的依据可以是语义类型、活动主题、物品类别等。例如，用统一的蓝色区域方块表示人称代词，绿色区域方块表示一些宽泛或具体的动词，黄色区域方块表示名词等。这样的集中分布可以帮助沟通障碍者更有逻辑和快速地组织信息。

此外，还可以根据沟通障碍者的输入习惯、语言背景对区域的分布进行进一步的设计。例如，中文句子中，词语往往是按主语、谓语和宾语排列的，不同语义类型的词语在沟通界面上的分布就可以与句子的结构相契合。网格式布局根据符号和条目在界面上呈现的特点一般分为固定界面、动态界面和混合界面。

1. 固定界面

固定界面（fixed display）是指符号和条目都被固定在特定位置的界面。这种技术常见于低技术的沟通板上。因为整体界面大小有限，所以固定界面能容纳的符号数量也是有限的。专业技术人员会根据沟通障碍者自身的视觉、触觉、认知和动作控制能力来调整符号的数量，以确保每个符号的大小、间隔适当，使得沟通障碍者能够快速有效地选择自己想选的符号和条目。（见图3-1）

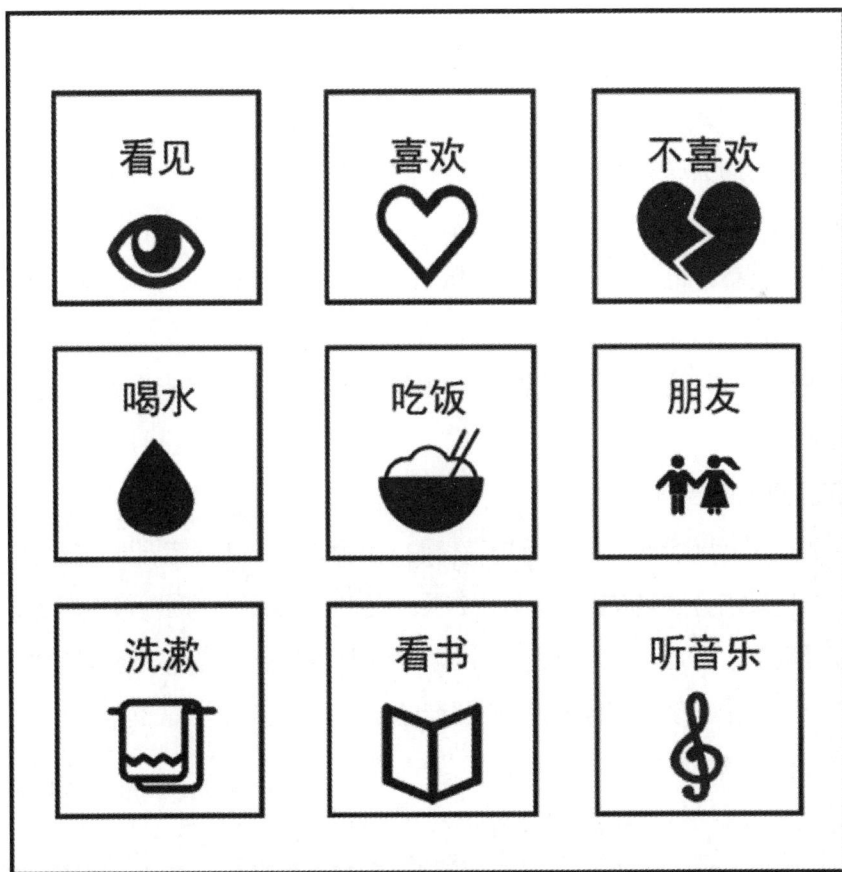

图3-1　固定界面

要想满足沟通障碍者的沟通需求，常常需要一定数量的固定界面沟通板，这也导致了其携带不便、沟通效率低下的特点。为此，干预者可以尝试将界面符号按主题分层，编纂成册，以提高选择的效率；也可以从编码策略的角度出发，将固定界面上的信息设计成可以通过组合得到的更加丰富的信息，如同我们的计算机键盘一样，但如此一来，对于沟通障碍者认知能力的要求也会更高。

2. 动态界面

动态界面（dynamic display）指的是在电子化的设备当中，视觉符号会随着控制指令变化的界面。专业技术人员需要将沟通障碍者生活中常常涉及的词汇进行主题归纳后，将各个主题的条目显示在屏幕上。如此一来，个体在开始选择自己需要表达的信息时，可以直接选取对应主题，从而快速过滤掉无用的信息。例如，小明想喝碳酸饮料，他就可以在"主题"的界面直接点选"饮品"的主题跳转到"饮品"的界面，其中包含"水""果汁"等。值得一提的是，在这个过程中，"碳酸饮料"的信息并没有直接呈现于沟通障碍者的眼前，而是依靠沟通障碍者大脑中"饮品—碳酸饮料"的记忆对信息进行定位和提取。专业技术人员可以再增设筛选条件的层次以提高沟通障碍者的提取效率，如"饮品—碳酸饮料—可乐"，但这样一来对于沟通障碍者的记忆能力的要求也会提高。因此，专业技术人员需要具体评估沟通障碍者的能力之后进行适当的权衡，并帮助其进行信息提取的训练，熟悉信息的放置位置，以提高其信息提取的效率。

3. 混合界面

混合界面（hybrid display）是指带有动态元素的电子化固定界面。这里的"动态元素"指的是系统会根据沟通障碍者已选择的信息提供引导。例如，当沟通障碍者选择了"我爱玩"信息之后，系统会将后面可能选择的信息内容如"游戏""篮球"等名词用亮起指示灯的方式突出显示，引导沟通障碍者进行言语的表达。

（二）视觉场景布局

视觉场景布局（visual sight display，VSD）是指通过图片、照片或视觉环境去描绘和囊括情境、经历或地点。它不仅呈现一个孤立的概念，而且还常常提供与这个概念相联系的场景信息。例如，小明和小红可能在打篮球，照片里可能包含"小明""小红"等人物、"篮球""篮筐"等物品、"小明投球""小红防御"等活动，这些都可以通过标注凸显出来。沟通障碍者点击图片上相应的区域和位置，沟通辅具就会以音频或视频的方式将信息呈现出来。除了中央界面，照片的周围还以沟通障碍者熟悉的照片和图片来代表不同情境或主题，沟通障碍者可以根据不同的图片里集中分布的信息进行表达。对于因脑部外伤、阿尔茨海默病、失语症等导致认知或言语能力上缺损的群体来说，视觉场景布局往往能够起到更好的辅助作用。

二、提高沟通速度的技术

要想利用沟通辅具克服语言沟通障碍，知道如何准确表达自己的意图只是一部分。沟通不仅讲究内容清晰，而且通常还需要注意把握时机和速度。例如，你走在校园中偶遇教师，"教师好"这个信息虽然已经足够明确，但还需要在与教师完全擦肩而过之前发送出去，以吸引教师的注意。在一些不与人直接进行沟通的场合，如看到心仪的球队因一个好球而得分了，"干得漂亮"这句话只有在球员进球前后的时间段才能获得意义。

这些活动对于语速正常的普通说话者来说很简单，但沟通障碍者的沟通速度普遍较慢，相比而言，普通说话者的沟通速度是沟通障碍者的15～25倍，这使得沟通障碍者在信息发送的时间把控上比普通说话者困难很多。在一些教育或者工作场景下，人们的信息交换速度甚至会更快，这对沟通障碍者来说无疑构成了更大的挑战。

因此，专业技术人员主要通过以下两个技术——编码技术和关联技术来提高沟通的整体速度。

（一）编码技术

沟通障碍者每次都只能从沟通辅具的沟通界面上选择一个条目作为信息的组成部分，而每次选择的过程往往相对烦琐，因此，整个信息的组合要消耗大量的时间和精力。编码技术，简要来说，就是将一些完整意思的词汇、短语或者句子按照预先设计的代码储存起来，调用这些代码往往比输入原信息内容更为简洁，能够减少沟通障碍者的选择次数，从而实现沟通速度的提高。个体的视觉、听觉以及认知能力都是决定代码形式的重要因素。

按照代码代表的内容，代码可以分为词汇代码（word codes）和信息代码（message codes）。

1. 词汇代码

此类代码仅仅表示某个词汇。日常生活中最常见的形式是缩略代码（truncation codes）。例如，"北京、上海、广州、深圳"常常被简称为"北上广深"，"化学肥料"被简称为"化肥"。

数字代码会将词汇和对应的数字相组合，如"1—吃饭""2—睡觉"等。一般适用于因动作能力有限而只能使用很小范围的沟通界面的人群，缺点在于数字与词汇含义的对应关系是任意的，沟通障碍者需要通过大量的练习，才能逐渐提高信息提取的效率。

|拓展知识|

字母-数字/类别式词汇代码

在英文语言背景中，由于英语词汇有前缀和后缀的特点，专业技术人员常常通过字母-数字式词汇代码来表征单词。例如，COMM1代指Communicate，COMM2代指Communication，COMM3代指Community。这类代码在区分相同前缀的词汇代表的含义的同时减少了输入成本。

字母-类别式词汇代码基于分组的思想，通常以物品所属主题的首字母做第一个字母，具体事物的首字母做第二个字母。例如，假定Fruit（水果）= F，那么FA可能指"Apple（苹果）"，FB可能指"Banana（香蕉）"。

|拓展知识|

莫尔斯电码

在国际化的系统中，莫尔斯电码以点和线为基础元素，通过组合搭配来表示对应的字母、标点符号和数字。比如，"·—"表示字母"A"，"··——··"表示"？"。高科技的沟通辅具可以进行算法识别并翻译出信息内容。这种技术也常常与缩略技术搭配组合使用。（图3-2）

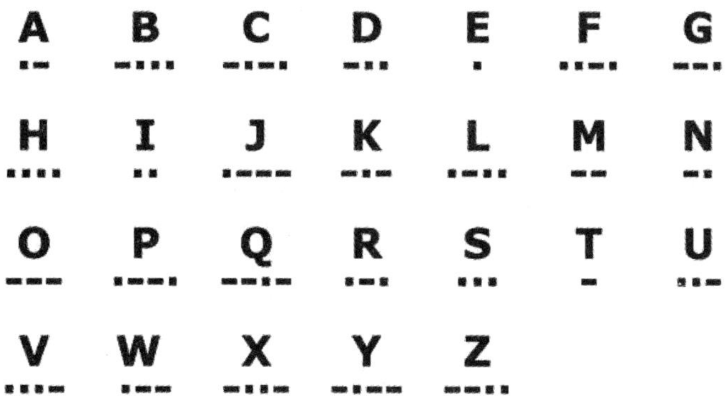

图3-2　莫尔斯电码表

2. 信息代码

此类代码蕴含着完整的信息内容。其编码的形式大多数是先以字母、数字或者符号表明信息内容的主题，再用额外的符号代表信息的具体内容。

重要字母编码（salient letter encoding）是指由代表重要内容的词汇的首字母来构建代码。例如，"我要喝水"，其重要内容是"喝水"，它的首字母是"HS"，那么就可以用"HS"表示"我要喝水"。

|拓展知识|

字母-数字/类别式信息编码

字母-类别式信息编码（letter-category message encoding）是指以组织图式（organizational scheme），即信息所属主题的首字母为第一个字母，以信息具体内容的首字母为第二个字母。打招呼（greeting）的主题中收录了"Hi, how are you" "I'm fine, thank you"，那么就可以以"GH"来表示"Hi, how are you"的信息含义。字母-数字式信息编码与字母-类别式信息编码的第一个字母意义相同，只不过在第二个字母上以预先设定的对应数字来替代具体内容的首字母。

语义压缩（semantic compaction）。辅助沟通系统中存在着一些语义压缩符号系统，里面包含的象征性符号（即图片符号）集中了某件事物本身以及能与之展开联想的信息。例如，水滴的象征性符号可能与水、饮品、雨天、湿润相联系，一个时钟的象征性符号可能代表时间、日程或者钟表。将水滴与闹钟的图片组合在一起，往往可以表达"是时候洗澡了"的意思。当然，其中的语义空间模糊性很大，需要专业技术人员考虑沟通障碍者的语言使用程度和语言文化背景。

颜色编码（colour encoding）是指把不同字母划入不同颜色的方块里，沟通障碍者可以先注视对应的颜色，再注视对应的字母，沟通对象通过颜色和字母的信息在对应的解码书中进行信息的解译和理解。例如，"蓝色—M"代表开门的意思，那么沟通障碍者先注视蓝色区域，再注视字母M，沟通对象查找对应的含义后即可执行相应的动作。

（二）关联技术

使用关联技术提升沟通速度的关键理念是动态地预测沟通障碍者接下来可能需要输入的信息，并将其预先提取、呈现出来以供选择。预测的信息往往包含单个字母或字、单词、短语或句子。

在中文的语言背景下，根据《汉语拼音方案》，拼音体系里一共有21个声母、35个韵母。字母输入时限定的条件有很多。在单字水平上，如果沟通障碍者已经输入了"z"，那么不会出现"zp"这样的音节，关联技术会以"zai""zuo"等拼音进行预测。

单词水平的预测除了单词本身外，还包含单词之后的信息。例如，如果想表达"苹果"，那么沟通障碍者输入"pingg"，沟通辅具就能够直接对使用者想要输入的单词进行预测，并罗列相应的可能性，如"1—苹果""2—评估""3—瓶盖"，沟通障碍者可以通过选择"1"来节省字母选择次数。在输入了"苹果"之后，关联技术还会预测单词之后可能出现的信息，如"汁""树"等。

在英文的语言背景下，一些沟通辅具还可以根据沟通障碍者已选择的信息，依照句法规则进行自动调整和更正。例如，沟通障碍者选择了"Bob"的第三人称名词，那么随后可能呈现的单词"like"会自动更正为"likes"。

短语或句子水平的预测对于信息的补充是相当可观的。人们生活的文化背景中，往往有一些固定的俚语、俗语、谚语，如"不听老人言，吃亏在眼前"等，沟通障碍者往往只需要输入前半句甚至前半句的部分内容，关联技术就会进行相应的补充。这样的技术和方式如今已经广泛地应用到了智能终端的输入法中，与我们的日常生活紧密相连。

要点回顾

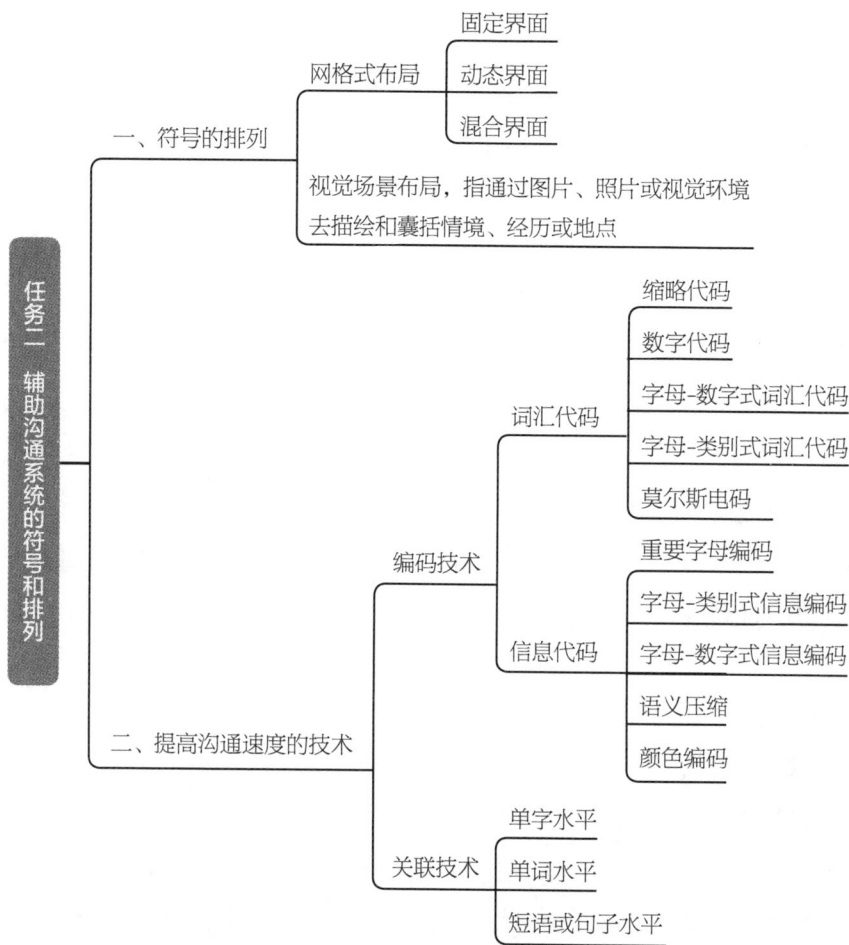

检测与思考

1. 简述符号主要的排列方式。

2. 能提高沟通效率的编码技术的核心理念是什么？

3. 词汇代码与信息代码有什么区别？

4. 举例说明缩略代码在生活中的应用。

5. 通过查阅资料，了解双拼技术在中文输入语境中的应用，阐述其优势和缺点各在何处。

6. 自行设计几个象征性符号，并尝试用其向他人传递信息。

7. 关联技术分为哪几个层次？如何理解关联技术？

单元三任务二
检测与思考参考答案

▶ 任务三
操作辅助沟通系统的方式

问题情境…▶

在中国古代的西周，周幽王为博褒姒一笑，点燃烽火引各路诸侯前来。其中，点燃烽火是信息的输入方式，升起的滚滚狼烟是信息的呈现方式和输出结果，告知各位诸侯有敌军来犯。而如今，我们可以通过点击屏幕等方式进行信息输入，最后以文字或音频的形式呈现给他人。随着沟通使用的工具不断更迭，多元的信息输入和输出的方式也一同被创造出来。接下来的学习将带领大家了解沟通障碍者在使用沟通辅具时会选择什么、怎么选择，以及以何种形式输出已选择的信息。

一、信息的输入

（一）选择库

选择库（selection set）包含专业技术人员为沟通障碍者设计的信息、符号和代码，通常以画面、声音、凸起小点或实物的方式呈现。专业技术人员需要评估沟通障碍者的视觉、听觉或触觉能力，选择适应个人情况的呈现方式。

视觉呈现是最常见的呈现方式。例如，计算机键盘或者手机上的电子键盘，其中的字母、数字、标点符号以及控制命令，都是以视觉呈现的方式分布在不同的键位上的。如果个体患有某种视觉障碍，无法接收呈现的信息，专业技术人员就需要以听觉或者触觉呈现的方式代为补充。

听觉界面上的信息一般以沟通对象的口头言语或系统的音频信息进行呈现。例如，沟通障碍者和沟通对象共同使用一份沟通材料，沟通对象逐条念出上面的内容，当沟通障碍者听到自己需要的信息时，就及时做出反应。

触觉界面上的信息通常是通过信息的触觉表征，如实物、实物的微缩模型或者盲文的形式呈现的。

（二）显示

如同手机不断地更新换代一样，它们的实体按键消失、机身变得轻薄、屏幕变大，这些正不断地优化和革新用户的使用体验。沟通辅具本身的物理特性也影响着沟通障碍者使用沟通辅具的体验。调整这些参数，能使沟通辅具的使用更加符合沟通障碍者的能力情况，提高其可操作性。

1. 条目的数量

在选择库中，不同形式的信息会影响到沟通界面上条目的数量。沟通辅具中的符号往往是与信息含义一一对应的，如此一来，条目的数量会随着满足个体沟通需求所需要的符号的增多而增多。

而在采用字母/代码组合拼写的情况下，沟通障碍者就能通过有限的条目表达出比其本身含义丰富得多的信息。例如，计算机键盘上的按键数量是有限的，但是我们能通过它们组成无数的信息和代码。

2. 条目与整体界面的大小

专业技术人员在显示设置上还需要考虑整体界面的大小和单个条目的大小。类似于我们在购买笔记本电脑的过程中，不仅要对整个屏幕的大小进行选择，而且还要进行分辨率的设置，对屏幕中单个信息的大小进行调整。

整体界面的大小会受许多因素的影响，如预计一次性要呈现的条目数量、每个条目的大小、条目与条目之间的间距、设备的便携性、沟通障碍者的动作控制能力等。例如，若沟通障碍者只能在很小的范围内进行肢体活动，那么整体界面过大，使用率就会很低，还会不容易携带。

单个条目的大小受已经选定的整体界面的面积，条目的数量、间距，沟通障碍者的视力问题等因素影响。

3. 条目的间距与安排

调整间距、将间距与条目以不同颜色表示都能够提高条目与条目之间的区分度，以利于信息的识别。个体的动作控制能力和选择信息的策略也会影响条目位置的安排。例如，在中国，大部分的人是右利手，患有肢体控制障碍的人，他们会有自己的优势侧，此时可以把使用频率更高的条目置于优势侧；再者，对于一些因患有严重肢体障碍而只能使用头部和眼睛追踪技术的人，需要考虑尽可能降低他们头颈部的运动频率以减少疲劳。专业技术人员同样需要评估这些情况，合理分配不同侧的信息密度和形式。

4. 沟通界面的定向

定向（orientation）是指界面相对于地面的位置。沟通障碍者习惯的固定姿势、视觉能力以及动作控制能力等因素会影响到沟通辅具界面与地面的相对高度和夹角。例如，对于一些需要避免颈部弯曲的肢体障碍人士来说，30°～45°的夹角可以使他们不用左右转动头部也能一眼看到屏幕上的所有信息。

（三）选择策略

选择策略指的是沟通障碍者从选择库中选择条目的方式，分为直接选择和间接选择。

1. 直接选择

直接选择是指直接从屏幕上呈现的条目中进行选择。这个过程可以根据界面是否与身体发生直接接触，分为有身体接触选择和无身体接触选择两种方式。

最常见的有身体接触选择包含躯体接触和躯体按压。前者需要沟通障碍者触碰到沟通辅具界面的表面，但无须施加压力即可完成条目的选择。无论是低技术的沟通板，还是平板电脑这样的高科技智能终端，这种策略都适用。后者则需要沟通障碍者不仅接触表面，而且施加一定的力才能激活沟通辅具。例如，笔记本电脑上的键盘、手机上的实体按键。沟通障碍者不仅要把手指放在键位上，而且还需要施加一定的压力，当压力超过设定的阈值时，才能实现选择。压力激活阈值的大小取决于沟通障碍者的动作控制能力，要在保证防止误触的情况下，尽量减少沟通障碍者操作产生的疲劳。

在无身体接触选择中，人们不再直接使用手指接触，而是通过某种媒介实现选择。最直观的方式之一就是沟通障碍者以光（通常是激光）进行条目的选择。专业技术人员会将发射器安装在沟通障碍者的帽子、眼镜或者特制的头盔上，发射器发出激光打在沟通界面上，沟通障碍者可以通过头部的移动控制激光进行选择。日常生活中，在利用多媒体进行汇报或者展示时，人们常常使用翻页笔射出的激光引导观众关注屏幕上的信息，就是类似的活动。

运用红外线技术时，专业技术人员会在沟通障碍者前额或眼镜上安装头部传感器，在沟通辅具附近安装相应的接收装置，用来接收红外信号，以此来检测沟通障碍者的头部运动。这些运动的信号经过转化，就能实现对屏幕上光标的操纵。

运用眼睛追踪技术，可以使一部分患有肢体障碍的沟通障碍者仅通过眼球运动控制屏幕光标的移动，从而实现对条目的选择。在这个过程中，专业技术人员需要考虑沟通障碍者对应部位的稳定性和控制能力。例如，对于一些头部肌肉经常有震颤症状的人来说，眼睛追踪的选择策略就不太理想。

采用直接选择策略的人群经常会遇到选择准确度方面的问题。专业技术人员通常通过以下三种方式来使选择更加精准。

延时激活（timed activation）是指沟通障碍者需要以某种方式（按压、目光或者激光）停留在条目上一定时间才能实现选择。专业技术人员事先设定一个时间阈值，使在这个时间阈值以下的刺激不能激活条目，从而达到减少激活失误（如不小心碰触到某个按键）的情况。例如，在大多数手机中，"卸载APP"是需要用户手指在屏幕上按压APP图标一定时间才能实现的。

释放激活（released activation）是指沟通障碍者在采用了有身体接触的选择策略的前提下，先维持与屏幕的接触，直到到达条目所在的位置才释放的过程。这个方式能够最大程度地减少选择的失误，但也牺牲了一定的效率。

过滤或均化激活（filtered or averaged activation）是指根据感知点指器（如激光）在每一个条目上的时间，利用计算机平台上的算法"过滤"偏离了特定条目的简短运动，选择平均停留时间最长的条目。这种方式适合那些难以与沟通辅具保持充分、稳定接触的人群。

2. 间接选择

一些沟通障碍者没有办法直接选择条目（常常是因为缺乏动作控制），需要通过辅助者或者预置在系统中的电子技术的帮助来实现选择。

间接选择的过程是将信息按某种预定顺序进行陈列，沟通障碍者在这个过程中必须等待不需要的信息陈列完毕，当需要的条目出现时，再通过一个激活式的信号或开关示意完成选择。

按照陈列的方式，间接选择分为环形扫描（circular scanning，见图3-3），线性扫描（linear scanning，见图3-4）和群组扫描（group-item scanning）三种模式。

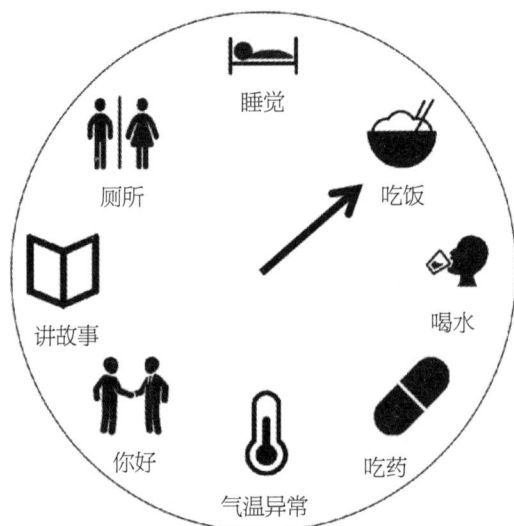

图3-3　环形扫描

环形扫描和线性扫描都是按照预先设定好的特定顺序依次进行扫描的。前者将需要呈现的条目以一个圆周的形式围绕陈列，扫描的"指针"在每一个刻度（条目）上都会进行一定时间的停留；后者常以表格形式陈列，由第一行第一个条目一直扫描到第一行最后一个条目，然后再从第二行第一个条目继续扫描。尽管呈现方式不同，但是二者从本质上来说依旧是在一维的轴上前进的。

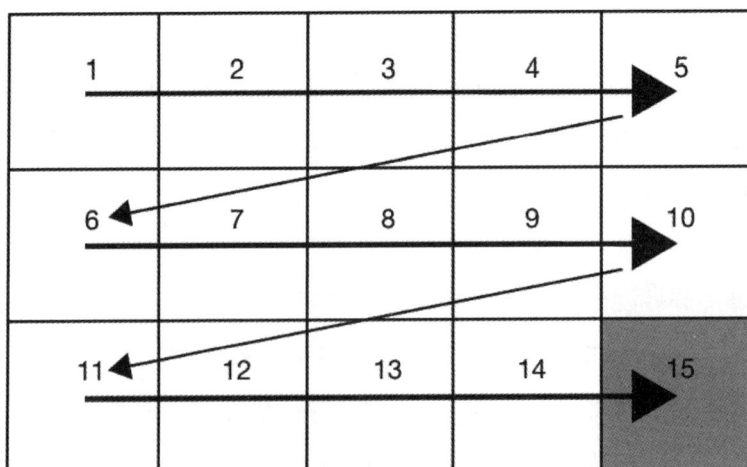

图3-4　线性扫描

为了提高扫描的效率，群组扫描先将信息进行分类，再进行有序的排列。例如，行列扫描开始时，会先对第一列的"食物""衣物""交通"等主题进行从上至下的扫描。假定沟通障碍者选定了"衣物"，那么扫描将从这一行的第二列开始从左至右扫描，如"大衣""鞋子""衬衫"，沟通障碍者再从中挑选自己需要的信息。在听觉扫描技术当中，这个筛选条件可以再细化，但这也对使用者的认知能力有更高的要求。

为了保证沟通障碍者能够准确、快速地选择信息，恰当的显示模式、扫描速度以及与沟通障碍者个人特点相称的识别方式等因素都很重要。

（四）反馈

在沟通障碍者完成选择后，沟通辅具需要给出反馈。这种反馈主要分成两类：激活反馈（activation feedback）、信息反馈（message feedback）。

1. 激活反馈

激活反馈是指在选择条目后，设备会提供给个体一类信息。这类信息的功能是告诉沟通障碍者激活事件已经发生，但不会告知激活的条目的具体内容。

在电子化的界面中，个体可以通过视觉的闪光、听觉的声音或者触觉的振动和纹理等方式获得此类信息；而在非电子化界面中，个体只能通过看见自己触碰到的条目所在的位置加以确认。

2. 信息反馈

信息反馈是指条目被选择后，沟通辅具提供关于条目本身内容的信息。它除了告知沟通障碍者激活事件的发生外，还可以告知其他沟通对象选择了什么信息。在日常生活中，按下按键，计算机就会播报数字和运算符号，就属于此类反馈。

二、信息的输出

信息输出（message out）是指沟通障碍者将如言语、印刷文字、手势、手部符号等发送给沟通对象的过程。有别于反馈的是，信息输出主要作为信息构建的结果进行传递；而信息反馈更多发生在这个过程当中，主要的功能是告知沟通障碍者条目激活的发生。信息输出主要分为语音输出和视觉输出两种方式。

（一）语音输出

1. 合成式言语

合成式言语（synthesized speech）通常是指由文本转录而来的言语（text-to-speech）。整个过程一般分为三个步骤：①提取沟通障碍者想要传达的文本信息并以代码的形式转换成音位和音位变体；②以转换好的音位和音位变体信息调用言语数据库中对应文本的语音的数字化言语信号；③将数字化言语信号转换成模拟语音（analog speech）波形输出。

2. 数字化言语

数字化言语（digitized speech）也被称为波形编码，是另一类在辅助沟通系统中得到应用的电子化言语。该方法需要在沟通障碍者患病早期对其自然言语进行记录、储存和复制，适合如"渐冻症"这样退行性疾病的患者。数字化言语的特点是以单词或完整信息的形式储存，并且也必须以单词或信息的形式提取，不能随任意信息进行人声转化。

（二）视觉输出

合成式言语的出现和不断发展，正在逐渐取代视觉输出，成为主要的输出形式，视觉输出慢慢转变成一种辅助的补充手段。而在一些情况下，如沟通对象对沟通辅具不熟悉、沟通对象患有一定程度的听力障碍或者沟通双方正处于不易接受合成式言语的嘈杂环境中，视觉输出依然是主要的输出形式。

电子设备可以将要表达的内容通过打印到纸质材料上的方式进行输出，这一类设备往往自备打印设备或者能与其他打印设备相连接。另外，也可以通过电脑屏幕的显示直接进行符号的呈现。

在非电子输出的形式中，呈现非辅助性沟通符号和辅助性沟通符号可以帮助沟通障碍者和沟通对象进行交流。前者包含如手势等，发送者直接从自己的记忆中调用相应的手势信息并把它们表示出来，接收者直接进行记忆并在大脑内实时加工、解译信息，这个过程中不存在信息的永久留存，因此对于沟通双方的记忆能力都提出了一定的要求。后者包含如线条图、盲文、莫尔斯电码等，发送者将信息以这些形式呈现出来后，接收者一般一边朗读，一边与发送者就其中模糊的、有歧义的信息进行确认。

要点回顾 ·····▶

选择库：包含专业技术人员为沟通障碍者设计的信息、符号和
代码，通常以画面、声音、凸起小点或实物的方式呈现

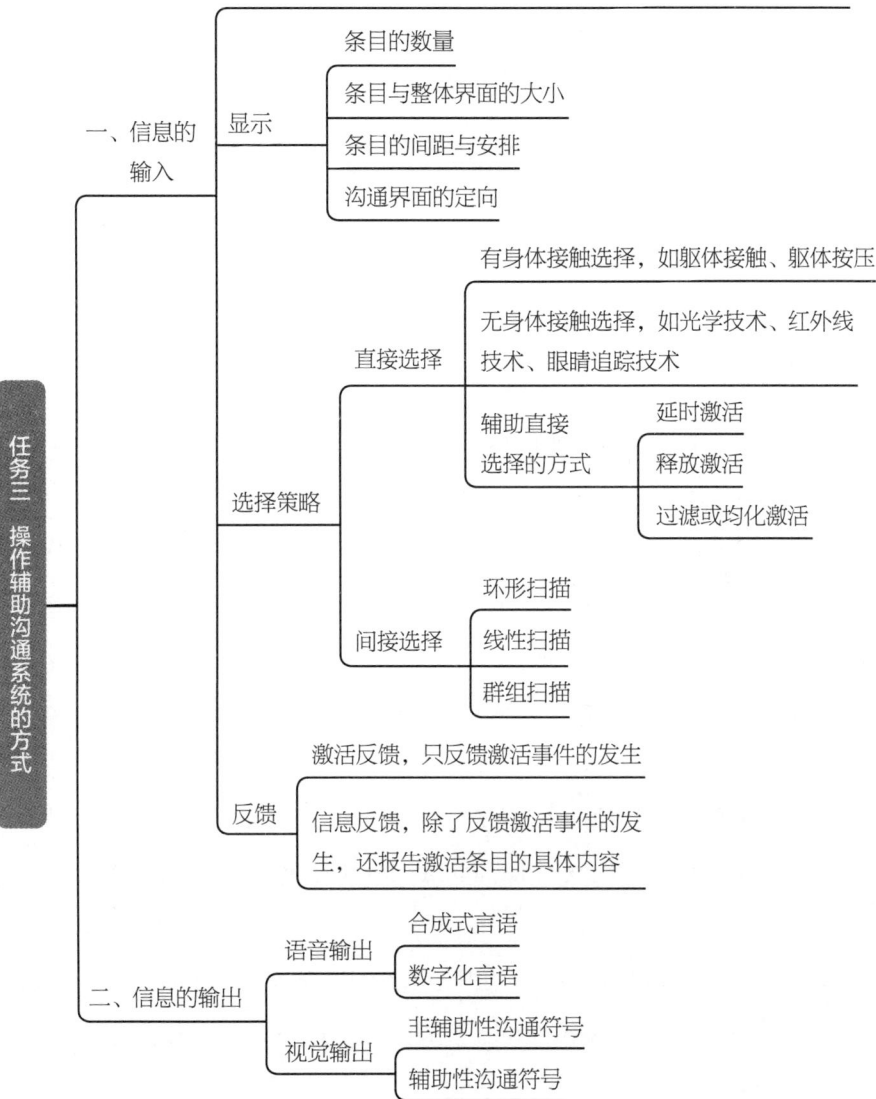

任务三　操作辅助沟通系统的方式

一、信息的输入

- 显示
  - 条目的数量
  - 条目与整体界面的大小
  - 条目的间距与安排
  - 沟通界面的定向

- 选择策略
  - 直接选择
    - 有身体接触选择，如躯体接触、躯体按压
    - 无身体接触选择，如光学技术、红外线技术、眼睛追踪技术
    - 辅助直接选择的方式
      - 延时激活
      - 释放激活
      - 过滤或均化激活
  - 间接选择
    - 环形扫描
    - 线性扫描
    - 群组扫描

- 反馈
  - 激活反馈，只反馈激活事件的发生
  - 信息反馈，除了反馈激活事件的发生，还报告激活条目的具体内容

二、信息的输出

- 语音输出
  - 合成式言语
  - 数字化言语
- 视觉输出
  - 非辅助性沟通符号
  - 辅助性沟通符号

检测与思考 ·····▶

1. 选择库中包含大量的沟通符号，它们的呈现方式有哪些？

2. 对于靠头颈活动进行选择的沟通障碍者来说，如何设计界面能让他尽可能少

地移动头颈而看清界面全貌呢？可以从哪几个方面考虑？

3. 直接选择和间接选择有什么联系？

4. 自行设计一个多级主题（两层及两层以上）面板，尝试用它向同学表达自己想要的物品。

5. 激活反馈和信息反馈的区别是什么？

6. 反馈和信息输出的区别是什么？

7. 生活中有哪些合成式言语参与的服务？你能举出例子吗？

8. 数学化言语尤其适用于哪种人群？

单元三任务三
检测与思考参考答案

参考文献 ……▶

BERK L E. Development through the lifespan. 6th ed. Boston: Pearson, 2013.

梁卫兰，郝波，王爽，等. 中文早期语言与沟通发展量表——普通话版的再标准化. 中国儿童保健杂志，2001（5）.

刘丙丽，牛雅娴，刘海涛. 汉语词类句法功能的语体差异研究. 语言教学与研究，2013（5）.

CARLSON F. A format for selecting vocabulary for the nonspeaking child. Language, speech, and hearing services in schools, 1981（4）.

FENSON L, MARCHMAN V A, THAL D J, et al. MacArthurBates Communicative Development Inventories. 2nd ed. Baltimore: Paul H. Brookes Publishing Company, 2007.

MARVIN C, BEUKELMAN D, BILYEU D. Vocabulary-use patterns in preschool children: Effects of context and time sampling. Augmentative and alternative communication, 1994（10）.

MIRENDA P. Designing pictorial communication systems for physically able-bodied students with severe handicaps. Augmentative and alternative communication, 1985（1）.

VANDERHEIDEN G, KELSO D. Comparative analysis of fixed-vocabulary communication acceleration techniques. Augmentative and alternative communication, 1987（3）.

REICHLE J, YORK J, SIGAFOOS J. Implementing augmentative and alternative communication:Strategies for learners with severe disabilities. Baltimore: Paul H. Brookes Publishing Company, 1991.

单元四·辅助沟通系统的评估

导　语

　　思考一下，我们让一个有听力障碍的沟通障碍者使用以语音为输出方式的辅助沟通系统，显然是无法获得干预训练的效果的。那么，什么样的方法能够帮助沟通障碍者选择适合自己的辅助沟通系统呢？在选择前，评估团队需要了解沟通障碍者的哪些信息？在使用后，沟通障碍者的家庭及评估团队又该如何判断辅助沟通系统是否有效？通过本单元的学习，你可以了解辅助沟通系统评估的评估方法、步骤以及通用化评估体系。

学习目标

1. 了解辅助沟通系统评估的发展。
2. 熟悉常用的评估方法。
3. 了解评估的步骤。
4. 知道建立通用化评估体系的原理。

知识导览

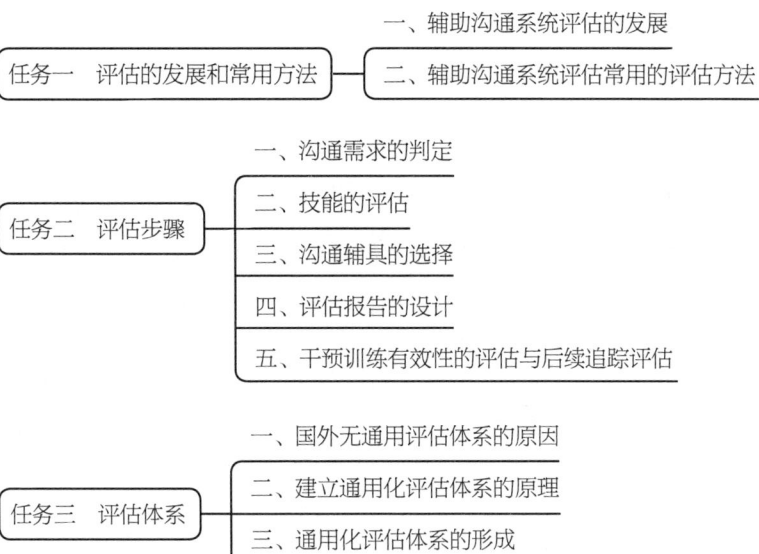

单元四　辅助沟通系统的评估

- **任务一　评估的发展和常用方法**
  - 一、辅助沟通系统评估的发展
  - 二、辅助沟通系统评估常用的评估方法

- **任务二　评估步骤**
  - 一、沟通需求的判定
  - 二、技能的评估
  - 三、沟通辅具的选择
  - 四、评估报告的设计
  - 五、干预训练有效性的评估与后续追踪评估

- **任务三　评估体系**
  - 一、国外无通用评估体系的原因
  - 二、建立通用化评估体系的原理
  - 三、通用化评估体系的形成

扫码学习

▶ 任务一
评估的发展和常用方法

问题情境···▶

　　小童是个脑瘫儿童，他需要借助辅助沟通系统来完成日常的生活交流。在挑选合适的辅助沟通系统时，小童的妈妈要计划小童一天的生活安排，提出小童需要辅助沟通系统提供的帮助；教师要考虑这一系统能否适应小童当前的认知能力；技术人员要知道小童控制躯体动作的能力，便于了解如何去做界面设计。你知道他们各自的出发点是什么吗？其中蕴含了哪些观念呢？在进行评估时，我们又需要注意什么呢？这部分的内容能帮助我们回答这些问题。

一、辅助沟通系统评估的发展

　　辅助沟通系统评估可分为以下几种：考虑使用者认知能力的评估、强调使用者语言能力的评估、考虑满足个体沟通需求的评估和参与模式的评估。其中，考虑使用者认知能力的评估和强调使用者语言能力的评估属于传统评估观念指导下的评估；考虑满足个体沟通需求的评估和参与模式的评估属于现代评估观念指导下的评估。

（一）考虑使用者认知能力的评估

　　一些机构从20世纪80年代起，就有与评估使用者的认知能力、动作能力、概念技能、沟通需求、设备获得需求相关的评估流程。但在实际操作中，这些评估方式模糊不清。1980年，有人提出了评估孤独症儿童的辅助沟通系统模式，其中就包括训练孤独症儿童的动作模仿能力、配对能力及等待能力。掌握这些能力是应用辅助沟通系统的前提条件，使用者只有将这些能力都掌握了，才可以考虑使用辅助沟通系统。

　　20世纪80年代后期，开始有专业人员对使用辅助沟通系统需要具备认知技能这一前提提出疑问，他们认为视觉追踪、配对、模仿等技能是在沟通目标完成后才逐渐自然形成的能力。许多专家指出，应该通过使用辅助沟通系统的方式，将患有严重沟通和认知障碍的个体置于沟通的活动中。在这些活动中，沟通障碍者可以学习使用沟通策略，进而发展沟通技能。这种观点使得只有达到一定认知能力标准才可以使用辅助沟通系统的误解被消除了。

（二）强调使用者语言能力的评估

除了考虑个体的认知能力外，传统的辅助沟通系统评估还集中评估个体的语言潜力。在早期，很多专家认为使用辅助沟通系统会影响具有多重障碍的个体的语言发展。1980年后，对个体的年龄、语言动作能力以及早期的语言治疗史的评估是个体是否适合使用辅助沟通系统的依据。若个体具有发展出语言能力的潜力，则不再考虑使用辅助沟通系统。因此，很多有严重语言表达障碍的儿童接受很多年的语言治疗后才开始使用辅助沟通系统，这实际上延误了个体提高沟通技能的时机。

（三）考虑满足个体沟通需求的评估

波克曼（Beukelman）等学者在1985年第一次提出，辅助沟通系统的评估应该集中在个体的沟通需求上。他们认为只要个体患有严重的沟通障碍，不管个体是否具有发展出语言能力的潜力，都应倡导其使用辅助沟通系统。这种评估方式强调个体在自然环境中的沟通需要，并且建议在个体目前的沟通需要没有被满足时，应采取辅助沟通系统进行干预。其主要目的是通过辅助沟通系统的干预训练来满足个体的沟通需求。这种评估也同样考虑了个体的认知能力、生理年龄、先前的治疗情况、当前的语言状况、环境因素等。

考虑满足个体沟通需求的评估主要集中在评估个体当前的沟通需求和评估这些需求被满足的程度两个方面。虽然考虑满足个体沟通需求的评估更为全面、科学，但这种评估仍然不能充分地考虑多重沟通障碍者的沟通需求。

（四）参与模式的评估

参与模式的评估是最近发展出的评估方式。该评估认为所有的沟通障碍者均有提高沟通技能的能力。而沟通的机会和沟通的途径则是构成其基础的两个主要方面。在参与模式评估的第一阶段，专业人员需评估包括个体在日常生活中的沟通机会以及在日常环境中遇到的阻碍等全部沟通问题。在这之后，确定个体未来的沟通需求，并且考虑大量的环境因素。在辅助沟通系统的参与模型中，评估者需要考虑沟通障碍者的活动以及活动出现的场合。当这些评估实施后，积极的干预训练就会马上开始。（图4-1）

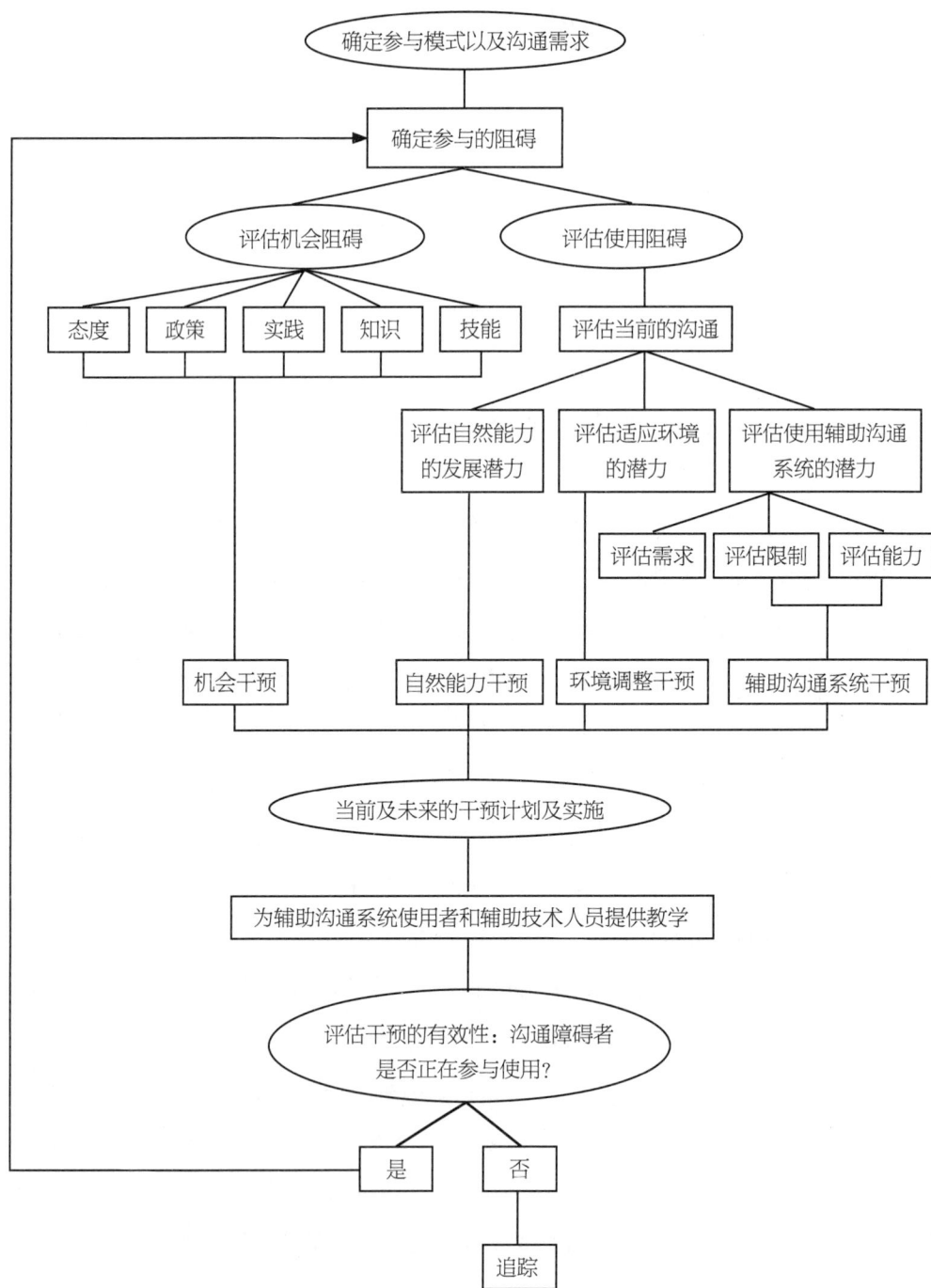

图4-1　辅助沟通系统的参与模型（Beukelman, Mirenda, 2013）

沟通障碍者及为其提供支持的人们可以通过辅助沟通系统评估得到以下几个方面的信息：①当前的沟通水平；②当前与未来的沟通需求；③适合的辅助沟通系统的特征；④向沟通障碍者提供帮助的方法；⑤评估进步的方法。

二、辅助沟通系统评估常用的评估方法

（一）全面评估

在早期，辅助沟通系统评估多使用全面评估。全面评估包括评估个体的沟通需求、认知能力、语言能力和动作能力等。

全面评估可以给个体更适合的建议，但由于需要搜寻大量的无关信息，整个过程可能会太耗时耗力。此外，全面评估并不能保证一定成功，仍需要在实践中进行调整。很多缺乏经验的专业人员会经常使用全面评估。

（二）基于标准的评估

使用一种详细列举了各种选择、问题及结果的核对用的清单或"决策树"可以节省时间。清单或"决策树"可以确定评估的领域，评估者可以通过引导使用者回答是非问题来调查。这种方法是非常便捷和有效的，但它不能在清单的每一个水平上都给出比较具体的建议，需要评估者使用额外的经验来实施评估。

（三）基于经验的匹配评估

目前的辅助沟通系统评估中，基于经验的匹配评估是应用得比较多的方法。这种方法以选择与使用者需求和技能最匹配的辅助沟通系统为目标，综合使用其他评估方法。专家通常会使用"决策树"来指导整个评估过程，同时会针对某一领域使用全面评估的方法。在评估过程中，回顾以往经验既可以收集到个体技能方面的信息，也保证了各类评估工具能发挥令人满意的作用。基于经验的匹配评估兼具全面评估和基于标准的评估的特点，但容易忽视一些灵活的评估方法。记录贯穿于这一过程中，是这种方法最大的特征。整个评估过程中需要记录下评估的任务、观察分析和做出的结论。这种记录能帮助个体选择适合的辅助沟通系统并且在沟通方面取得进步（魏寿洪、郑俭，2007）。

要点回顾 ·····▶

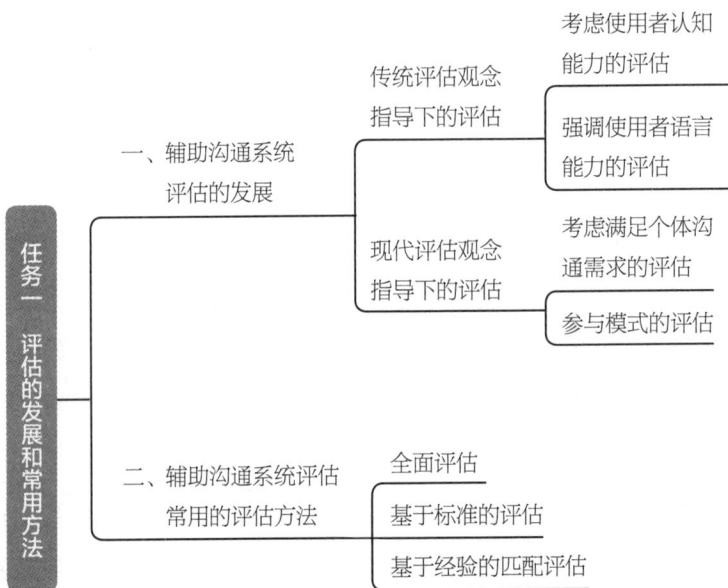

```
                                              考虑使用者认知
                                              能力的评估
                          传统评估观念
                          指导下的评估
                                              强调使用者语言
              一、辅助沟通系统                 能力的评估
                 评估的发展
                                              考虑满足个体沟
任务一                      现代评估观念         通需求的评估
评估的发展和常用方法          指导下的评估
                                              参与模式的评估

                                              全面评估
              二、辅助沟通系统评估
                 常用的评估方法               基于标准的评估

                                              基于经验的匹配评估
```

检测与思考 ·····▶

1. 根据全面评估的过程，当为个体选择一个合适的辅助沟通系统时，需要做哪些方面的考虑？

2. 辅助沟通系统评估经历了哪些发展？请简要评价两种现代评估观念指导下的评估。

单元四任务一
检测与思考参考答案

▶ 任务二
评估步骤

问题情境···▶

了解了评估的发展和常用方法之后，我们应该如何去具体操作呢？评估的具体步骤和流程是什么样的？图4-2展示了辅助沟通系统的评估步骤。在接下来的内容中，你会了解到每个步骤中使用的具体方法。

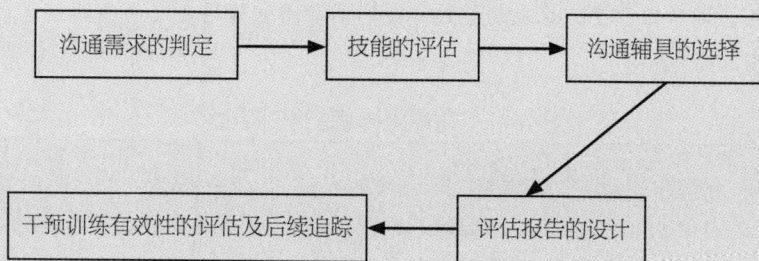

图 4-2　辅助沟通系统的评估步骤

一、沟通需求的判定

沟通需求的判定是辅助沟通系统干预的基础。最需要辅助沟通系统帮助的个体是那些少了这种系统就无法进行正常沟通，或在这种系统的帮助下沟通技能能加速发展的个体。因此，我们在考虑为个体选用合适的辅助沟通系统时，需要了解个体需要什么，个体在沟通上的长处和短处是什么。判定沟通障碍者的需求，应当在评估初期完成。个体的沟通需求是评估过程中最关键的因素。

通过沟通需求的判定，我们可以确定沟通障碍者的需求和目标。在需求判定分析过程中收集到的信息是评估干预成效的基础。因此，需要谨慎地对待这个步骤，并且要确保需求和目标与辅助沟通系统传达出来的问题本质一致。

在需求判定中收集到的信息，能够为从事语言康复工作的人员购买和申请沟通辅具提供理由。沟通需求的判定会促进评估计划的实施，对之后个体技能的评估及沟通辅具的选择等都有重要的影响。

📎 |案例卡片|

怎样进行需求判定？

表4-1提供了关于沟通障碍者的生活角色、表现领域、相关活动、具体情境等方面的信息收集与分析的模式。个体的生活角色会影响他的需求和目标。比如，这个人是儿童还是成人？他在生活中的角色（包括学生、职员等）是什么？个人的生活角色会随着时间而改变，他的需求也会随之改变。辅助技术应当随着生活角色

的改变相应地做出改变，这也是经过一段时间后沟通障碍者必须重新接受评估的理由之一。

表4-1　沟通障碍者的需求判定

生活角色	表现领域	相关活动	表现	具体情境	先前使用沟通辅具的情况
小学生	生活	满足生理需求	1．大便 2．小便 3．喝水 4．饿	1．家里 2．学校	过去使用过沟通卡片，但是沟通效果不是很好
干预目标		指示说明			
使用沟通板进行沟通，达到比较好的沟通效果		1．确认沟通障碍者的生活角色和表现领域 2．确认沟通障碍者感兴趣的相关活动 3．确认个人存在表现困难的特定工作 4．确认实施这些活动的具体情境 5．说明沟通障碍者如何应用沟通辅具，分析其效果			

表4-1中展现的表现领域与沟通障碍者的生活角色相关，表中还列举了一些需要完成的活动。确定表现领域，可以帮助辅助技术人员（家人或护理者）界定出沟通障碍者需要协助的活动。例如，读写（表现领域）对学龄期儿童（生活角色）而言是很重要的，但是，一个有沟通障碍的儿童可能会被排除在读写（相关活动）之外。界定出这些活动出现的具体情境也是很重要的。上述案例呈现的是一名学龄期儿童的沟通需求。对这个儿童而言，主要的活动是满足生理需求的活动，这些活动出现的情境主要是学校和家里。

沟通障碍者先前使用沟通辅具的情况，也应该被当作需求判定的一部分来讨论。辅助技术人员可以从沟通障碍者过去使用沟通辅具成功或失败的经验中收集到有用的信息。他在过去使用过沟通辅具吗？使用的是哪一种辅具？有无成功的经历？在上述案例中，这名儿童曾经使用过沟通卡片作为沟通辅具，但是效果不好。我们可以分析使用沟通卡片的效果为什么不好，从而在之后的治疗中为其选择更合适的沟通辅具。

在沟通障碍者的需求判定期间，界定出潜在和实际的阻碍会协助辅助技术人员评估和制定未来的沟通策略。1998年，有学者认为需要为沟通障碍者界定出实际与潜在的机会阻碍（opportunity barriers）和使用阻碍（access barriers）。机会阻碍是由沟通障碍者之外的人和情境强加上去的阻碍，不受沟通障碍者控制，不能仅仅通过干预或提供一个辅助沟通系统消除。一般认为有5种机会阻碍：态度上的阻碍、政策上的阻碍、实践上的阻碍、知识上的阻碍和技能上的阻碍。态度上的阻碍是指沟通障碍者的家属、同学、同事等可能持有消极的态度。例如，一位大学教授不想让一名使用辅助沟通系统的学生选修他的课，尽管学校已有明文规定，所有被大学接收的人都有选修所有课程的权利。政策上的阻碍是由沟通障碍者所处环境的法律法规所致的。例如，一些教育机构仍然有将残疾学生隔离安置的政策，这种政策会使沟通障碍者不能与其他同伴定期沟通，极大地减少了与其他同伴交朋友的机会。实践上的阻碍由家庭、学校或工作场所制定的规则造成。例如，有些学区限制沟通障碍者在校外使用学区资助的辅助沟通系统。知识上的阻碍是指因缺乏信息导致的限制。例如，在辅助沟通系统、教学策略的选择过程中，如果辅助技术人员缺乏对应的知识，就会限制沟通障碍者参与的机会。技能上的阻碍是指辅助技术人员尽管有充足的知识储备，但仍难以运用某种辅助技术。例如，你听完了一堂课，学习了很多新的知识，但你无法在下周小测时付诸实践，这就是技能上的阻碍。使用阻碍是指由于沟通障碍者的能力、态度与辅助沟通系统储存资源的局限所致的阻碍（陈强、徐云，2011）。

二、技能的评估

对沟通障碍者的技能进行评估是为了确定个案的基线，熟悉、了解个案的基本能力。因为沟通障碍者的身心特质差异性非常大，所以评估必须谨慎地考虑个别化的需要。许多对沟通障碍者的评估是无法用标准化的测验工具进行的，必须通过一段时间的观察、记录，或用访谈等方式收集资料。分析个案能力中的长处与不足时，也必须依据他们个性化的需求。对沟通障碍者技能的评估主要包括肢体功能的评估、感官能力的评估、认知能力的评估和语言能力的评估。

（一）肢体功能的评估

重度沟通障碍者往往是多重障碍者，如脑瘫、中风人群常伴随有沟通障碍、肢体障碍等多重障碍。所以，在辅助沟通系统干预之前，需对肢体功能进行评估。在选择辅助沟通系统之前，对沟通障碍者的肢体功能的评估，是为了评估其是否具有使用沟通辅具的能力，并且确定其操作辅具的部位。

1. 摆位姿势的评估

在对沟通障碍者进行肢体功能的评估时，首先需要对摆位姿势进行评估。对摆位姿势的评估包括沟通障碍者在休息或从事工作时的姿势、反射动作与肌肉张力、控制沟通辅具的效果等。要想顺利地发挥沟通障碍者使用沟通辅具的能力，必须使其处于正确的位置。例如，稳定的骨盆与躯干位置是个体最大化运用四肢功能的关键。假如个体没有能力稳定自己，那么就需要外在的座位支持系统。我们需要找到最适合沟通障碍者的摆位，因为只有在最舒适的情况下，才能将动作能力发挥到最好。常用的摆位系统包括姿势控制和技能缺损处理的摆位系统、压力处理的摆位系统、针对舒适的考量和姿势调整功能的摆位系统。

提供外在的支持系统时需要注意，它在某些时候反而会限制个体动作的发挥，这时需要对支持系统做出相应的修改。例如，世华是一位脑瘫儿童，因其有严重的沟通障碍，经需求判定后，被确定为需要辅助沟通系统。在世华使用沟通辅具前，他已经获得了新的轮椅支持系统，它能很好地给予世华各方面的支持，包括头部的固定。但是，当他使用沟通辅具时，无法操作沟通辅具的按钮，只有把头部的固定取消，他才可以使用头杖进行操作。

2. 控制沟通辅具最佳的身体部位的评估

对于患有肢体障碍的沟通障碍者来说，确定其控制沟通辅具最佳的身体部位，是帮助其成功使用沟通辅具的必要步骤。控制部位是沟通障碍者可以用来控制沟通辅具的身体部位。图4-3显示了常用于控制沟通辅具的身体部位。每个控制部位都可以展现多样的移动能力。在评估时，一般都是从手部与手指开始的，手部与手指是操作性工作中使用最为频繁的控制部位。如果沟通障碍者的手部无法做出控制性的操作，那么接下来就应该评估头部与嘴巴，配合如头杖、嘴杖、光束等其他器具的使用。下一个选择部位是脚部，虽然脚部的精细运动能力不如手部，但一些使用者依然能够锻炼出脚部精细的控制能力，如用

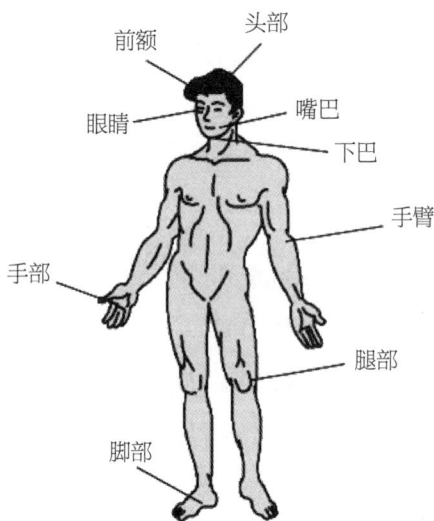

图4-3 常用于控制沟通辅具的身体部位

脚来打字。若以上控制部位仍不能满足需要，则可用眼睛作为控制部位，使用眼睛凝视的方法。近几年研发出的眼控式辅助沟通系统，可用于进行日常交流活动。

（二）感官能力的评估

感官能力在辅助沟通系统的应用上起到了十分重要的作用，主要包括视觉能力、听觉能力和触觉能力。从事辅助沟通的技术人员需要详细了解沟通障碍者的感官能力和他们受到的限制。这并不等同于技术人员要去诊断沟通障碍者的感官损伤，如听觉损伤或视觉损伤。沟通障碍者的感官损伤通常需要专家（如眼科医生、验光师、耳鼻科医生等）进行诊断评估。进行辅助沟通的技术人员需要确定的是沟通障碍者在使用辅助沟通系统时需用到的感官功能。假如沟通障碍者有感官方面的障碍，则可能需要找到一个替代性的感官途径。例如，一位需要应用计算机的盲人沟通障碍者，需要被详细评估听觉能力和触觉能力，因为在阅读时，这些能力可弥补视觉能力的不足。

1. 视觉能力评估

视觉能力评估主要涉及视野、视觉敏锐度、视觉追踪与视觉扫描等方面。视野是当眼睛固定注视一点时，个体能看见的空间范围。双眼视野大于单眼视野。正常的视野有可能因眼睛受损、视线受阻或脑部受到伤害而改变。

视觉敏锐度是人眼分辨物体细节的能力。在临床医学上，视觉敏锐度被称为视力。在我国，以在5米远的标准距离处观看视力表上的"E"的方法来确定视觉敏锐度。专业技术人员在设计沟通版面时，需要把使用者的视觉敏锐度纳入评估范围。例如，如果一位视觉敏锐度很差的沟通障碍者在使用长约20厘米的微型计算机沟通辅具时，只能对界面中被分成左右两格的图片进行有效分辨，那么在设计沟通版面时，专业技术人员就不能设计三格甚至更多格的沟通版面。此外，在设计版面时，利用扩大目标图文等方法也可以改善视觉敏锐度不足的问题。

视觉追踪是指视线跟随物体移动。在很多辅助沟通系统的正常使用中，这种能力都是必需的。在设计扫描式辅助沟通系统的扫描方式时，视觉追踪能力需要被着重考虑。通常的扫描方式是上、下、左、右四个方向移动扫描。若某位沟通障碍者不能进行上、下、左、右的视觉追踪，则不能有效地使用扫描式辅助沟通系统。

视觉扫描是把视线移到物体或景象的不同部位，或在特定的情境中去寻找特定的目标。例如，某位沟通障碍者有视觉扫描困难，那么在设计这位沟通障碍者的沟通版面时，应该对版面中的项目数量做出限制。在开始时，只设计一项或两项供选择的内容；当他们的视觉扫描能力提高时，再逐渐丰富沟通版面的内容。

> ✍ |想一想|
>
> 视觉追踪和视觉扫描一样吗？两者的区别是什么？
>
> 视觉追踪与视觉扫描不一样，区别在于视觉追踪时物体是移动的，而视觉扫描时物体不会移动。

2. 听觉能力评估

听觉能力评估包含评估可听到声音的振幅和频率范围。振幅指的是声音的响度，用分贝来计量；频率指的是声音的音高，用赫兹来计量。技术人员应该在最初的访谈和观察时就对任何影响沟通辅具使用的明显听觉障碍有所觉察。当怀疑沟通障碍者有听觉损伤时，应该要求医生做一份正式的测试。从事辅助沟通的技术人员应该了解个案的基本听觉信息，包括沟通障碍者是否对声音有反应、是否因某种声音而分心、是否能够确认特别的声音刺激、能否对声音做出适当的反应。例如，有许多沟通辅具在等待使用者做出回复期间会发出"嘟嘟嘟"的声音。这种声音对于某些使用者是有帮助的，但是对于另一些使用者，"嘟嘟嘟"的声音反而会干扰他们的动作。

> 🔗 |案例卡片|
>
> #### 瑞瑞选择沟通辅具前的听觉评估
>
> 瑞瑞需要使用语音合成输出的沟通辅具。在她的日常生活中，她经常到大型的百货公司购物（背景噪声约70分贝）。而当她外出用餐时，有时会在非常安静且高级的餐厅（背景噪声约50分贝），有时会在非常嘈杂的快餐店（背景噪声约80分贝）。一般人们正常说话的分贝大约是50分贝，这样的分贝可以满足在安静的餐厅内交谈的需要。假设一个沟通辅具的最高输入分贝是60分贝，而另一个沟通辅具的最高输入分贝是80分贝，较大分贝的沟通辅具通常需要较大的喇叭和电池，因此它的体积和重量都比较大。在这样的情况下，如何替她选择适合的沟通辅具呢？

　　我们知道了瑞瑞使用沟通辅具的各种场景下的分贝值，就可以基于此评估不同的沟通辅具是否符合瑞瑞的需求。但是，不能仅仅只考虑分贝这个因素，还应当结合瑞瑞的其他需求综合考虑，以选定最佳的沟通辅具。比如，她是否可以走路？是否需要使用轮椅？她的摆位系统稳定性如何？

3. 触觉能力评估

　　在以下三种情况下，沟通障碍者的触觉能力需要引起特别注意。一是需要使用控制界面时，二是需要考虑使用触觉替代视觉和听觉时，三是确定坐姿和摆位系统时。

　　躯体感觉（somatosensory）负责提供关于控制界面的位置、需要的动作与是否成功地产生动作的信息。如果沟通障碍者缺乏接受对应的感官信息的能力，使用控制界面的结果就会受到严重限制。因此，在对沟通障碍者进行最初的评估中，专业的技术人员就应当做出对触觉能力的判断。在面对触觉能力缺失的沟通障碍者时，设计的控制界面就需要提供适当的回馈反应来补偿触觉能力的不足。常见的回馈反应有动作、语音或灯光等。例如，某一控制界面上设计了一个特殊开关，当沟通障碍者按压下特殊开关时，沟通辅具能发出"嘟嘟嘟"的信号声，这就是一个增加额外声音反馈的例子。这种简单的调整，就可以弥补一个人触觉能力的不足。

　　在某些需要使用触觉来替代视觉和听觉的沟通障碍案例中，专业技术人员需要确定替代是否可行，因此需要评估沟通障碍者的触觉能力。触觉能力评估通常使用两点辨别法，来评估手指的反应。

|拓展知识|

什么是两点辨别法？

　　两点辨别法（two-point discrimination test），又称两点区分测试，是一种判断触觉功能的定量检查方法。普通人手指末节掌侧皮肤的两点区分距离为3～5毫米，而神经损伤者两点区分距离较远。

　　有专用的仪器供两点区分测试用。实在没有条件时，也可以用圆规或回形针替代。但针尖不宜太尖，否则容易刺破皮肤或因疼痛而影响测试的准确性。

两点辨别法多限于在手部的单一神经分布区进行。测试时，检测器两针尖沿指腹一侧纵向测试，两点之间的距离应从远到近，直到不能区分两点为止。

在确定沟通障碍者的坐姿和摆位系统时，专业技术人员也需要评估他们的触觉能力。例如，一个缺乏触觉能力的人，如果坐太久而没有改变姿势，可能会导致损伤。

（三）认知能力的评估

在应用辅助沟通系统之前，专业技术人员还必须确定沟通障碍者的认知能力。认知能力是人的心理活动中最主要和最活跃的要素，它由多个认知领域构成，包括定向力、注意、记忆、计算、分析、综合、理解、判断、结构能力、执行能力等。其中，必须评估的项目是使用沟通辅具时直接需要的认知能力，一般包含识别物品的能力、沟通符号的确定能力、符号与实物的匹配能力、用符号回答的能力、用符号表达需求的能力以及识字能力等。然而，虽然有很多用来评估认知能力的标准化工具，但是一般不能用它们直接评估与辅助沟通系统的使用有关的认知能力。因为许多用于评估认知能力的测验，需要进行说话的反应，而使用沟通辅具的沟通障碍者可能缺少这些能力，因此这些测验无法直接用于沟通障碍者。实际中，主要利用临床的观察来收集沟通障碍者的认知能力信息。例如，观察沟通障碍者在沟通辅具上使用特殊开关的流程，就可以确认他的注意力、对于因果关系的理解力和跟随指令操作的能力。通过临床观察所得的资料是无法由标准化测验获得的。

1. 识别物品的能力

评估者可以拿几样日常生活用品放在沟通障碍者的面前，要求他进行识别。例如，可以把牙刷、球和杯子放在沟通障碍者的前面，然后问他："牙刷在哪里？你指给我看好吗？"看他是否能正确指出。若沟通障碍者的动作能力不佳，则可以要求他用目光注视某样物品，借以了解他识别物品的能力。

2. 沟通符号的确定能力

评估者需要确定对某位沟通障碍者而言什么沟通符号是最适合的。沟通符号从最抽象到最具体可依次分为文字、黑白图像、彩色图像、黑白照片、彩色照片、小模型以及实物等。在选择沟通符号时，我们可以从最具体的类型开始评估，以选择出最适合的沟通符号。值得注意的是，评估者需要随着沟通障碍者认知能力的发展不断地进行再次评估，在再次评估后加入需要的新词汇，去除不适当的词汇，来满足沟通障碍者的需求。

3. 符号与实物的匹配能力

例如，评估者拿出牙刷、球和杯子的实物，然后要求沟通障碍者指出相应的图卡；或者反过来，要求沟通障碍者选出该图卡对应的实物。

4. 用符号回答的能力

如果沟通障碍者对于符号与实物之间的关系已经比较了解，评估者就可以评估沟通障碍者在日常生活中运用符号的能力，并且要求他用符号来回答问题。例如，我们可以在电视、床、马桶三种符号中，询问沟通障碍者："你在哪里上厕所？"

5. 用符号表达需求的能力

我们可以要求沟通障碍者在他的意愿无法被清楚传递给照顾者时，使用符号来表达他的需求。例如，遇到沟通障碍者无法清楚表达意愿的情况时，我们可以问："我不懂你需要什么，你能选出一个符号来告诉我吗？"

6. 识字能力

文字是最为抽象的一种符号。若沟通障碍者有很好的认知能力，我们可以试着使用文字作为沟通辅具的内容。若沟通障碍者的认知能力不是很理想，我们可以使用配上图形的简单单字或词语，用搭配呈现的方法，这样同样可以达到沟通的目的。

（四）语言能力的评估

作为人类保存认识成果的载体，语言的重要性不言而喻。语言是人类最重要的交际工具。语言的发展在儿时就开始了。大约在出生1个月后，婴儿就可以分辨语音与非语音的声音了。一般认为，语言技巧的发展主要是练习促进的，因障碍而没有说话能力的儿童仍旧可以有发展语言的能力。在使用辅助沟通系统进行训练之前，需要对沟通障碍者的语言能力进行评估。评估内容主要包括两个领域：理解和表达，即对接受性语言以及表达性语言进行评估。对语言能力的评估经常使用的方法是正式测验评估法和临床观察法，主要包括听觉理解、口语表达、阅读理解以及书写表达等方面。需要注意的是，使用正式测验评估法时，有很多需要被评估者说话表达的情况，而沟通障碍者可能缺乏口语能力，因此该方法不能被直接应用，评估者需要采用其他方法进行评估。例如，为了评估一名无法使用口语的沟通障碍者的语言表达能力，可以使用某种类型的沟通辅具，如沟通板或自行制作的简易沟通簿。沟通板上显示一组词汇、图片或其他类型的符号。评估者描述完一张图片后，要求沟通障碍者指出沟通辅具上的相关项目。假如沟通障碍者没有肢体运动能力，可以通过眼睛注视的方式进行，或由评估者依序指出沟通辅具上的项目，沟通障碍者以点头的方式来表达。采用这些方法可以弥补正式测验评估法的不足，从而评估出沟通障碍者的语言表达能力。

三、沟通辅具的选择

我们已经学习了沟通辅具的分类，从技术上来区分，沟通辅具可以分成低科技沟通辅具和高科技沟通辅具。在选用沟通辅具时要考虑沟通障碍者的能力，使他们能方便、有效地使用。如果选用的辅具不当，如选用沟通障碍者不会使用的高科技沟通辅具，辅助沟通系统的作用就不能发挥。有研究者曾指出，很多特殊儿童因肌肉、年龄上的问题或者在运用手指上有困难，在用手指指图片时，可能会整只手触摸到沟通版面，导致一次触摸很多图片，无法达到沟通的目的。所以，在选择沟通辅具时，需要评估沟通障碍者的认知、精细动作等方面的能力。

要想让沟通辅具与沟通障碍者的能力有效配对，教师及专业人员必须考虑两点：沟通障碍者的特征与沟通辅具的特征。

首先要考虑沟通障碍者的特征，因为沟通障碍者的特征最为重要。在评估沟通障碍者的需求、期望和能力之后，也就能确定沟通辅具使用的目标了。在选择沟通辅具时，定义出可满足沟通障碍者需求的沟通辅具的特征是非常必要的。该过程最重要的原则是确定两者的配合程度，一个沟通辅具必须包含能够满足沟通障碍者需求的特征，才能实现相应的目标。在美国的一些诊所中心，专业人员通过使用沟通辅具和沟通障碍者需求配对工作单来选择沟通辅具。需求涉及输入的方法、启动辅具的位置要求、声音输出、打印输出、词汇储存和搜寻、可携带性等方面。

一些研究报告指出，沟通障碍者在发展表达性和接受性语言技巧的过程中，语音科技辅具发挥了极重要的作用。也就是说，能够模拟人类语音的沟通辅具，不仅是沟通的工具，而且还兼具治疗及教学的积极功能，能提高沟通障碍者的说话能力。因此，下面尝试列出了沟通辅具应具备的理想特征。

①操作界面具备可选性特征。例如，为了应对各种肢体障碍，可依其不同需求，使用不同的特殊开关。②操作方便，简单易学。③真人录音而非计算机合成语音，音

质清晰。④能激发沟通障碍者应用的动机。⑤能让沟通障碍者了解口语的结构性。⑥具有语言教学功能。⑦语音适用于不同应用场所。⑧不易损坏，具有一定的抗摔性。⑨方便携带。⑩使用成本低。

四、评估报告的设计

通过前面对评估步骤的学习，我们大致可以确定沟通障碍者技能方面（肢体功能、感官能力、认知能力等）的优势与劣势，也了解了沟通障碍者的沟通需求以及他们的期望。而上述过程会由陪护者、临床医生、特教教师、普教教师、治疗师、沟通辅具生产商等专业团队成员与沟通障碍者共同协作完成。可以发现，参与评估的人员很多，往往很难同时进行讨论。这会导致信息难以统一，不利于后续的跟踪。因此，设计一个包含整个评估过程以及评估结果信息的评估报告是非常必要的。评估报告一般包含沟通障碍者的基本信息、行为观察信息、之前做过的评估以及评估结果、本次评估的内容和结果、对结果的分析，还可以包含对沟通障碍者家庭活动的建议等。具体的评估问卷和评估报告样例，请扫描本任务最后的二维码阅读。

五、干预训练有效性的评估与后续追踪评估

（一）干预训练有效性的评估

1. 干预训练有效性的评估形式

有效性就是经过辅助沟通系统的干预训练后，沟通障碍者的生活和需求上发生的改变。干预训练的有效性评估必须着重关注沟通障碍者取得的进步成果，这些成果决定了干预训练的功效。功效是指行动获得的预期结果，评估功效能提供给我们关于如何设计干预训练的信息，以便我们对干预训练做必要的修正。另外，由于沟通障碍者获得辅助沟通系统及干预训练服务需要花费一定的人力和财力，效率评估也十分重要。也就是说，需要将其与其他效果相近的方案进行资源花费的比较。辅助沟通系统干预训练有效性的评估形式主要有以下三种：功能性成果的评估、使用者满意度的评估和生活品质改善的评估。

（1）功能性成果的评估

过去，对辅助沟通系统干预训练服务的质量以及对干预训练的效果评估大多集中在提供服务的及时性和完整性等因素上。事实上，这些都是对干预过程的评估，并不

能反映辅助沟通系统干预的效果。如今，专业人员开始更多地关注沟通障碍者获得的功能性成果，并且把功能性成果作为干预训练的结果。专业人员关注的焦点是使沟通障碍者功能性状态达到最佳化，最终减少沟通障碍者的障碍。

（2）使用者满意度的评估

评估干预效果时，必须考虑辅助沟通系统是否满足了沟通障碍者的需求。也就是说，必须以沟通障碍者为中心。在评估时，可以采用五点计分制，请使用者及其家属对辅助沟通系统进行打分。五个层次分别为非常满意、满意、中等、不满意、非常不满意。

（3）生活品质改善的评估

在进行宣传时，从事辅助沟通的专业人员、沟通辅具的提供者和生产厂家经常表示使用这些设备可以改善沟通障碍者的生活品质。这具有极强的吸引力，也是每个沟通障碍者的家属都希望达到的目标。在不同领域，生活品质有不同的含义。在医疗服务领域，生活品质通常与一个人生命过程中的生活期待有关；在康复领域，生活品质更多指向个人具备最佳的技能和独立性，而不是治疗和修复。辅助沟通系统干预训练可以促进生活趋向健康，改善生活品质。因此，将生活品质的改善纳入有效性评估的标准，这一做法已经逐渐兴起，并被越来越多地被应用到实际中。

2. 衡量进步幅度的度量方法

在设计合适的辅助沟通系统干预训练的方案时，需要考虑训练方案中各个环节所占的时间。设计的训练方案应该合理可行，专业人员应事先向沟通障碍者及其家属清楚说明，并取得各方的同意。训练要想取得进展，需要建立在三项假定之上：沟通障碍者表现出有改善的空间；沟通障碍者有意愿朝预定的目标前进；沟通障碍者的进步是可以度量的。

有四种衡量进步幅度的度量方法：名义度量、等级度量、等距度量和比例度量。下面将简单介绍这四种基本的度量方法。

（1）名义度量

主观性最强的度量方法就是名义度量。名义度量是指用"性质"或"类别"来描述不同沟通障碍者的不同表现，是一种定性但不定量的方法。名义度量的作用是把一群人分作几个互斥的类别。一个人只能归入一个类别。例如，沟通能力可以分为"正常"或"异常"。当个体从一个类别（如重度异常）转入另一个类别时（如中度异常），这种变化就是名义度量测得的"进展"。

（2）等级度量

针对等级度量的每个数值，观测者都会根据事先拟定好的规则做主观判断。将个体的行为与其他个体进行比较，根据比较结果，个体会获得一个说明其行为能力大小的数值。由于赋值的主观性，不同数值间的距离未必等距，因此，这种数值没有可以计算的根据，无法运用算术计算。在沟通障碍领域里，数字评定及等级划分是两种常用的等级度量。一个人的行为可用数字（1~10）评定；或者，在一个群体中排出等级，我们可依个体在群体中所居的位置（顶端、中间、底部），评出他的能力对应的等级。

（3）等距度量

在等距度量中，相邻数值间的距离相等。多数经过客观测验得到的分数会被视为等距数值。然而，大多数测验并不能达到完全的等距性质，很难说一份测试中得30分和得40分的沟通障碍者之间的差距就等于得40分和得50分的沟通障碍者之间的差距。因为测验题目编制时，已经有了许多主观的成分，计分时也会存在主观性。等距度量的数值除了可以使用名义度量和等级度量适用的一切统计方法来分析之外，还可以用算术计算。

（4）比例度量

比例度量的数值不但具有等距度量的特质，而且还有一个已知的（绝对的）原点。比如，百分等级、对数等。比例度量的数值也可以进行算术计算。

（二）后续追踪评估

对利用辅助沟通系统进行干预训练的后续追踪评估具有非常重要的意义。进行后续追踪评估可以时刻确认辅助沟通系统、沟通障碍者及其家属使用的策略的有效性。

辅助沟通系统干预训练中包含了许多人员（如看护者、教师、家人、辅助沟通系统的提供方等），他们在训练期间会从不同的角度提出一些建设性的意见，这些意见通常在沟通障碍者使用沟通辅具进行几个月的训练后才逐渐整合。有效的后续追踪评估是确保这些促进后续训练的信息能进行有效整合的关键因素。同时，干预训练初期阶段也经常会出现某些必须进行后续追踪评估状况。沟通辅具并不是百分之百可靠的，如高科技的沟通辅具在使用一段时间后，往往需要对某些重要部件进行维修。初期的干预训练方案难以做到完美无瑕，需要在使用初期发现各种问题并及时修正。沟通辅具从最初的选定到完全适用，往往需要多次的调整。而且，由于沟通障碍者的沟通需求或训练目标可能转变，辅助沟通系统需要及时依照这些因素进行更新。新的沟通辅具上市也是引起后续追踪评估的一个因素。

在追踪评估期间，我们同样需要制订一份正式的追踪评估计划书来收集联系方式、家庭地址等信息，方便专业技术人员通过电话联系、网络通信设施或上门拜访等形式，定期地与沟通障碍者或其家属取得联系。这种联系非常重要，专业技术人员可能会在后续的联系里发现很多在初期评估中没有显现出来的问题。在浙江工业大学进行的沟通辅具用户使用率反馈调查中，我们发现，66%的沟通辅具因为各种原因并没有得到很好的应用，但沟通障碍者或其家属没有将信息反馈给专业技术人员。

沟通辅具本身也是影响后续追踪评估的重要因素。有时沟通辅具没有正确地依照沟通障碍者的需求设置，因此，某些功能就需要被调整，如增加储存的词汇等。后续追踪评估的持续时间会长达一年或数年，甚至贯穿沟通障碍者的一生。沟通障碍者的技能可能会退步（例如，退化性疾病的患者）或进步（例如，幼儿发展出了更多的语言能力），因此，在一段时间后，沟通辅具可能会不再符合沟通障碍者的功能性需求。这时，就需要对沟通辅具进行再评估并做出相应的调整。例如，一位患有脑伤的沟通障碍者，可能一开始只需要一个用于回复简单语句的沟通辅具，但当她逐渐恢复，获得文字录入的能力后，最初使用的沟通辅具就不再适合，必须增加新的功能或考虑其他产品。

沟通障碍者的生活角色和情境会随着时间的推移而改变，因此，我们需要进行后续的追踪评估。例如，小雨是患有重度脑瘫的儿童，他最初在儿童康复中心里使用沟通辅具，现在他进入小学阶段，那么他的辅助沟通系统就需要被重新评估。评估包括他的需求、沟通符号和内容的确定等，因为他的生活角色和情境发生了改变。

专业技术人员无法第一时间察觉到沟通障碍者的肢体功能、感官能力和认知能力的改变，因此，后续追踪评估通常是以沟通障碍者及其家属为出发点的。单凭沟通障碍者及其家属无法及时了解辅助沟通科技领域的发展情况，所以，专业技术人员需要维持与沟通障碍者及其家属的联系，向他们介绍关于沟通辅具的发展情况。这个过程中，沟通障碍者应该被赋予更多的权利，他们需要意识到自己应该为自身的成长担负更多的责任。

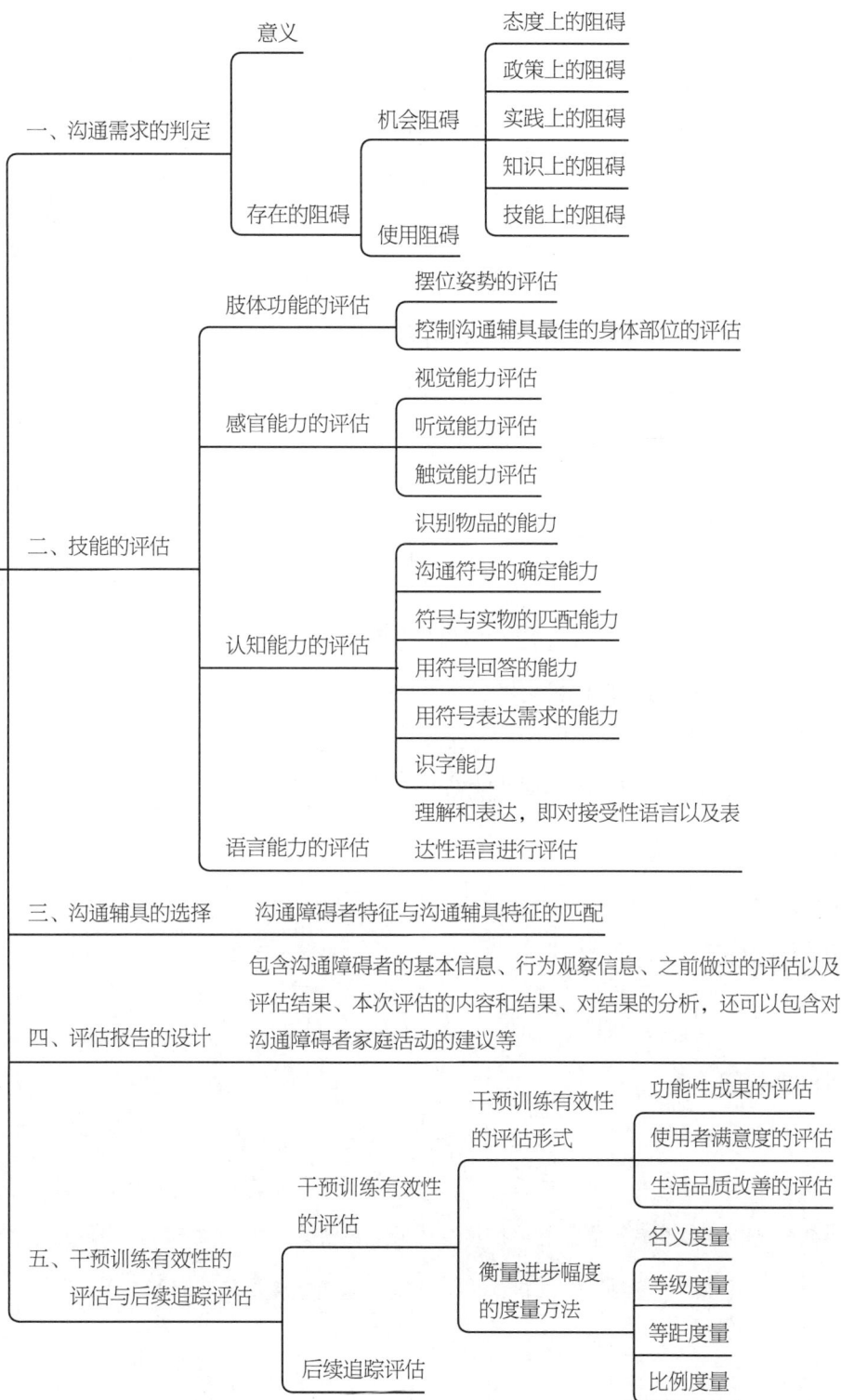

要点回顾 ·····▶

```
任务二  评估步骤
│
├─ 一、沟通需求的判定
│        ├─ 意义
│        └─ 存在的阻碍
│               ├─ 机会阻碍
│               │     ├─ 态度上的阻碍
│               │     ├─ 政策上的阻碍
│               │     ├─ 实践上的阻碍
│               │     ├─ 知识上的阻碍
│               │     └─ 技能上的阻碍
│               └─ 使用阻碍
│
├─ 二、技能的评估
│        ├─ 肢体功能的评估
│        │      ├─ 摆位姿势的评估
│        │      └─ 控制沟通辅具最佳的身体部位的评估
│        ├─ 感官能力的评估
│        │      ├─ 视觉能力评估
│        │      ├─ 听觉能力评估
│        │      └─ 触觉能力评估
│        ├─ 认知能力的评估
│        │      ├─ 识别物品的能力
│        │      ├─ 沟通符号的确定能力
│        │      ├─ 符号与实物的匹配能力
│        │      ├─ 用符号回答的能力
│        │      ├─ 用符号表达需求的能力
│        │      └─ 识字能力
│        └─ 语言能力的评估
│               └─ 理解和表达，即对接受性语言以及表达性语言进行评估
│
├─ 三、沟通辅具的选择 ── 沟通障碍者特征与沟通辅具特征的匹配
│
├─ 四、评估报告的设计 ── 包含沟通障碍者的基本信息、行为观察信息、之前做过的评估以及评估结果、本次评估的内容和结果、对结果的分析，还可以包含对沟通障碍者家庭活动的建议等
│
└─ 五、干预训练有效性的评估与后续追踪评估
         ├─ 干预训练有效性的评估
         │      ├─ 干预训练有效性的评估形式
         │      │      ├─ 功能性成果的评估
         │      │      ├─ 使用者满意度的评估
         │      │      └─ 生活品质改善的评估
         │      └─ 衡量进步幅度的度量方法
         │             ├─ 名义度量
         │             ├─ 等级度量
         │             ├─ 等距度量
         │             └─ 比例度量
         └─ 后续追踪评估
```

检测与思考 ·····▶

（一）选择题

1. 辅助沟通系统存储的针对特定活动的专门词汇不足，这种阻碍属于（　　　）。

A. 机会阻碍　　　　　　　B. 使用阻碍

C. 实践阻碍　　　　　　　D. 技能阻碍

2. 评估者拿出牙刷、球和杯子的实物，然后要求沟通障碍者指出相应的图卡。这是对沟通障碍者（　　　）的评估。

A. 符号与实物的匹配能力　　B. 用符号回答的能力

C. 识别物品的能力　　　　　D. 用符号表达需求的能力

单元四任务二
检测与思考参考答案

3. 以下不属于干预训练有效性评估形式的是（　　　）。

A. 功能性成果的评估　　　B. 使用者满意度的评估

C. 生活品质改善的评估　　D. 使用时长的评估

（二）思考题

1. 为何要将判定沟通需求作为评估的第一步？

2. 请简要列举几种机会阻碍。

3. 对沟通障碍者技能的评估一般包括什么内容？

4. 请简述如何评估干预训练的有效性。

评估问卷
与评估报告样例

▶ 任务三
评估体系

问题情境···▶

　　我们已经学习了评估的步骤和方法，了解了每个沟通障碍者都应该经过评估拥有自己个性化的辅助沟通系统。那么，是不是我们遇到的每个个案，都需要使用不同的评估工具呢？有没有一个统一的通用评估体系呢？国外的评估体系有哪些？对我们有什么借鉴意义？赶快从接下来的内容中寻找答案吧！

沟通辅具是辅助沟通系统中的硬件载体，是作为商品出售的，需要针对沟通障碍者的个人情况和具体需求进行设计。虽然同一品牌下相同规格的沟通辅具拥有基本相似的设置和性能，但当被特定的沟通障碍者使用时，专业人员仍需考虑他们的特定需求，并在此基础上对沟通辅具进行个性化的评估。

在国外，对沟通辅具的评估一般会根据案例的变化而变化，并没有形成通用的评估体系。有一些方法过于复杂，需要配备受过专业训练、经验丰富的专业团队，依靠专家的经验和合作。由本书单元二介绍的辅助沟通系统在我国的发展现状可知，我国使用沟通辅具的时间尚短，相应的研究还不完善，了解评估方法和设计方法的相关专业技术人员并不多，精通沟通辅具的专家更少，组织专业的评估专家团队有很大困难。在这种情况下，要使沟通辅具能够有效使用，需要建立起适合我国国情的沟通辅具评估体系。为此，我国学者徐静、郑俭（2007）借鉴了国外相关评估项目及个案，确定并评估了沟通辅具性能对应的沟通障碍者能力，以此建构了经过个性化设计的通用沟通辅具评估支持体系。

一、国外无通用评估体系的原因

（一）沟通障碍者的能力与沟通辅具的性能之间是"多对多"的匹配关系

国外的评估体系，如美国言语语言听力协会、言语病理学家等设计出的评估体系几乎都采用以沟通障碍者的能力为基准的评估方法。使用这种评估方法需要考虑的一个问题是：由于一种能力的缺乏会对多个沟通辅具的设计方面产生影响，一个沟通辅具的设计内容又涉及对多种能力的评估，沟通辅具的各项性能与沟通障碍者的各项能力无法一一匹配。例如，沟通障碍者的肢体能力会影响沟通辅具的输出方式、扫描设计、版面大小等；沟通障碍者的视觉能力同样也会影响沟通辅具的扫描设计等，还会影响沟通辅具的输入方式、技术含量等。沟通辅具各项性能的再设计既需要对沟通情境进行评估，也需要对沟通障碍者的沟通需求和认知能力进行评估。可见，沟通障碍者的能力与沟通辅具的性能之间是多对多的关系。图4-4就展示了这种复杂的关系。在此基础上，很难形成通用的评估体系。

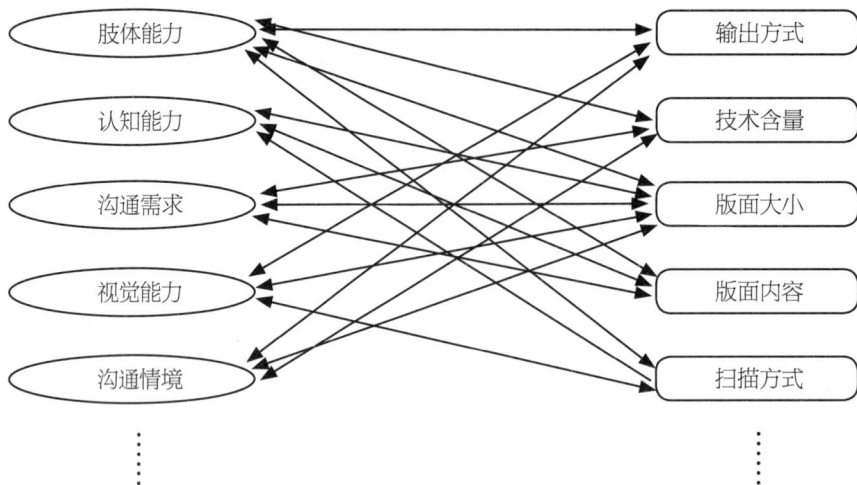

图4-4　"多对多"的关系

（二）沟通障碍者的能力具有差异性

不同沟通障碍者自身能力差异极大，对沟通辅具的要求也各不相同。因此，以沟通障碍者能力为出发点的沟通辅具评估方法往往只能针对某个个案，很难形成通用的评估体系。例如，孤独症患者主要缺乏正确的沟通方法，在社会性交往上有问题；脑瘫患者往往有发音障碍，同时有肢体障碍；一些失语症患者的发音器官有器质性损伤；唐氏综合征患者存在认知障碍。也就是说，有些沟通障碍者其他能力强，对沟通辅具抱有较高期望，希望能更好地融入社会，对沟通范围和话题深度的要求更高；另一些沟通障碍者自身能力较弱，需要的沟通环境就相对单一。沟通障碍者的经济条件也存在差异，有的沟通障碍者家庭条件较好，但有些沟通障碍者家庭较困难。能力和要求各不相同，若以此为出发点，得到的评估体系只能适用于某个具体的沟通障碍者，不能称作通用化的评估体系。

（三）国外拥有专业化的团队合作评估方式

国外特殊教育领域起步较早，跨专业多学科合作的评估团队已发展得比较成熟。尤其是发达国家，已经有较长时间的沟通辅具使用历史，熟悉评估的专业人员齐备，能较清晰地认识到沟通障碍者的能力与沟通辅具的性能之间的复杂关系，并且能在复杂的体系下给出恰当的评估方案。因此，即使没有通用的评估体系，也不会影响沟通辅具的使用。

二、建立通用化评估体系的原理

（一）确定评估项目的内容

通用化评估体系中，评估项目十分强调科学性和完整性。为此，在设计评估项目时，需要结合我国的国情，尽可能全面地收集、筛选、借鉴国外已有的评估项目，参考其中成功的评估案例。

1. 参考国外评估中高频出现的项目

不同的沟通辅具评估方法中会出现许多含义相同或含义十分相近的评估项目。这些反复出现的项目正是沟通辅具评估的核心项目。

2. 参考成功案例

将拟定的评估项目与成功案例中使用的项目进行比较。可以通过补充新的评估项目、修改已有的评估项目等方法使其更加符合实际需要。

3. 考虑我国国情

我们在设计评估项目时不仅要考虑技术需求，而且要考虑我国的文化经济背景。例如，在国外，经济能力通常不作为一项评估项目，因为保险公司和政府会帮助沟通障碍者承担购买沟通辅具的费用。但是在我国，这笔费用主要由个体的家庭承担。不同性能的沟通辅具价格差异很大，沟通卡片成本较低，电子沟通辅具价格较高。因此，对家庭经济状况这个项目进行评估，对于需要更高性价比的沟通辅具的家庭来说，是很有帮助的。此外，国外常见的对使用经验的评估不符合我国沟通辅具的应用正处于起步阶段的现状，因此被取消了。

（二）找到"一对一"的匹配关系

将沟通辅具的性能作为出发点进行评估，对每个沟通辅具性能的评估都需要以沟通障碍者的多种能力为依据，此时，沟通辅具性能与沟通障碍者能力之间的关系是"一对多"的。评估者在分析了沟通障碍者的能力后，就可以得到一个根据沟通障碍者能力进行调整后的沟通辅具再设计项目，此时沟通障碍者的能力与沟通辅具的性能之间就成了"多对一"的关系。经过这样连续对应的转换，国外从沟通障碍者的能力出发形成的"多对多"的复杂关系就转化成了"一对多、多对一"（即"一对一"）的简单关系。因此，只要对沟通辅具评估中可能涉及的性能项目及其需要的沟通障碍者能力做出充分考虑，就能建立一种固定可循的评估模式。如图4-5所示，沟通辅具的版面内容需要评估沟通情境、认知能力、沟通需求等；输出方式需要评估沟通需求、认知能力、沟通情境、语言理解等。通过对沟通障碍者能力的分析，我们就可以得到更加合适的沟通辅具性能项目。

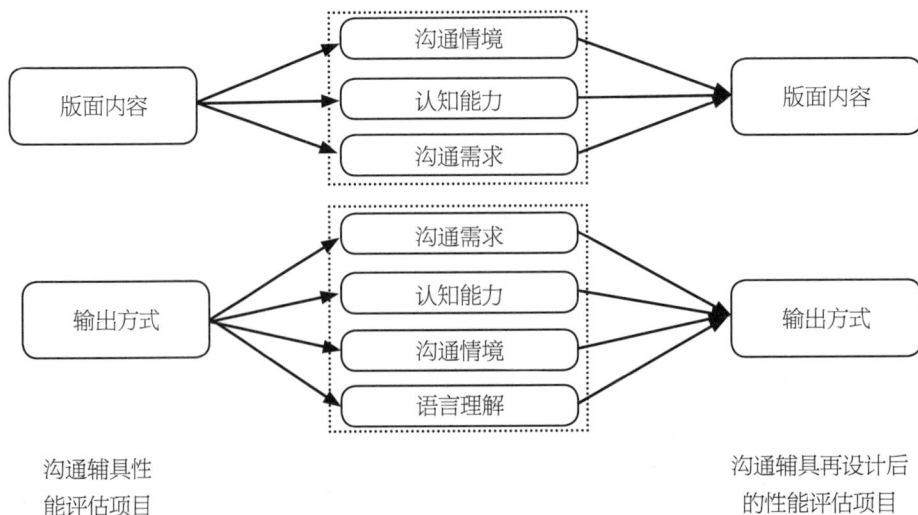

图4-5 "一对多、多对一"的关系

（三）确定评估项目的类别和数量

由于沟通障碍者具体能力情况千差万别，将所有能力项目列出显然是比较困难的。而沟通辅具性能项目是有限的，因此可以以沟通辅具性能为评估出发点，通过罗列有限的沟通辅具性能项目，将沟通辅具性能项目与沟通障碍者能力之间的关系做好连接，这样就可以建构出通用评估体系。例如，评估脑瘫患者时，需要考虑沟通辅具的版面大小、版面内容、版面排列、扫描方式、输入方式、输出方式、技术含量等因素；评估孤独症患者和失语症患者时，也同样需要考虑这些因素。评估者只需要以这些沟通辅具性能项目为参考的出发点，再分析这些项目需要评估的沟通障碍者能力，对能力进行评估即可。这样的评估既有一定标准可直接遵循，又方便沟通障碍者的个性化需求的满足。

三、通用化评估体系的形成

沟通辅具评估表正是基于上述思想和方法专门设计的评估工具。评估者可以依据表4-2的提示对沟通辅具进行评估。

表4-2 沟通辅具评估表

序号	沟通辅具再设计性能项目	能力评估项目	能力评估结果	沟通辅具再设计性能要求	沟通辅具再设计性能项目选择	沟通辅具再设计性能建议
1	技术含量	经济能力	富裕	高科技沟通辅具		
			不富裕	低科技沟通辅具		
		沟通需求	社交沟通	高科技沟通辅具		
			学习沟通	高科技沟通辅具		
			基本生活沟通	低科技沟通辅具		
2	扫描方式	视觉能力	正常	视觉扫描方式		
			视力障碍	听觉扫描方式		
3	版面设置方式	认知能力	知识能迁移	动态的版面设置		
			知识不能迁移	静态的版面设置		
		视觉能力	能追随版面变化	动态的版面设置		
			不能追随版面变化	静态的版面设置		
4	版面层次	认知能力	知识能迁移	版面层次丰富		
			知识不能迁移	版面层次简单		
		沟通需求	社交沟通	版面层次丰富		
			学生沟通	版面层次丰富		
			基本生活沟通	版面层次简单		
5	版面大小	精细动作	控制较小按键	版面设计复杂、图片小		
			控制较大按键	版面设计简单、图片大		

序号	沟通辅具再设计性能项目	能力评估项目	能力评估结果	沟通辅具再设计性能要求	沟通辅具再设计性能项目选择	沟通辅具再设计性能建议
5	版面大小	视动能力	手眼协调	版面设计复杂、图片小		
			手眼不协调	版面设计简单、图片大		
		沟通需求	社交沟通	版面设计复杂、图片小		
			学习沟通	版面设计复杂、图片小		
			基本生活沟通	版面设计简单、图片大		
		沟通情境	社区	版面设计复杂、图片小		
			学校	版面设计复杂、图片小		
			家庭	版面设计简单、图片大		
6	版面排列	运动能力	左侧好	重要、常用内容置于左侧		
			右侧好	重要、常用内容置于右侧		
		沟通内容	常用	置于运动能力强的一侧		
			不常用	置于运动能力弱的一侧		
		阅读习惯	左侧好	重要、常用内容置于左侧		
			右侧好	重要、常用内容置于右侧		

序号	沟通辅具再设计性能项目	能力评估项目	能力评估结果	沟通辅具再设计性能要求	沟通辅具再设计性能项目选择	沟通辅具再设计性能建议
7	版面内容	语言理解	读懂句子	以句子为单位设计内容		
			读懂词	以词为单位设计内容		
			读懂图片	以图片为单位设计内容		
		沟通需求	社交沟通	句子等复杂内容		
			学习沟通	句子等复杂内容		
			简单生活沟通	单字、图片等简单内容		
		沟通情境	社区	句子等复杂内容		
			学校	句子等复杂内容		
			家庭	单字、图片等简单内容		
8	输入方式	动作能力	正常	常规输入方式		
			手部运动障碍	特殊输入方式（特殊开关等）		
9	输出方式	动作能力	理解文字	文字输出方式		
			理解声音	声音输出方式		
			理解图片	图片输出方式		
		沟通需求	社交沟通	声音等多媒体输出方式		
			学习沟通	声音等多媒体输出方式		
			基本生活沟通	单一的输出方式		

续表

序号	沟通辅具再设计性能项目	能力评估项目	能力评估结果	沟通辅具再设计性能要求	沟通辅具再设计性能项目选择	沟通辅具再设计性能建议
9	输出方式	沟通情境	社区	声音等多媒体输出方式		
			学校	声音等多媒体输出方式		
			家庭	单一的输出方式		

沟通辅具评估表从左到右依次呈现了"序号"、"沟通辅具再设计性能项目"（沟通辅具再设计需要考虑的项目）、"能力评估项目"（确定第二列项目时需要考虑的沟通障碍者能力）、"能力评估结果"（沟通障碍者能力评估后常见的能力评估结果）、"沟通辅具再设计性能要求"（能力评估结果对沟通辅具及其性能再设计的要求）、"沟通辅具再设计性能项目选择"（在明确沟通障碍者能力的基础上再设计的结果）以及"沟通辅具再设计性能建议"。其中，第四列和第五列中提供的内容为典型情况，仅供评估者参考。由于评估过程存在沟通障碍者个体差异，所以评估者需要对沟通障碍者进行观察，对其家属进行访谈，再综合考虑。

该表在使用过程中需要注意以下事项。第一，"能力评估项目"部分只提供评估中可能遇到的典型情况，评估人员可以依照上述方法增减评估项目，以适应不适合本表的沟通障碍者。第二，"沟通辅具再设计性能项目"中，除技术含量外，都是沟通辅具输入和输出设计的内容。其中，除第9项输出方式外，其余都是输入方式的内容。尽管沟通辅具包含输入、处理、输出3个部分，但评估人员通常只能针对输入和输出部分进行再设计，因为处理部分在沟通辅具出厂时已固定。第三，在"能力评估项目"中，评估项目是按重要性递减的方式排列的。例如，技术含量项对应的能力评估中，经济能力及沟通需求都是影响因素，但两者影响程度不同。通常价格越高的沟通辅具包含的性能越多，技术含量也越高，家庭条件好的沟通障碍者可以选择高科技沟通辅具；若沟通障碍者的沟通需求少，对沟通辅具的性能要求较低，则可选择价格较低的低科技沟通辅具。如果一名沟通障碍者的经济条件较好，沟通需求较少，那么他该如何选择沟通辅具呢？根据该评估方法，建议使用高科技沟通辅具。因为高科技沟通辅具在不造成经济负担的情况下，能够同时满足沟通障碍者当前的沟通需求以及未来沟通能力提高后对沟通辅具的要求。

要点回顾 ⋯⋯▶

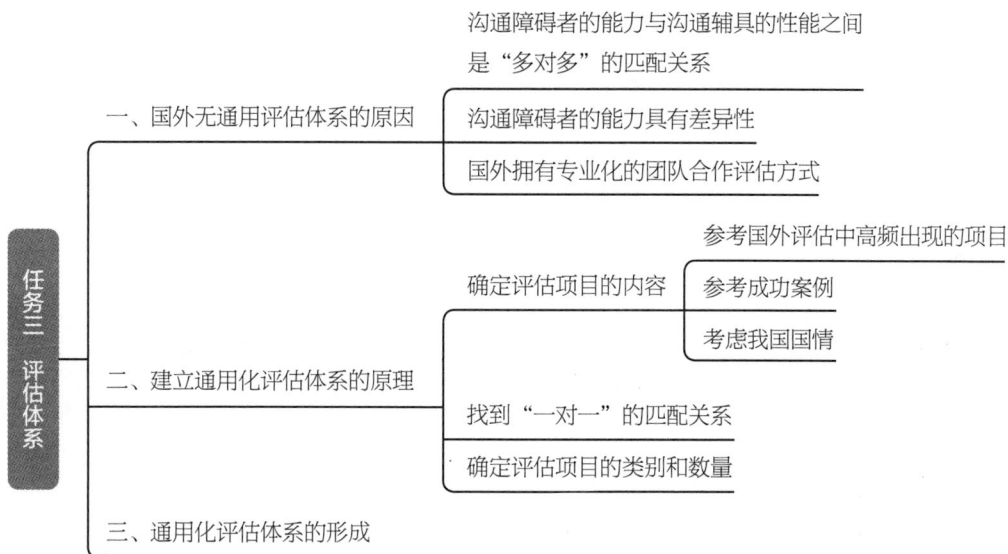

检测与思考 ⋯⋯▶

1. 请简要说明我国通用化评估体系中"一对一"的匹配关系。

2. 沟通辅具评估表一般包含哪些内容？

3. 使用沟通辅具评估表时需要注意哪些问题？如何理解"在'能力评估项目'中，评估项目是按重要性递减的方式排列的"？请举例说明。

单元四任务三
思考与检测参考答案

参考文献 ⋯⋯▶

BEUKELMAN D R, DOWDEN P A, YORKSTON K M. Communication Augmentation. London: Taylor & Francis, 1985.

BEUKELMAN D R, MIRENDA P. Augmentative and alternative communication: Supporting children and adults with complex communication needs. 4th ed. Baltimore: Paul H. Brookes Pub, 2013.

陈强，徐云. 辅助沟通系统及实用技术. 北京：科学出版社，2011.

徐静，郑俭. 沟通辅具个体化设计通用评估支持体系的建构. 中国康复理论与实践，2007（4）.

魏寿洪，郑俭. 扩大替代沟通系统的评估综述. 中国康复理论与实践，2007（4）.

单元五·辅助沟通系统干预训练的实施

导 语

随着科学技术的革新，特殊教育辅助技术不断成熟，极大地满足了特需人群的特殊需求，越来越多的学校、教师及相关专业人员逐渐认识到辅助技术在特殊儿童和少年教育中起到的重要作用。然而，在我国目前的特殊教育学校和康复机构中，以语言治疗师为核心的专业人员是非常缺失的，绝大多数语言治疗师服务于医疗机构，造成语言治疗师在学校的供需严重失衡，辅助沟通系统专业领域的人员更是严重缺乏。因此，对辅助沟通系统的专业学习十分必要。经过前面几个单元的学习，大家已经了解了辅助沟通系统的基本概念、发展现状、设计与操作、评估等，这一单元我们将系统地学习辅助沟通系统干预训练的实施，重点学习辅助沟通系统干预训练的方案设计、原则和存在的问题及常见方法。

学习目标

1. 了解辅助沟通系统干预训练内容的选择。
2. 知道辅助沟通系统干预训练沟通内容和沟通版面设计的流程。
3. 能说出辅助沟通系统干预训练的原则。
4. 能说出辅助沟通系统干预训练的常见方法。

知识导览

单元五　辅助沟通系统干预训练的实施

- 任务一　辅助沟通系统干预训练的方案设计
  - 一、辅助沟通系统干预训练内容的选择
  - 二、辅助沟通系统沟通内容与沟通版面设计的流程
  - 三、辅助沟通系统干预目标的制定

- 任务二　辅助沟通系统干预训练的原则和存在的问题
  - 一、干预训练的原则
  - 二、干预训练可能存在的问题

- 任务三　辅助沟通系统干预训练常见方法介绍
  - 一、辅助沟通系统干预训练流程中的基本方法
  - 二、辅助沟通系统干预训练范例

扫码学习

▶ 任务一
辅助沟通系统干预训练的方案设计

问题情境···▶

　　辅助沟通系统的主要目的是帮助沟通障碍者说出自己的需求、表达情感、分享信息等，使其在最短的时间内将想要表达的内容正确地传达给沟通伙伴。然而，沟通障碍者有各种各样的类型，如智力障碍患者、脑瘫患者、孤独症患者、失语症患者等，其认知发展水平也不尽相同。作为一名特教教师或康复专业工作者，如何针对个案能力选择合适的干预训练内容？如何拟定个案的干预训练目标？下面我们就来学习这部分的内容。

一、辅助沟通系统干预训练内容的选择

　　运用辅助沟通系统对无口语或少口语的沟通障碍者进行干预训练时，内容的选择与设计具有重要作用。内容作为干预训练的重要载体，表达着沟通障碍者的内在想法与语言。

　　有研究者针对一般科技应用于使用者的情况，提出了人类行为模式（human performance model），其中包含三个重要的组成要素，即人（human）、活动（activity）及情境（context）（Cook，Hussey，2002），强调人类所有的行为都与活动、情境密不可分。同样，沟通障碍者的沟通内容也要紧密结合当下的活动和情境。训练内容要来源于个案的生活，满足个案在衣、食、住、行、工作等各个生活场景中的沟通需求。比如，经过观察发现，一名沟通障碍者希望在家吃午餐时能向妈妈表达自己想吃某种饭菜的需求，而他却无法准确表达，这一情况严重影响了他的生活质量和情绪。我们就可以将"选择午餐"作为他当下的辅助沟通系统干预训练内容，通过对"选择午餐"这一主题的学习，促进他沟通能力的提高，同时，提升他的自主表达和自我决定的能力。其中，个案"希望在家吃午餐时能向妈妈表达自己想吃某种饭菜的需求"关注的就是"人"的需求，活动为"居家活动"，"吃午餐时的讨论"就是"情境"。正如在之前的单元中我们提到的那样，应用辅助沟通系统的原则之一

就是要综合考虑多种影响因素。

（一）人

不同的人有不同的特殊需求，沟通障碍者同样如此。沟通障碍者是辅助沟通系统的训练对象，训练者要十分了解个案的智力发展水平、认知发展水平、动作能力、沟通表达方式、情绪行为、参与和配合程度等，了解个案的强化物和促发动机的活动，这样才能为个案设计更加符合其能力特点的沟通界面，满足其对辅助沟通系统的个性化使用需求。

（二）活动

活动是指做某件事的过程，代表人类行为的功能性结果。人类活动通常包含日常生活活动、生产工作活动、游戏娱乐活动等。其中，日常生活活动包括与衣、食、住、行有关的自我照顾活动，与他人的沟通和社交活动等；生产工作活动包含职业活动、教育活动等；游戏娱乐活动指使自己身心获得愉悦的活动。不同的活动都有不同的活动场所，训练者可以通过活动场所来观察个案的活动，从而设计相应的活动。活动场所主要包含家庭场所、学校场所、职业场所和社区场所。各个场所中都会发生源源不断的沟通，个案在这些场所中的所有沟通需求都可以作为辅助沟通系统干预训练的内容。

设计家庭场所的沟通内容可以帮助个案更好地融入家庭生活，促进与家人之间的有效沟通，帮助家庭成员理解个案的沟通意图；设计学校场所的沟通内容可以帮助个案更好地参与、融入学校生活，更有效地参与学习活动，促进师生、同伴之间的沟通；设计职业场所的沟通内容可以有效地提升个案的工作效率，促进与同事们之间的有效沟通，保证工作的顺利完成；社区场所的范围较大，除了餐馆、菜市场、医院等满足基本需求的场所外，还有供休闲、购物、娱乐等的多元场所，这些场所与个案的生活密不可分，也是训练内容的重要来源之一。

（三）情境

沟通是在具体的情境下开展的，每一个场所都包含着许多不同的情境，训练者要通过访谈、观察、记录等形式来捕捉个案的沟通需求。可通过观察、记录个案的一日/一周生活，观察个案在每个活动场所、每个生活情境中的具体表现与参与情况，洞察个案参与度高的生活情境，了解其想要表达的具体内容。参与度高的情境就可以作为沟通主题，在这一情境下发生的沟通就可以被编写成对话脚本作为干预训练的内容。比如，一日生活的情境有起床、吃早餐、选择着装、乘车、到超市购物、外出就餐、到菜市场买菜、户外玩耍等。

二、辅助沟通系统沟通内容与沟通版面设计的流程

沟通版面设计是将文字、图片等符号设计在同一张版面上。个案可以通过单选或多选的方式来建构沟通信息，而沟通伙伴可以依据个案所指的文字或图片来了解信息。

版面是沟通内容的载体。训练者通过沟通脚本选取核心的功能性词汇，对功能性词汇的词性进行颜色区分，并将功能性词汇摆放在合适的位置上，沟通障碍者通过撕贴或者按压的方式将词汇组成短句，来表达沟通需求。辅助沟通系统沟通内容与版面设计的流程如下。

（一）确定个案并收集个案基本资料

辅助沟通系统沟通内容的设计均是围绕着个案而开展的，其内容也重在满足个案的沟通需求。因此，训练者只有对个案进行全面的了解，才能设计出最符合个案现有能力的沟通内容与沟通版面，为其沟通能力的进一步提升奠定基础。

个案基本资料的收集可通过对个案进行日常观察，查阅个案的档案资料，访谈个案身边的重要人员（包含家长、主要照顾者、班主任、任课教师等）来完成。在观察、访谈、收集资料的过程中，训练者要有明确的目的性，知道需要了解的具体方向和收集的内容。

收集的内容主要包含个案的年龄、智商值、发展史、教育康复史、现有能力（包含基本认知水平、感知觉、动作、语言、沟通、情绪、生活自理等方面）、兴趣爱好、放学后的居家生活、周末活动等内容。这为训练者更加全面地了解个案的基本情况，并为后续选择沟通符号、确定句子难易程度等提供有效参考。对个案的基本资料要有完整的记录，并进行恰当、合理的分析，方便后续资料的查阅和分析。同时，要注意个案资料的保密性。

（二）确定沟通活动和主题

沟通主题是续写沟通脚本的前提。沟通主题的选取可通过观察、记录个案的一日或一周生活轨迹的方式来进行，包含从早晨起床到晚上入睡的所有时间段，周末进行的特别活动，如逛超市、看电影、逛商场、去菜市场、去餐厅用餐等，并列出每个时间段下个案进行的沟通活动或潜在沟通活动。个案参与度高的情境，即可被选为沟通

主题。建议从易操作的内容开始。

如表5-1所示，训练者通过访谈家长与任课教师，详细记录了时间、每个时间段的活动内容、此内容下个案的沟通需求以及个案的表现与参与度，并通过低、适中、高、非常高来标注参与度，以此为依据来选择沟通主题。参与度的高低体现了个案参与当下活动的意愿的大小。参与度高说明个案愿意参与这项活动，并具有主动的、强烈的沟通意愿，个案想要表达自己的想法，如将此项活动作为沟通主题，个案在辅助沟通系统干预训练中，会更加有兴趣地参与，更加能体会到辅助沟通系统的功能和带来的乐趣。相反，参与度低就说明了个案对此项活动缺乏沟通和表达的意愿，不太愿意参与这项活动。一般情况下，训练者会优先选择参与度高的活动作为沟通主题。

在下述案例中，训练者通过观察和与家长的讨论，发现在"吃晚餐"和"与弟弟玩耍"两个情境中，个案的参与度非常高，并有积极沟通表达的强烈意愿。因此，训练者将这两个情境作为本阶段的重要沟通活动，并确定了"计划吃晚餐"和"与弟弟玩耍"这两个沟通主题。

表5-1 某个案一日生活记录表

时间	活动内容	沟通需求	表现	参与度
6:40—8:15	起床、洗漱、吃早餐、入校	表达自己想要穿某件衣服和想要吃某种早餐	日常生活中个案每天必须经历，但因早餐、衣服等难以用手势快速地表达，母亲常忽略其想法，直接代劳	参与度高
8:15—8:25	进校，与教师、同学打招呼，背诵古诗	与人打招呼，用沟通辅具背诵古诗	常常静坐，注视其他同学	参与度适中
8:25—8:40	晨间活动	说出今天是几号、今天的天气	撕贴日历，指认天气	参与度适中
8:40—9:25	大课间	邀请同组同学一同参与分组活动	拉着同学去参与分组活动	参与度适中
9:25—11:35	上课	参与课堂活动，回答问题，与教师、同学互动	乐于参与课堂活动，若教师明白自己的表达会很高兴，若教师不明白自己的表达会很失落	参与度适中

时间	活动内容	沟通需求	表现	参与度
11:35—12:15	吃午餐、进行餐后整理、值日	表达"我吃完了，要去清洗饭盒"，之后回班级做值日工作	用手势表达	参与度适中
12:15—13:25	午睡	表达"我要上厕所"或"我要回班级"	用手势表达	参与度适中
13:25—13:50	做午间操、做课前准备	表达"老师，我要上厕所"	用手势表达	参与度适中
13:50—15:00	进行社团康复或画画、做手工	铃声响前，表达"老师，我要去上某某课了"；参与课堂活动，回答问题，与教师、同学互动	用手势表达或跟随同学	参与度低
15:00—16:00	放学整理、放学回家	向教师、同学告别，和妈妈说今天学校发生的趣事	用手势表达告别，不会表达学校里的趣事	参与度适中
16:00—17:00	与弟弟玩耍	表达想和弟弟一起玩什么，如想和弟弟一起玩玩具、看电视或者玩手机等，其间进行沟通交流	日常生活中每天都会发生	参与度非常高
17:00—17:30	吃晚餐	表达自己想吃的晚餐是什么	想要表达，但手势比不出	参与度高
17:30—18:00	与弟弟玩耍	表达想和弟弟一起玩什么，如想和弟弟一起玩玩具、看电视或者玩手机等，其间进行沟通交流	想要表达，但手势比不出	参与度高
18:00—18:40	写作业	读出语文生字词或课文；完成数学上的指读题目等	用手势表达，在妈妈的指导下参与	参与度低
18:40—20:00	与弟弟玩耍	表达想和弟弟一起玩什么，如想和弟弟一起玩玩具、看电视或者玩手机等，其间进行沟通交流	想要表达，但手势比不出	参与度高

时间	活动内容	沟通需求	表现	参与度
20:00—20:30	洗澡、睡觉	表达"我要洗澡、洗头发""睡前我要听故事"等	一般都由妈妈做主，个案照做	参与度适中
周末	超市购物	向妈妈表达自己想要购买的物品是什么	到超市里直接选取自己想要购买的零食和玩具等，用眼神和动作寻求妈妈的意见	参与度高
周末	外出玩耍	向爸爸妈妈表达自己想去的地点是哪里	一般情况下，妈妈询问是否想去某个地方玩耍，个案用肢体表达想去或者不想去	参与度高

（三）书写沟通对话脚本

选定沟通主题后，训练者要依据沟通主题进行沟通对话脚本的续写，即将这一沟通主题下的完整沟通对话书写出来，通过对个案的针对性教学，最终实现在这一主题下个案与沟通伙伴之间有效、可互相理解的沟通。沟通对话脚本的续写要考虑以下几种因素。

第一，要以真实生活情境下的沟通内容为基础。沟通对话脚本强调生活化、真实性。日常生活中是如何表达的，沟通对话脚本就如何写，包含语气、语调等，用个案日常生活中听到的熟悉说法，降低沟通难度。

第二，充分了解个案所要表达的内容，确保脚本中的内容包含个案的真实想法，提升其沟通的意愿。大部分情况下，沟通障碍者都能听懂对方说的话，明白对方想表达的含义；但对个案缺少了解的沟通伙伴却很难清楚地明白个案所要表达的意思，更何况是个案的内心真实想法。因此，训练者要充分了解个案想要表达的内容，或者在沟通脚本中为个案提供可选择的想法，方便个案来表达自己的真实感受。

第三，对话难度和构句长度要以个案的认知水平和沟通能力为基础。在收集个案基本资料的环节中，训练者对个案的认知水平、构句能力等有了针对性的了解，并做出了恰当的分析，这些材料就为沟通对话脚本的难度提供了书写依据。为了提高个案对辅助沟通系统的兴趣和好感度，刚开始接触辅助沟通系统的个案构句不宜太长，对话回合不宜太多。待能力稳定后，逐渐增加与之匹配的难度。

第四，沟通对话脚本的语言可结合家庭、地区的惯用语言。语言表达的目的在于沟通，辅助沟通系统非常强调沟通的重要性，沟通对话脚本的撰写也非常强调以个案为本，沟通语言为常态语言，避免书面化语言。如果个案所在地区常使用方言沟通，那么此个案的沟通对话脚本就可以设计成"方言脚本"；如果个案在家庭、学校和社区生活中与他人沟通交流时常使用的是普通话，就要设计成普通话脚本。总之，沟通对话脚本的目的在于促进双方的有效沟通。

第五，沟通对话脚本中要体现文明礼貌用语。随着人类素质的不断提升，文明礼貌用语在日常沟通交流中大幅度出现。我们的最终目标是将个案培养成适应社会、自食其力的好公民，文明沟通也是其中的重要部分。因此，为了培养个案良好的沟通素养及情感表达能力，可加入恰当的如"你好""您好""请""谢谢""再见"等文明礼貌用语，这也为双方的良好沟通奠定了基础。

以"计划吃晚餐"沟通主题为例，接下来书写沟通对话脚本。根据家长访谈得知，这一情境中的主要对话者为个案（明明）和沟通伙伴（妈妈）。首先，个案家庭使用普通话进行沟通交流。询问沟通伙伴"计划吃晚餐"这一情境下双方大致的沟通内容，了解个案晚餐最想吃的菜品。其次，依据个案构句水平，使用"主语+谓语+宾语"，进行对话的精简和设计，确保双方沟通时一问一答，提高沟通的有效性。最后，设计完沟通对话脚本后，同沟通伙伴再进行反复推敲，确定沟通语句为常态语言，避免书面化语言。"计划吃晚餐"脚本举例如下。

明：妈妈，我想吃晚饭。

妈：好的，晚饭想吃什么？

明：我想吃米饭/我想吃红烧肉/我想吃红烧鱼/我想吃青菜/我想吃藕片/我想吃鸡肉。

妈：好的，妈妈给你做。

明：妈妈，辛苦了，谢谢您。

妈：不客气，儿子。

（四）列出功能性句式

功能性句式是后续训练的主要内容之一，对每条功能性句式的练习都会为最终脚本的完成奠定基础。个案主要练习自己的句式部分，并提高熟练度，随后再与沟通伙伴进行对话，达成每个句式的沟通。列出具体句式，可以让后续的练习更有针对性，如表5-2所示。

表5-2 "计划吃晚餐"功能性句式表

句式	个案（明明）	沟通伙伴（妈妈）
句式一	妈妈，我想吃晚饭。	好的，晚饭想吃什么？
句式二	我想吃米饭。 我想吃红烧肉。 我想吃红烧鱼。 我想吃青菜。 我想吃藕片。 我想吃鸡肉。	好的，妈妈给你做。
句式三	妈妈，辛苦了，谢谢您。	不客气，儿子。

（五）找出功能性词汇

功能性词汇为脚本中最主要的词语，是构成沟通语句的重要组成部分。从个案的回答中选出主语、谓语、宾语等，将这些功能性词汇组成句子，可用于个案表达。功能性词汇的数量依据个案的认知水平来确定。在固定式沟通版面中，可以设计1个、2个、4个、12个沟通符号的内容，也就是可以选择1个、2个、4个、12个功能性词汇。通常，一个沟通版面会设计12个功能性词汇。

以"计划吃晚餐"这一沟通主题为例，因个案掌握了"主语+谓语+宾语"的句式结构，并具有一定的识字量，所以选择设计12个功能性词汇作为学习内容。操作如下。首先，画出个案说出的句子；其次，圈出主语、谓语、宾语的相关词汇，重复的词语不用重复圈起来。若功能性词汇不足12个，可以进行对话的增加和调整，确保达到最初设计的功能性词汇的数量。

明：妈妈，我想吃晚饭。

妈：好的，晚饭想吃什么？

明：我想吃米饭/我想吃红烧肉/我想吃红烧鱼/我想吃青菜/我想吃藕片/我想吃鸡肉。

妈：好的，妈妈给你做。

明：妈妈，辛苦了，谢谢您。

妈：不客气，儿子。

（六）选择沟通符号

沟通符号是指呈现功能性词汇的符号形式。特殊儿童的沟通符号常常选用辅助性沟通符号，即真实物品、小模型、3D打印模型、彩色照片、黑白照片、卡通画、简笔画、文字等。至于选择以上哪种沟通符号，要通过日常观察或者测评，依据个案的认知水平来进行选择。符号设计时最好与整体风格一致，如同一种风格的线条画、同一种格式的线条画+文字、同一种字体的文字等。沟通符号可以进行自主设计，同种风格的线条画也可以通过购买相关的沟通软件系统进行直接搜索来选取。

沟通符号的选择与个案基本资料的收集结果密切相关，可参考以下步骤。

①访问个案语文教师，了解个案的识字情况，将其作为选择沟通符号的重要因素。同时，也可询问语文教师该个案日常识字的有效策略和方法，为后续的干预训练提供参考方法。

②进行识字或沟通符号测评。通过1500个常用字识字表，了解学生具体的识字量，以及通过匹配图片对不认识的生字的认读情况。

③根据当下脚本中的功能性词汇进行测评，了解个案的识字量、生字匹配图片的识字情况，以及认识纯文字的可能性。

通过前两个步骤，我们可以全面了解个案对沟通符号的认知水平；通过第三个步骤，可以确定对当下脚本中沟通符号的选择。当然，沟通版面上的沟通符号不是一成不变的，可根据个案的训练情况进行实时调整。考虑到文字在日常生活中的重要作用，训练者应尽量让个案学习纯文字的沟通符号，并逐渐促进其对功能性词汇的学习。

以"计划吃晚餐"这一沟通主题为例，根据对个案语文教师的访谈，以及对个案平日的观察，我们了解到，个案认识部分文字，部分文字需要匹配图片加以辅助。因此，沟通版面上设计的沟通符号为文字和文字+图片。对沟通主题下的12个功能性词汇进行识字或沟通符号测评。其中，"妈妈""我想""吃""晚餐""米饭""辛苦了""谢谢您"为个案认识的词语，"红烧肉""鸡肉""青菜""藕片""红烧鱼"为需要呈现真实图片才会认识的词语。因此，训练者在网络上搜索了风格一致的图片作为配图，辅助个案学习功能性词汇。但在训练的过程中，训练者会逐渐减弱配图的作用，由文字+图片向文字过渡。如图5-1所示。

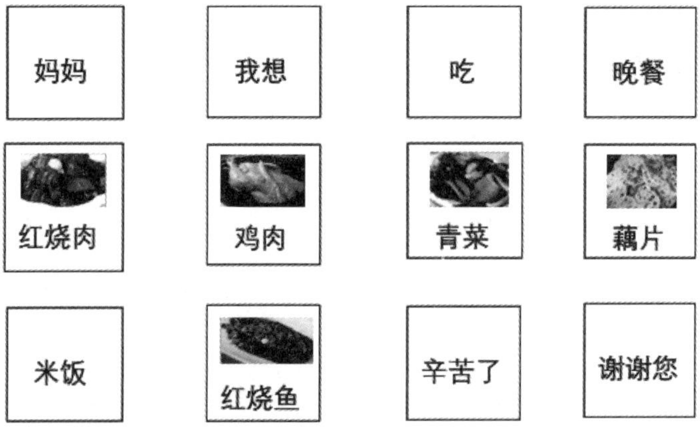

妈妈	我想	吃	晚餐
红烧肉	鸡肉	青菜	藕片
米饭	红烧鱼	辛苦了	谢谢您

图5-1　依个案的能力选择的沟通符号

（七）对沟通符号进行颜色编码

在辅助沟通系统沟通版面的设计上，有一项重要的辅助元素——颜色编码。古森斯（Goossens）等人根据文字的词性，进行了相应颜色的编码，其主要作用在于帮助个案通过词性颜色快速找到对应的文字或图片，以提高其构句能力，从而提高沟通的效率（Beukelman，Mirenda，2013）。

在辅助沟通系统领域中，词性颜色的编码主要是依据古森斯等人调整后的菲茨杰拉德（Fitzgerald）颜色编码表进行的。详见表5-3。

表5-3　古森斯等人调整后的菲茨杰拉德颜色编码表

颜色	词性	范例
黄色（Y）	代名词	你、我、他
红色（R）	意愿词、语助词	要、不要、还要
绿色（G）	动词	吃、喝、玩、拿
蓝色（B）	形容词	大的、小的
橙色（O）	名词	玩具、拼图、电视
粉红色（P）	社交词	请帮忙、等一下、上午好、谢谢、再见、对不起
紫色（PP）	疑问词	为什么、什么时候、怎么会这样、谁、在哪里
白色（W）	连接词	因为、所以、虽然、可是

续表

颜色	词性	范例
灰色（GG）	定冠词	一个、这个
棕色（BB）	副词	快乐地、迅猛地

找出功能性词汇后，接下来对功能性词汇进行词性分类，并进行颜色编码。以"计划吃晚餐"的功能性词汇为例。"妈妈"为代名词，颜色编码为黄色；"我想"为意愿词，颜色编码为红色；"吃"为动词，颜色编码为绿色；"红烧肉""鸡肉""青菜""藕片""米饭""红烧鱼""晚餐"为名词，颜色编码为橙色；"辛苦了""谢谢你"为社交词，颜色编码为粉红色。完成对整个沟通版面的颜色编码，并以此为辅助策略支持个案的学习。

（八）设计沟通版面

沟通版面的设计是特别重要的环节。通过将12个功能性词汇摆放在合理位置，帮助个案快速组成沟通短句，进行有效沟通。设计沟通版面时，可参考以下方法。

①主语通常放在左上角第一个格子中，如我、我想、我要等，让个案每次都能先表达自己想要做什么。

②沟通版面上的词语按照主语+谓语+宾语从左向右的结构摆放，如"我想吃米饭"。

③动词、名词、形容词、副词等词性相同的词语可以放在一起，方便个案通过记忆词性位置来组句。

④你好、谢谢、请帮忙、对不起、再见等社交词放在版面的角落处，方便个案寻找。

⑤ 要对版面设计进行不断的修改，推断词语位置摆放是否恰当。版面设计需要经过认真的思考与推敲，很难做到一遍就设计成功。版面设计是否成功取决于个案按压版面时是否方便。训练者设计完版面后可以自行按压版面，体验是否顺畅，也可请第三方来体验，给予修改意见。"计划吃晚餐"版面设计如图5-2所示。

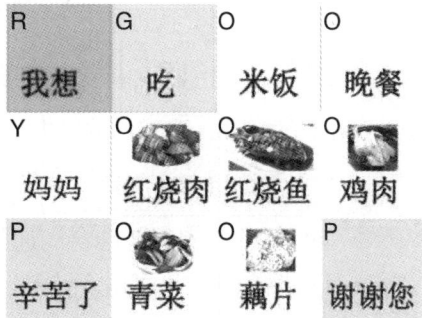

图5-2 "计划吃晚餐"的版面设计图

（九）语音录入按键内容

待版面确定好后，进行最后一步按键语音的录入。此语音将作为个案对外表达的替代语音。目前，市场上的语音沟通板大部分包含语音输出系统，其工作原理是运用语音输出装置发出相应的声音来辅助沟通障碍者表达需求。语音录入后，各个功能性词汇都代表着特定的语音输出内容，沟通障碍者只需要通过简单的动作（点击图标）触发语音输出系统的语音输出功能，相应的声音就会发出，即可满足沟通障碍者的表达需求。这不仅达到了沟通的目的，通过模仿语音输出装置发出的声音，也促进了口语的发展。

在实际操作中，语音录入时要考虑个案的性别。比如，个案为男生，则选用男生的语音进行录入；个案为女生，则选用女生的语音进行录入。值得提醒的是，个案可选择自己喜欢的声音进行录入，如一位男生个案特别喜欢某位男教师的声音，就可以邀请男教师为他的沟通板进行录音，这也会激发个案使用沟通辅具的动力。目前市面上常使用的语音沟通板均具有语音录入功能，选择录音模式后，按压录音按键即可录音。

三、辅助沟通系统干预目标的制定

在开展辅助沟通系统干预训练前，一定要有明确的目标，这可为后面的干预训练指明方向。辅助沟通系统干预目标包含长期目标和短期目标。长期目标是指要经过较长时间才能达成的目标，短期目标是指完成当下沟通主题的学习后就可以达成的目标。长期目标主要从个案本身沟通能力提升的角度考虑，短期目标主要依据沟通脚本的内容来思考。

（一）长期目标的制定

长期目标的制定要结合个案沟通能力的最近发展区，通过前期的测评来预测本阶段利用沟通辅具后会达成的目标。为确保目标制定的科学性和合理性，一般长期目标可制定2条左右。比如，能使用字卡沟通本提高字卡组句、表达需求的能力；能使用iPad上的APP提高点读字句的能力。

（二）短期目标的制定

短期目标的制定主要结合沟通脚本的内容。通常一个沟通主题的短期目标可制定5条左右。比如，能使用"我要……""我不要……""我还要……"；能使用礼貌用语"请帮忙""谢谢"；能使用iPad上的APP点读句子、点读儿歌等。

要点回顾 ·····▶

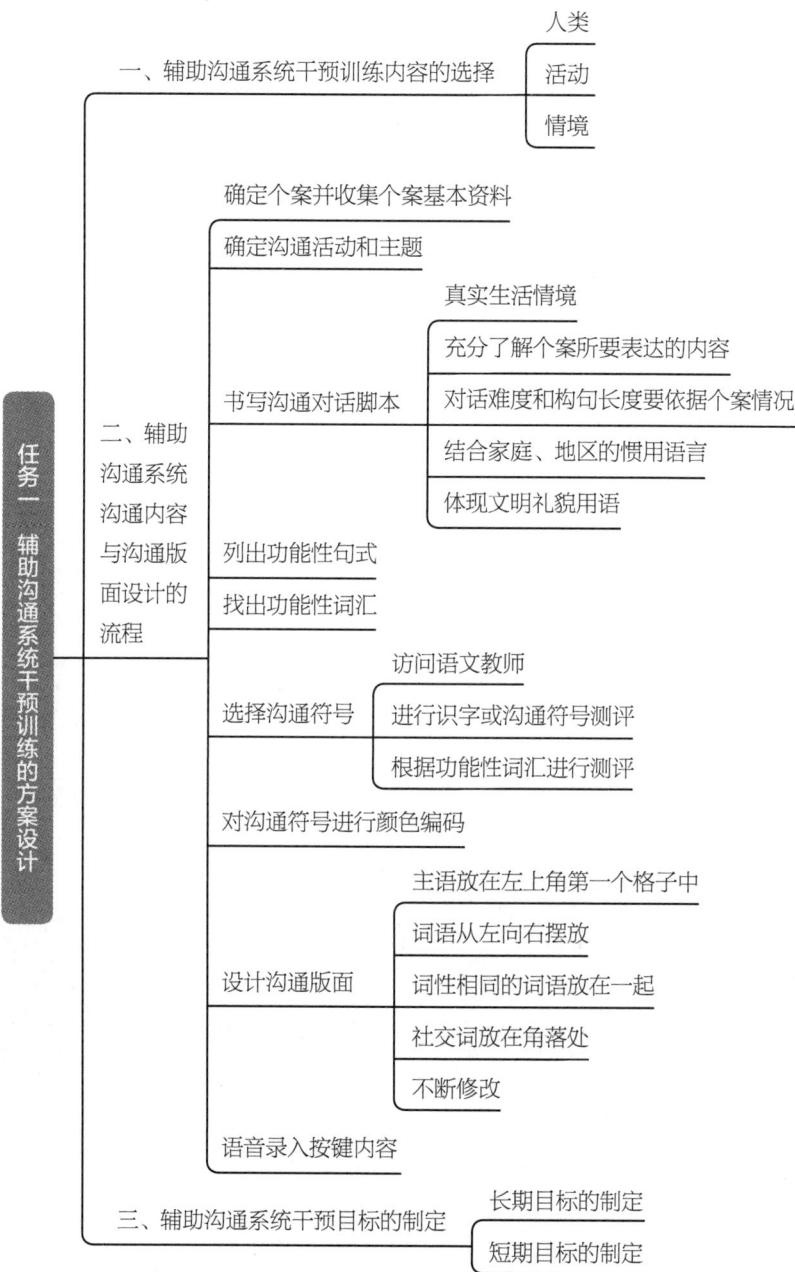

一、辅助沟通系统干预训练内容的选择
- 人类
- 活动
- 情境

二、辅助沟通系统沟通内容与沟通版面设计的流程
- 确定个案并收集个案基本资料
- 确定沟通活动和主题
- 书写沟通对话脚本
  - 真实生活情境
  - 充分了解个案所要表达的内容
  - 对话难度和构句长度要依据个案情况
  - 结合家庭、地区的惯用语言
  - 体现文明礼貌用语
- 列出功能性句式
- 找出功能性词汇
- 选择沟通符号
  - 访问语文教师
  - 进行识字或沟通符号测评
  - 根据功能性词汇进行测评
- 对沟通符号进行颜色编码
- 设计沟通版面
  - 主语放在左上角第一个格子中
  - 词语从左向右摆放
  - 词性相同的词语放在一起
  - 社交词放在角落处
  - 不断修改
- 语音录入按键内容

三、辅助沟通系统干预目标的制定
- 长期目标的制定
- 短期目标的制定

任务一 辅助沟通系统干预训练的方案设计

检测与思考 ·····▶

（一）多选题

1. 辅助沟通系统的主要目的是帮助沟通障碍者（　　　）。

A. 沟通自己的需求

B. 表达自己的情感

C. 表达自己的意见

2. 辅助沟通系统需求者有各种各样的类型，包括（　　　）。

A. 智力障碍患者　　　B. 脑瘫患者　　　　　C. 孤独症患者

3. 辅助沟通系统干预训练内容的选择，可从（　　　）这几个方面出发。

A. 人　　　　　　　　B. 活动　　　　　　　C. 情境

4. 辅助沟通系统可应用的活动场所包含（　　　）。

A. 家庭场所　　　　　B. 学校场所　　　　　C. 社区场所

（二）判断题

1. 语音录入时，不需要考虑个案的性别。（　　　）

2. 个案基本资料的收集内容主要包含个案的年龄、智商值、发展史、教育康复史、现有能力等。（　　　）

3. 个案的辅助沟通系统长期、短期目标设计得越多越好，如此才能体现专业性。（　　　）

4. 在辅助沟通系统沟通版面的设计上，有一项重要的辅助元素——颜色编码。（　　　）

（三）简答题

请简述辅助沟通系统版面设计的流程。

（四）案例题

请结合身边的个案，填写个案的一日生活记录表。

单元五任务一
检测与思考参考答案

▶ 任务二
辅助沟通系统干预训练的原则和存在的问题

问题情境⋯▶

当一位沟通障碍者学习并使用辅助沟通系统后，在日常生活中，谁可以对他进行干预训练呢？答案是他的康复师、熟悉辅助沟通系统教学的任课教师、他的父母以及家中的长辈。只要熟悉辅助沟通系统的干预流程和阶段目标，个案身边的重要他人都可以在日常生活中对个案进行适当的训练。那么，在辅助沟通系统干预训练的过程中，有哪些原则要遵守呢？可能会碰到哪些问题呢？下面就让我们一起来学习。

一、干预训练的原则

干预训练是执行辅助沟通系统理念的重要环节，也是训练者与沟通障碍者共同进步与成长的重要环节。在干预训练的过程中，可参考以下几点原则。

（一）干预训练内容来源于生活并应用于生活的原则

对辅助沟通系统的学习应建立在个案具有沟通需求的基础上。通过科学、合理的训练，辅助个案更有效地沟通与表达。因此，干预训练内容要来源于个案的生活，并在个案习得沟通技能后逐渐在日常生活中应用，使个案熟悉沟通版面与沟通技巧，与他人建立一种新的沟通模式，从而使个案感受平等、有效沟通的快乐，为后续的深入训练奠定基础。

（二）干预手段与兴趣激发相结合的原则

兴趣是最大的内驱力。在干预训练的过程中，训练者要始终把提高个案兴趣与参与度作为重要内容，通过有趣的活动设计、适当的活动操作、难度适宜的学习过程、亲密的互动关系等，让个案始终保持对学习辅助沟通系统的兴趣与自信。

（三）干预过程遵循小步子、多循环的原则

刚接触辅助沟通系统干预训练的沟通障碍者会对一种全新的沟通方式有一段适应期，特别是特殊学校中的无口语或少口语儿童。因特殊儿童存在着智力障碍或多重障

碍，在学习功能性词汇、构句的过程中并不会很顺利地达成目标。训练者要有恰当的心理认知，了解特殊儿童的认知发展特点与学习特质，熟悉认知教学等教学方法，在干预训练的过程中采用小步子、多循环的原则，扎扎实实地进行。

（四）干预过程采取差异强化的原则

个案在学习辅助沟通系统的过程中，需要给予适当的强化，以增强学习的动力。个案需要的强化方式具有差异性，训练者可以通过强化物调查表进行综合分析，找出最有效的强化物或强化方式。比如，有的个案喜欢饼干、糖果等消费性强化物，有的个案喜欢小汽车、发光玩具等拥有性强化物，有的个案喜欢听音乐、搭积木等活动性强化物，有的个案喜欢一个大大的拥抱或一句夸奖等社会性强化物，而对于有的个案来说，当下训练的沟通主题本身就具有强化作用。不仅每个个案喜欢的强化物不同，需要强化的频率、时间也有所不同。这就需要训练者做充分的调查，全面熟悉个案情况，促使干预训练顺利进行。

（五）干预结果注重精熟的原则

辅助沟通系统干预训练有完整的序阶，包含序曲、首部曲、二部曲、三部曲四个阶段。每一个阶段的学习都要严格进行，达成每一个阶段的目标后才能进入下一个阶段，这样才能顺利完成整个阶段的学习。比如，首部曲的主要目的为完成对功能性词汇的学习，二部曲的主要目的为完成对沟通对话脚本中构句的学习，三部曲的主要目的为在生活中迁移使用。因此，在学习的过程中，要注重每一个阶段目标的达成质量，以及个案使用功能性词汇、构句、进行脚本对话练习的熟练度。只有每一个阶段干预结果精熟，才能确保个案在生活中熟练进行这一主题的沟通。

（六）家校共同参与、互相配合的原则

通过上述学习得知，使用功能性词汇、构句、进行脚本对话练习的熟练度十分重要，而日常教学中，教师或康复师对个案的干预训练课时却十分有限；因此，辅助沟通系统干预训练要同个案家长紧密配合，教师或康复师可以将每一部曲的主要训练方法教给家长，让家长在家中也可以帮助个案进行同一序曲内容的巩固。此外，很多沟通主题的情境来源于家庭生活，在三部曲阶段进行生活场景迁移时同样需要家长的密切配合，以保证个案的学习效果。但需要注意的是，在初始阶段，家长只需配合教师或康复师进行同种方法、同一内容的同步训练即可，教师或康复师要与家长进行及时的沟通、指导，切忌不能打乱序曲的学习步骤。

二、干预训练可能存在的问题

（一）个案基础能力不同，干预进展具有差异性

辅助沟通系统干预训练过程中，对认知能力的训练占据主要部分，其成效也与个案的认知水平密切相关。通常情况下，认知水平较高的个案干预进展速度快于认知水平较低的个案。训练者要拥有恰当的康复心态，尊重每个个案的现有水平，设计恰当的、符合个案能力和需求的训练计划。因每个个案的基础能力不同、优弱势不同，在干预训练的过程中，出现进展困难的阶段也是不同的。比如，一名大龄的无口语脑瘫儿童，因长期使用动作、手势语，缺少对构句的完整学习，可能在二部曲——构句的学习中存在困难；一名低龄的少口语儿童，因识字或识图能力处于弱势，可能在首部曲——功能性词汇的学习中进展较慢，但经过一段时间有效的练习，就会顺利达成首部曲的目标。因此，不同个案的干预进展是不能进行直接比较的。建议初学辅助沟通系统的教师或康复师先挑选认知能力相对较好的个案进行干预；成功多次，生成较丰富的干预经验后，再进行对认知能力相对较弱的个案的干预。

（二）沟通主题个案参与度较低，学习兴趣下降

沟通主题和沟通对话脚本是辅助沟通系统干预训练中的重要组成部分。确保在选择沟通主题时个案的参与度高。如果在干预训练过程中，发现个案参与度较低，缺少兴趣，那么可能说明在选择沟通主题时出现了误差。训练者需要再次观察个案的一日或一周生活，进行重新选取。

（三）沟通符号选择不恰当，个案学习效果不理想

沟通符号的选择最好通过大量观察或者测评后再确定，适合个案能力的沟通符号会让训练过程更加顺利。比如，一名个案目前的识字水平为在图片支持下可识字。如果训练者给予的符号为纯文字，那么个案就很难去学习，干预训练也会在首部曲——功能性词汇的学习阶段停滞不前。干预训练中也会存在另一种现象，即训练者设计的沟通符号过于简单，个案学习速度较快，也很快完成了整个阶段的学习，但从长远来看，并没有促进个案整体认知水平的提升。因此，辅助沟通系统不仅是为了促进沟通与表达，而且是在促进个案沟通表达能力提升的同时，促进个案整体能力的发展，推进个案与整个社会彼此沟通、共同融合的载体。

（四）干预训练时急于求成，干预环节落实不扎实

在干预训练中，刚接触辅助沟通系统的新手教师或康复师最常出现的问题就是心

态上急于求成，想快速走完辅助沟通系统干预训练的四个阶段。但是，辅助沟通系统每个阶段之间的内容是紧密连接的。首部曲的目标没有有效达成，开展二部曲时就会出现构句不扎实的问题；二部曲的目标没有有效达成，个案就无法在生活中进行顺畅的沟通，导致三部曲的失败。因此，要重视每一个阶段目标的有效达成，达成后再开展后续的训练，以免打击个案的自信心。

（五）家校配合不密切，巩固成效不佳

家校配合是顺利开展辅助沟通系统干预训练的重要影响因素之一，也是开展辅助沟通系统干预训练的一项重要原则。教师或康复师在对个案开展干预训练前要与家长进行紧密沟通，使家长了解对个案开展辅助沟通系统干预训练的好处，达成共同努力、互相配合的共识。若家长不能有效配合，训练进展会相对较慢。需提醒的是，除了家长在干预训练上是否配合之外，学校内使用的高科技沟通辅具能否带回家中供个案操练，或家长是否单独购买了相同的沟通辅具供个案在家练习，也是影响训练成效的因素。

要点回顾 ▶

任务二 辅助沟通系统干预训练的原则和存在的问题	一、干预训练的原则	干预训练内容来源于生活并应用于生活的原则
		干预手段与兴趣激发相结合的原则
		干预过程遵循小步子、多循环的原则
		干预过程采取差异强化的原则
		干预结果注重精熟的原则
		家校共同参与、互相配合的原则
	二、干预训练可能存在的问题	个案基础能力不同，干预进展具有差异性
		沟通主题个案参与度较低，学习兴趣下降
		沟通符号选择不恰当，个案学习效果不理想
		干预训练时急于求成，干预环节落实不扎实
		家校配合不密切，巩固成效不佳

检测与思考 ⋯⋯▶

（一）判断题

1. 干预训练内容要遵循来源于个案生活并应用于生活的原则。（　　）

2. 干预手段要与学生的学习兴趣相结合。（　　）

3. 干预过程应完全尊重学生的兴趣，不需要注重结果的精熟度。（　　）

4. 辅助沟通系统干预训练只关注个案即可，不用考虑家长的诉求。（　　）

5. 干预过程要遵循小步子、多循环的原则。（　　）

6. 干预过程中不必考虑个案的强化物。（　　）

7. 辅助沟通系统干预训练有完整的序阶。（　　）

8. 沟通符号的选择最好通过个案测评后再确定。（　　）

（二）简答题

1. 请简述辅助沟通系统干预训练的原则。

2. 请结合辅助沟通系统干预训练中可能出现的问题，说一说在干预训练中你要如何做。

单元五任务二
检测与思考参考答案

▶ 任务三
辅助沟通系统干预训练常见方法介绍

问题情境⋯▶

在学习了辅助沟通系统的基础理论知识，对辅助沟通系统有了全面的了解后，我们就可以开始实践，着手开展个案干预训练了。那么，在干预训练之前要做好哪些准备工作？在干预训练的过程中又该如何一步一步地进行？接下来，我们就来学习辅助沟通系统干预训练的常见方法。

一、辅助沟通系统干预训练流程中的基本方法

辅助沟通系统干预训练包含序曲、首部曲、二部曲、三部曲四个阶段，每一个阶段使用的方法大致如下。

（一）序曲——干预前的准备工作

序曲的主要任务为做好干预前的准备工作，包括全面了解个案基本能力、确定个案对象、收集个案资料、确定干预活动、确定功能性词汇等。这一阶段为干预训练提供了前提和基础。在序曲阶段的工作中，训练者不仅要对个案进行全面的了解，而且要同个案家长及主要照顾者进行访谈，使个案信息收集得更加全面。常见方法如下。

1. 观察法

观察是获得现实性研究资料的主要途径之一。观察可分为两种：一种是自然观察，即研究者在自然条件下对个体的言谈、举止和表情等进行有目的、有计划的观察；另一种是在实验条件下进行的实验观察。此外，根据观察的手段和方式，也分为直接观察和间接观察。直接观察是指不回避观察对象，观察者直接参与到情境中对个案的行为表现进行观察；间接观察是指回避观察对象，不与个案同时参与同一情境，在录播室或通过摄像机等设备进行观察。两种观察法在干预前的准备工作中都可以使用。但是，观察者在进入观察前要先思考好具体的观察内容、想要获取的信息，如此才能获得最终的观察结果。

通常，在观察期间，为了使教师或康复师更加熟悉个案，自然观察和间接观察的次数要足够多，观察的情境要丰富、全面。可以依据个案的一日生活时间节点进行观察，如观察在校期间的上课情况，观察做课间操时的运动情况，观察课间与同伴之间的交往情况等。若想观察个案的居家生活情况，也可以请家长在家中拍摄相应视频供教师进行间接观察。观察表参考格式如表5-4所示。

表5-4　辅助沟通系统个案观察记录表

姓名		性别		年龄	
观察者		观察情境		观察时间	
观察领域	感知觉发展				
	认知能力				
	动作能力				
	沟通能力				

续表

观察领域	社会交往			
	情绪行为			
	生活自理			
	独立性 与参与度			
	强化物			
该情境下个案的沟通需求与 沟通方式				
使用辅助沟通系统的干预想 法与建议				

2. 访谈法

访谈法是一种通过与被研究对象或与重要他人的交谈来获得研究资料的方法，也是辅助沟通系统干预训练准备工作中最常用的方法之一。一般情况下，特殊学校中常常参与访谈的对象为个案的家长、个案的班主任和学科教师等。

在与家长访谈的过程中，首先要用最通俗易懂的语言向家长阐述辅助沟通系统的概念、对个案进行干预训练后可能会产生的积极影响，并了解家长的想法，是否同意进行干预和是否全力支持的态度等；待取得家长认可及全力支持的态度后，再进行后续详细的沟通，如了解个案的基本资料、发展史、教育康复史、现有能力、兴趣爱好、放学后的居家生活、周末活动等内容，以更加全面地了解个案的基本情况。

3. 测试法

访谈法与观察法虽能全面地了解个案的基本信息，但信息总会具有一定的不确定性，测试法就可以弥补其中的不足。因辅助沟通系统后期干预训练的主要内容为功能性词汇的认识及拓展、构句的练习及构句能力的提升，相对来说涉及语文学科的内容较多；因此，在基本资料收集的过程中，就可采用测试法，对个案的识字量、现有构句能力进行测评。比如，某位学生认识纯文字100个，大部分文字需要在图片的支持下才能认识，现有构句能力为掌握"主语+动词+宾语"的句子，而"主语+动词+形容词+宾语"等相对复杂的句子对他而言仍有难度。

（二）首部曲——个案学习并拓展功能性词汇

首部曲的主要目标为完成对沟通主题下的功能性词汇的学习，为后续学习构句奠定词汇基础。常用的干预训练方法如下。

1. 字词配对

字词配对是指个案通过观察将两个相同的字词卡片匹配在一起的行为。字词配对是最基础的能力。在辅助沟通系统干预训练的过程中，训练者出示一张字卡"苹果"，请个案拿出相同的字卡"苹果"，这样的学习行为就叫作字词配对。

2. 字词指认

字词指认是指指出规定字卡的行为。大部分的辅助沟通系统需求者存在无口语或者少口语的现象，训练者通常通过指认的方式来检验他们是否认识功能性词汇。比如，功能性词汇为"苹果"，训练者可以对个案说"请指一指，哪个词语是苹果"。当个案用手指指出"苹果"这一字卡时，就表示个案已经认识了这个功能性词汇。

3. 命名

命名是指个案认读功能性词汇的行为。当训练者出示"苹果"字卡时，个案能够主动读出"苹果"，这样的行为就叫作命名。通常辅助沟通系统需求者会发音不准，为了提高其自信心，鼓励其主动发音的行为，只要训练者认为个案是在说这个词语，就给予其积极的鼓励。通常，只有达到80%及以上的准确率，才能判断为个案认识该字词，即10次命名中有8次及以上是准确的。

4. 版面点选与按压

当个案认识了功能性词汇的字卡后，训练者说出字卡名称，请个案在沟通辅具的版面上点选并按压。比如，训练者说"苹果"，个案就在沟通辅具的沟通版面上点选"苹果"词语并用力按压，使其发出"苹果"的语音。

5. 仿说或念读

目前市场上常使用的高科技沟通辅具均具有语音输出的功能。开展辅助沟通系统干预训练除了可以实现替代性沟通外，还具有实现扩大性沟通的作用。因此，在辅助沟通系统干预训练的过程中，可通过沟通辅具的多次语音回馈，提高个案的仿说与念读能力，促进个案整体沟通能力的提升。

除了上述方法外，PECS同样具有促进辅助沟通系统需求者学习字词、提升构句能力的作用。PECS 是为了解决孤独症人士的沟通障碍，通过图片或语言符号，促使他们更直观地理解语言、表达需求的一种沟通训练方法。其主要目的是让有沟通障碍的孤独症人士学会自发性沟通，掌握基本的社会沟通能力。早期 PECS 用于改善学龄前孤独症儿童的沟通问题；在随后的发展中，PECS 的应用扩展到对不同年龄阶段孤独症人士的干预领域，并普及到各个国家。干预内容涉及口语词汇量、语法复杂程度、清晰度以及自发性语言表达等方面。

（三）二部曲——个案学习构句并提升构句能力

许多辅助沟通系统需求者经常使用简单的字或者词语和他人沟通，然而这并不能十分准确地表达他们想要表达的含义，对方也不能准确地理解。促使双方有效沟通与交流的不是简单的词汇，而是语法，因为语法具有一定的结构。只有将不同的词汇按照语法规则组成正确的语句，对方才能清楚地知道你想表达的内容。二部曲的功能就是让个案学习构句并会用完整的句子来表达。具体方法如下。

1. 对照句子，配对相应的功能性词汇

构句练习对许多辅助沟通系统需求者来说存在着一定的困难。因此，在构句练习初期，应进行配对练习，重视个案基础能力的铺垫。具体步骤如下。首先准备两套由功能性词汇组成的字卡，训练者出示一个完整句子，并用手指缓慢点读出句子，示意个案挑选出相应的功能性词汇并进行配对；再进行句子指读或念读，逐渐练习，直至个案达到精熟即达成目标。

2. 训练者给予语音提示，个案拼出相应的句子

个案在字卡的提示下，能熟练进行配对与指（念）读后，训练者逐渐撤掉字卡提示，转换成语音提示。具体步骤为：当训练者念出"我要吃苹果"这一句子时，个案拼出"我要吃苹果"这一句子。同样重视精熟度，为后面的学习奠定基础。

3. 训练者说出脚本，个案拼出相应的句子

练习构句的目的在于利用完整的句子与他人进行对话交流，因此，这一环节的练习要加入沟通对话脚本，形成一个回合的完整对话。具体步骤为：当训练者问"你要吃什么？"时，个案快速拼出句子"我要吃苹果"。十分熟练后即算达成目标。

4. 迁移到沟通辅具上，按压出完整的句子

拼读句子熟练完成后，个案就可以从利用字卡拼句子的环节进入利用沟通辅具按压句子的环节中。因在一部曲中个案已经达成了在沟通辅具上熟练按压字词的目标，

只要前3个环节的目标精熟地达成，这一环节就相对简单了。具体步骤为：当训练者问"你要吃什么？"时，个案在沟通辅具上快速按压出"我要吃苹果"。最好还能同沟通辅具一同说出语音，这样可以对个案的语音能力、内在构句能力起到自然增强的作用，非常有利于个案整体语言能力的发展和沟通能力的提升。

5. 强化练习，提升按压句子的熟练度

构句练习的重点在于让个案将语法结构内化于心。这一环节重在利用沟通辅具准确地完成整个脚本对话，速度可以不用太快，但要完全准确，让个案听到问题后就可以正确地回答。具体步骤如下：当训练者说"明明，你好"时，个案按压沟通辅具说"老师，您好"；当训练者问"明明，你想吃什么？"时，个案按压沟通辅具说"我想吃苹果"等。

（四）三部曲——将沟通对话脚本应用于生活

1. 加强运用脚本的对话练习

在三部曲的前期阶段，仍要继续练习，提高个案运用脚本的熟悉度，只需通过大量的重复操练即可，主要目的是为后续应用到自然情境中做铺垫。训练者要运用有效的训练策略和手段，配合激发学生兴趣的强化物，不断增强个案练习脚本的意愿，为练习打下基础。本阶段主要考量的指标为在沟通辅具上按压脚本的准确度和速度，以及面对不同沟通伙伴时沟通状态的稳定性，如情绪上不紧张、面对不同沟通伙伴时能够对答如流。

2. 将辅助沟通系统应用于自然情境中

三部曲的后期阶段为将辅助沟通系统应用于自然情境中。待个案对沟通对话脚本非常熟悉后，训练者让个案在真实情境中借助沟通辅具应用脚本进行沟通。比如，"计划吃晚餐"这一沟通脚本来源于个案家庭中"吃晚餐"的真实情境。待个案完全学会该主题脚本时，训练者就可以让个案运用沟通辅具和妈妈讨论晚餐的计划。当妈妈问个案想吃什么饭菜时，个案就可以主动地表达出自己的心中所想。在这个过程中，教师或康复师作为观察者，观察个案在生活中的使用状态、主动沟通的次数和沟通的回合，对个案进行积极的鼓励，不断提高个案的自信心，并记录个案在使用沟通辅具时出现的问题，在个案接下来的学习中进行提前调整。

二、辅助沟通系统干预训练范例

王梅（2003）在《智力障碍和孤独症儿童的学与教——教学活动设计200例》一书中精心编排了新颖的、具体的教学活动设计方案，可以将辅助沟通系统干预训练与具体的教学活动结合起来。

有研究者认为语言发展有三大基础要素：智能、需要或动机、交互作用。因此，沟通训练不能孤立地开展，要结合运动、认知，即要"能言并言之有物"，且有一定的沟通动机和环境支持，教学中要随时进行动机激发。要想真正提高语言能力，就要培养很好的思维能力，在分类、配对、排序、寻找并理解事物之间的因果关系、想象力、认知问题等方面的练习中都要有很好的表现（陈强、徐云，2011）。

通常，对特殊儿童的沟通训练提倡与现实生活紧密结合，运用游戏等儿童觉得亲切、自然的训练方法，重视功能性言语的训练。在实际教学中，借助沟通板、沟通簿、点读笔等沟通辅具，提高教学质量和教学效率。

（一）模仿练习

模仿练习对语言理解和表达都十分重要。模仿应随时随地进行，通过训练者大量的、科学的语言刺激，或者借助语音沟通板、智能沟通认知训练系统等，强化对沟通障碍者的语音输入。

范例一："模仿秀"。包括的主要活动内容有以下方面。

① 通过观看相关录像或电视节目，了解真人和模仿者的关系。

② 模仿动物的叫声和体态。

③ 模仿某个身边的人（含声音模仿），让别人识别。可用比赛的方式评比出谁模仿得最像。

④ 识别别人的各种模仿。

范例二：儿童形声表演操。设计由一些动物的叫声和体态、儿童化的语言、轻快的音乐组成的儿童体操，在训练过程中可以渗透大量的模仿练习。

比如，在模仿训练开始前，事先利用沟通板或者智能沟通认知训练系统制作一些沟通版面，包含鸭子、驴等动物的图片、动画及叫声，如图5-3所示。通过不停地播放，让儿童加深对鸭子、驴等动物的体态、叫声等的理解并模仿。

图5-3　模仿训练版面范例

（二）语言适应训练

适应要有一个过程，对沟通障碍者来说也不例外，尤其是孤独症患儿等特殊儿童普遍存在适应不良的情况，进入新环境或环境稍微改变时，他们都可能产生异常情绪，训练后也难以达到"到任何新环境中都能自我调节"的程度。整体适应尚且如此，语言环境和语音、语速等适应更需要较长的过程和专门的帮助。语言适应训练的目标应该是使沟通障碍者较快接受新的声音和视觉刺激，即使换了沟通伙伴或对话者，也能尽快接受和进行沟通。

范例三：环境和声音"脱敏"。仅针对孤独症儿童进行训练。因为他们长期生活在一种语言环境中并已习以为常，换新环境后，会因种种原因一时不能分辨各种新异刺激，加之语音识别力不强，很容易产生不良体验，因此要提前做好铺垫工作。比如，先预录新环境中主要人物和家庭中亲人对话的声音让儿童听，开始时以熟悉的声音为主，以后逐渐加入不熟悉的声音，达到"脱敏"的目的。

（三）词语词组反应

对词语词组的反应主要是对名词、动词及动词＋名词的词组（如吃苹果）的反应。

1. 名词反应

训练对名词的反应主要是指对实物、图片及其对应性的指认。建议从沟通障碍者自己的用具或爱吃的食物开始，然后过渡到常见的人、事、物的名词，并注意学习代名词你、我、他、它。无口语沟通障碍者可先从手语指示或图片指认练起，尤其对于抗拒语言学习的沟通障碍者来说，可采用计算机辅助教学或边唱边学等方式。总之，建立丰富的名词反应是沟通的重要基础，应随时随地练习。

范例四：执行拿取并递交物品的指令，认识包含两个名词的句子，了解其关系。准备一个盒子，里面放2~3种玩具或食物，要求儿童执行"把苹果给妈妈"等指令。这项训练中儿童要分辨两个名词，了解其顺序和关系。对学习语言兴趣较低的儿童，可以借助沟通板或智能沟通认知训练系统的预置沟通版面发出指令（图5-4），因为有些儿童更容易被生动的动画、图片和声音吸引。

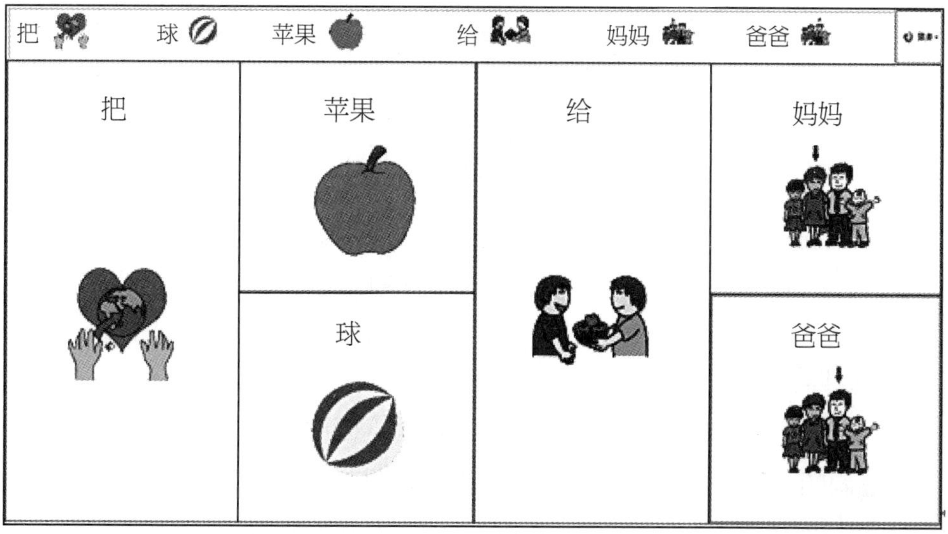

图5-4　名词反应训练版面范例

2. 动词反应

训练对动词的反应可从最常用的如拿、要、来等开始，然后逐步过渡到对形象动词的理解，如坐下、站起来、抱抱等。这些词都能对应具体动作，相对容易建立动作表象且容易被记住，配合儿童的需求来进行训练更有效果。训练中应认真记录儿童的语言反应并进行评估，及时找出儿童遗漏的反应是很重要的教学方法。

3. 动词＋名词反应

主要选取日常使用高频和高功能的动词+名词组合进行练习，通常采用动作提示和示范教学法。配合沟通障碍者的需求来进行训练更有效果。

范例五：当儿童想喝水或饮料时，可以抓住机会教他理解并鼓励其做出反应。训练者点击版面相应的组合（图5-5），鼓励儿童做出相应的反应并参与互动。

图5-5　动词+名词反应训练版面范例

（四）句子反应

对句子的干预训练主要集中在对否定句、疑问句等的反应训练上（图5-6和图5-7）。基本的训练思路和方法是一致的，那就是在自然、实用的大前提下，本着"示范—模仿—反馈—补充或变化"的训练路径组织、指导训练。

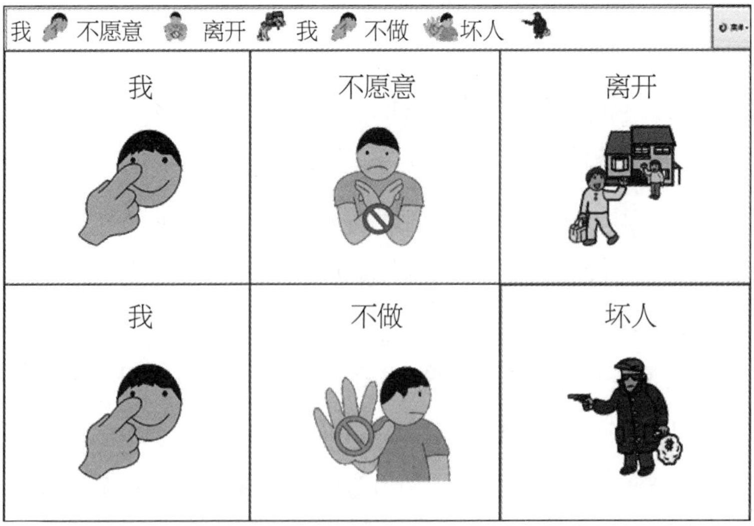

图5-6　否定句反应训练版面范例

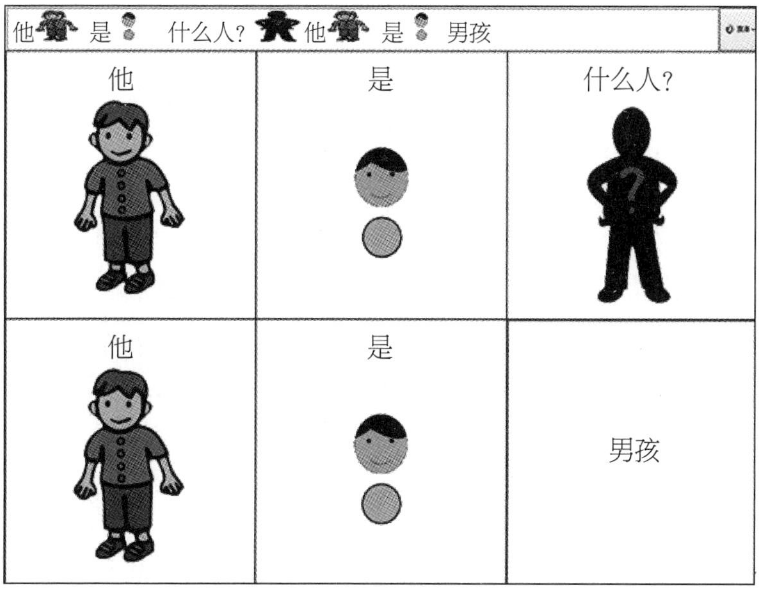

图5-7　疑问句反应训练版面范例

　　范例六：否定句反应主要是对禁止指令的反应，受发令人的态度、表情、口气、指令的难易程度、自身需求程度等多方面的影响。一般在开始建立该反应时要用必要的指示，如夸张的禁止表情和动作限制，使儿童在头脑中把"不行、不对、不要"等严厉的语言、身体被限制的感觉、对方不高兴的表情等建立起统一的联系，这有助于"否定条件反射"的形成。

　　范例七：日常对话中会应用到很多问句，如"你在哪里？""为什么？""这是什么？""有多少？"等，这些都是基本的疑问句，受训者需要能听懂且会问、会答。孤独症患者大多愿意以不表态或摇头表示"不"，以不表态或直接行动来表示"要"，总体上对疑问句的反应不积极；智力障碍患者的问题主要是不知该如何反应；脑瘫患者多表现为表达不清楚。一般训练对简单疑问句的反应时，可以采用直接示范—模仿的方式，运用及时奖励即可奏效。比如，一人问，另一人站在受训者的角度回答并让儿童模仿回答，回答即可得到不同程度的鼓励。而训练对复杂句的反应不是短期内可以完成的，需要结合具体问题和具体情境反复练习。

　　（五）表达感情

　　在日常生活中，人们不时用面部表情来表达自己的情感。孤独症等语言沟通障碍儿童往往很难用语言和表情来表达自己的内心情感。该训练的目标就是要提高沟通障碍者对他人表情的认读能力，提高其对"高兴""伤心""生气"等感情词汇的理解能力，并最终能够用代表这些感情的图片来表达自己的内心体验。

范例八：教师先把一张图片如"高兴"放在桌子上，然后用手指着代表高兴的图片的同时口头描述图中人物的面部表情，如"小朋友很高兴"；解释可能导致高兴的原因，如"因为妈妈答应带他出去玩"；要求受训者指出情感特征，如对着孩子说"指指他高兴的嘴巴"。如果孩子能够完成动作，则予以表扬和奖励。否则，教师应提供各种辅助方法来给予其帮助。辅助方法可以是教师自己做一个非常夸张的笑的表情，然后指着自己上翘的嘴角对孩子说，"看，我很高兴"。

之后，教师再引入代表其他感情的图片，如"伤心""生气"等，并可用同样的方法进行训练。（如图5-8）对感情的表达要注意在自然的场合中经常地重复练习。例如，教师每次给孩子一个玩具时都可以说，"你有玩具了，你高兴了"，然后要求孩子指指代表"高兴"的图片。这样久而久之，孩子慢慢地会在要表达高兴时自己去使用代表"高兴"的图片来与他人沟通。

图5-8　表达感情训练版面范例

|拓展知识|

常见语言训练方法介绍

辅助沟通系统干预训练的过程中，也会应用许多语言训练的方法。康复师可以通过多种语言训练方法的融合，让辅助沟通系统需求者习得沟通技能，打开与世界沟通的大门。常见的语言训练方法包括如下几种。

①以康复师为主导的训练方法：游戏化练习、建模。

②以儿童为中心的训练方法：自我谈话和平行谈话、仿说、扩展、延伸、组合与分解、改编。

③综合训练方法：集中刺激、垂直结构、自然情境教学（如随机教学、要求—示范教学、延迟回应）、脚本治疗。

其中，脚本治疗是辅助沟通系统干预训练中的常见方法。脚本是个体储存、表征不同事件的一种方式。脚本治疗就是用儿童熟悉的事件或者情境，在儿童熟悉的日常生活情境中指导儿童的沟通行为。通过拟定脚本，让个案学习解决日常生活中的沟通问题。可选用如购物、用餐等脚本。

每个个案的语言情况均有所不同，使用单一的语言训练方法并不一定能起到很好的疗效。因此，在实际训练的过程中，要根据个案的实际情况，将训练目标和训练方法进行有机结合，以满足不同沟通障碍者的语言干预需要。

想了解更多内容请扫描二维码。

常见语言训练方法介绍

要点回顾 ⋯⋯▶

```
                                                        观察法
                                  序曲——干预前的准备工作   访谈法
                                                        测试法

                                                        字词配对
                                  首部曲——个案学习并拓展      字词指认
                                  功能性词汇                命名
                                                        版面点选与按压
                                                        仿说或念读

                    一、辅助沟                          对照句子，配对相应的功能性词汇
                    通系统干预                          训练者给予语音提示，个案拼出相应的句子
                    训练流程中    二部曲——个案学习构句       训练者说出脚本，个案拼出相应的句子
                    的基本方法    并提升构句能力            迁移到沟通辅具上，按压出完整的句子
                                                        强化练习，提升按压句子的熟练度

                                  三部曲——将沟通对话脚本      加强运用脚本的对话练习
                                  应用于生活               将辅助沟通系统应用于自然情境中

 任务三
 辅助沟通系统干预训练常见方法介绍
                                                        模仿练习
                                                        语言适应训练
                                                                    名词反应
                    二、辅助沟通系统干预训练范例    词语词组反应     动词反应
                                                                    动词+名词反应
                                                        句子反应
                                                        表达感情
```

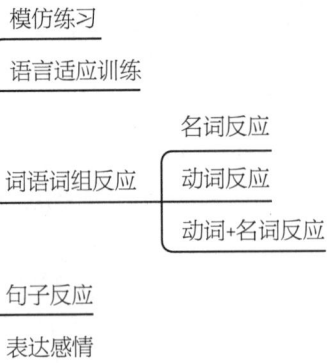

检测与思考 ⋯⋯▶

（一）判断题

1. 观察法、访谈法、测试法是序曲阶段使用的重要方法。（   ）

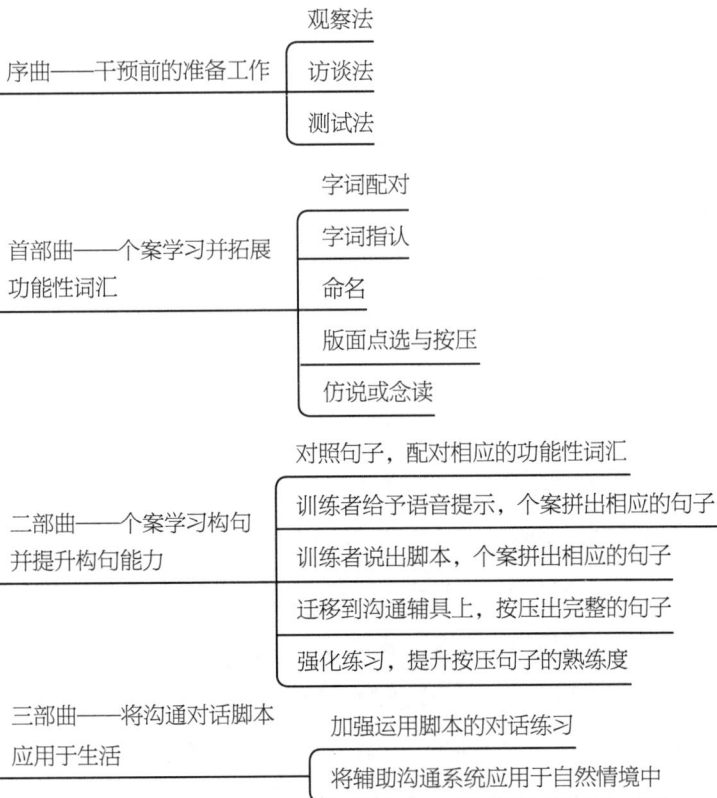

2. 辅助沟通系统干预训练前的准备工作是一项非常重要的工作。（   ）

3. 字词配对是识字的先备能力。（　　　）

4. 在认识功能性词汇的过程中，只要准确率超过70%，就算个案认识了该词汇。
（　　　）

5. 在观察期间，为了使教师或康复师更加熟悉个案，自然观察和间接观察的次数要足够多，观察的情境要丰富、全面。（　　　）

（二）填空题

1. （　　　）是一种通过与被研究对象或与重要他人的交谈来获得研究资料的方法，也是辅助沟通系统干预训练准备工作中最常用的方法之一。

2. 访谈法与观察法虽能全面地了解个案的基本信息，但信息总会具有一定的不确定性，（　　　）具有一定的客观性，可以弥补其中的不足。

3. （　　　）的主要目标为完成对沟通主题下的功能性词汇的学习，为后续学习构句奠定词汇基础。

4. （　　　）的功能就是让个案学习构句并会用完整的句子来表达。

5. （　　　）的主要功能是将沟通对话脚本应用于自然生活中。

（三）论述题

请你根据辅助沟通系统干预训练的四个阶段，阐述每个阶段的干预目标及常用的训练方法。

单元五任务三
检测与思考参考答案

参考文献 ▸

COOK A M, HUSSEY S M. Assistive technologies: Principles and practice. 2th ed. St. Louis: Mosby Elsevier, 2002.

陈强，徐云. 辅助沟通系统及实用技术. 北京：科学出版社，2011.

BEUKELMAN D R, MIRENDA P. Augmentative and alternative communication: Supporting children and adults with complex communication needs. 4th ed. Baltimore: Paul H. Brookes Pub, 2013.

王梅. 智力障碍和孤独症儿童的学与教——教学活动设计200例. 北京：华艺出版社，2003.

单元六·辅助沟通系统在智力障碍儿童中的应用

导　语

　　智力障碍儿童在认知、社会性和应用技能上都需要语言的支持。那么，当语言出现障碍时，如何有效地沟通是智力障碍儿童急需解决的问题。

　　什么样的方式能够帮助这些智力障碍儿童更好地进行有效沟通呢？通过本单元的学习，我们可以了解智力障碍的定义及智力障碍儿童的语言特点，然后结合案例了解如何通过辅助沟通系统来帮助智力障碍儿童提高沟通能力。

学习目标

1. 知道智力障碍的定义及智力障碍儿童的特点。
2. 能说出智力障碍儿童沟通障碍的具体特征。
3. 能够说出应用辅助沟通系统时的策略、原则等。
4. 了解智力障碍儿童应用辅助沟通系统的过程。

知识导览

单元六 辅助沟通系统在智力障碍儿童中的应用

任务一 智力障碍的基本概念
- 一、智力障碍的定义和分类
- 二、智力障碍的发生率
- 三、智力障碍儿童的特点
- 四、智力障碍的成因和预防

任务二 智力障碍儿童的语言障碍特点与辅助沟通系统的应用
- 一、智力障碍儿童的语言障碍特点
- 二、在智力障碍儿童中应用辅助沟通系统的策略
- 三、在智力障碍儿童中应用辅助沟通系统的原则
- 四、在智力障碍儿童中应用辅助沟通系统的作用

任务三 应用案例分析
- 一、基本资料
- 二、综合评估
- 三、个性化方案的实施
- 四、案例后效

扫码学习

▶ 任务一
智力障碍的基本概念

问题情境···▶

　　如今，"智力障碍"出现的频次越来越多。智力障碍的定义是什么？与智力障碍相关的概念有哪些？智力障碍如何分类？智力障碍儿童的特点是什么？智力障碍的成因是什么？又该如何预防？

一、智力障碍的定义和分类

（一）智力障碍的定义

智力障碍又称智力落后、智力残疾等。智力障碍是指因各种原因导致个体智力显著落后，同时伴有社会适应性行为的显著缺陷。

2020年3月，由中国残疾人康复协会团体标准管理委员会组织有关单位及专家制定的《智力残疾康复服务》采用了符合我国法律和国内外专业发展趋势的智力残疾概念。从国际发展趋势来看，这一概念从20世纪80年代的智力发育迟滞（Mental Retardation，MR）转变为智力障碍（Intellectual Disability，ID），目前正在从智力障碍向智力与发展性障碍（Intellectual & Development Disability，IDD）演变。目前，我国智力障碍人群不仅涵盖18周岁以前的智力残疾人群，而且包括成年后大脑致残导致智力功能出现障碍的人群，还包括老年失智人群。

智力功能一般是指已排除文化因素的智力测验的结果。一般广为接受的智力评判标准即智商：心智年龄与实际年龄的比值。假如心智年龄为10岁，且实际年龄也为10岁，二者之间的关系为10/10或1，也就是说智商为100；心智年龄为5岁，而实际年龄为10岁，二者之间的关系为5/10或0.5，也就是说智商为50。

✎ |案例卡片|

　　然然小朋友，3岁，妈妈转述其出生后各方面发展都比其他小朋友慢一点。2岁时还走不稳，喜欢踮脚走；快3岁时也只能说两个字的词，如爸爸、奶奶等；不

会提问，只会用指指点点来表达需求，听不懂稍微复杂的指令，眼神很少对视；运动方面，不能自己上下楼梯，不能单、双腿跳。

问：你认为然然小朋友是智力障碍儿童吗？为什么？

（二）智力障碍的分类

根据《第二次全国残疾人抽样调查残疾标准》，依据发展商、智商和适应性行为三个标准，对智力障碍的等级进行划分，可分为一级、二级、三级和四级四个等级。一级（极重度）：0~6岁发展商分值小于等于25，7岁以上智商分值小于20，适应性行为属于极重度，WHO-DAS分值大于等于116。二级（重度）：0~6岁发展商分值为26~39，7岁以上智商分值为20~34，适应性行为属于重度，WHO-DAS分值为106~115。三级（中度）：0~6岁发展商分值为40~54，7岁以上智商分值为35~49，适应性行为属于中度，WHO-DAS分值为96~105。四级（轻度）：0~6岁发展商分值为55~75，7岁以上智商分值为50~69，适应性行为属于轻度，WHO-DAS分值为52~95。（表6-1）

表6-1　智力障碍的级别

级别	分类标准			
	发展商（DQ）（0~6岁）	智商（IQ）（7岁以上）	适应性行为（AB）	WHO-DAS分值
一级（极重度）	≤25	<20	极重度	≥116
二级（重度）	26~39	20~34	重度	106~115
三级（中度）	40~54	35~49	中度	96~105
四级（轻度）	55~75	50~69	轻度	52~95

注：DQ是发展商（Develop Quotient）的缩写；IQ是智商（Intelligence Quotient）的缩写；AB是适应性行为（Adaptive behavior）的缩写；WHO-DAS是WHO Disability Assessment Schedule的缩写，指世界卫生组织残疾评定项目。

二、智力障碍的发生率

由于对智力障碍的界定及评估存在差异，各国对智力障碍的判断也有所不同。据世界卫生组织统计，智力障碍发生率为1%~3%，全世界大约有1.93亿智力障碍人士。

据美国教育部统计，2003年，智力障碍在3～5岁年龄段的发生率为0.19%；6～17岁年龄段为1.04%。根据我国2006年第二次全国残疾人抽样调查数据，截至2006年4月1日，我国各类残疾人的总数为8296万人，智力障碍总人数为554万人，占残疾人的比例为6.68%，占总人口的比例为0.42%。

三、智力障碍儿童的特点

智力障碍意味着个案在智力功能以及适应性行为方面都存在实质性限制，无法达到与其年龄相符的水平，且这种状态并不会在短期内消失。尽管许多儿童能够在适应性行为方面取得巨大的进步，但是他们中的大多数还是会终生受到智力障碍的限制和影响。例如，认知功能、体质、人格、适应性行为方面的限制，都会影响其各方面的能力（陈强、徐云，2011；陈小娟、张婷，2015；方俊明，2005）。

（一）认知功能特征

1. 注意力

能将注意力集中在事物的关键属性上（例如，在关注几何图形时，集中关注它的轮廓而不是它的颜色或者它在书中的位置）是有效学习者的重要特征。智力障碍儿童在这方面通常存在困难，他们不但很难将注意力集中在某一学习任务的相关属性上，反而更容易将关注点聚焦在外界的无关刺激上。另外，智力障碍儿童通常也很难将注意力持续维持在某种特定的学习任务上。这些注意力问题的共同存在，给智力障碍儿童习得新技能、记忆和归纳新知识增加了难度。

2. 记忆力

智力障碍儿童在记忆信息时存在困难。认知功能受到损伤的程度越高，记忆力的缺陷也就越严重，特别是短时记忆。有关研究已经证明，智力障碍儿童在通过短时记忆保存信息方面存在困难。智力障碍儿童在自动回忆信息时需要比其他同龄儿童花费更多的时间，因此在一次性掌握大量的认知信息时就会存在更多的困难。一些研究人员认为，如果智力障碍儿童对某一信息的掌握能够充分到足以将其转化为长时记忆，也就是几天或几个星期之后仍然能够将其回忆起来，那么，他们保留该信息的时间将会和其他没有智力障碍的同龄儿童一样。

3. 动机

一些智力障碍儿童在学习或解决问题时都明显地表现出兴趣的缺乏。他们在经历了反复的失败后，有可能发展到习得性无助的状态，也就是自认为无论付出多少努力都无法改变最终失败的结果。为了减少或弥补失败的痛苦，处于习得性无助状态的人很可能会对自己抱有极低的期望，并且不再付出努力去进行尝试。当面对较难的任务或问题时，他们会很快放弃，并转而向他人寻求帮助或等待他人前来帮助。另外，还有一些智力障碍儿童会表现出一种叫作"外部指向"的解决问题的方式，他们似乎并不相信自己对各种情况的反应，因此总是依赖他人的协助，并采用他人解决问题的办法。

4. 转移类化能力

对于智力障碍儿童来说，要将所学的新知识和新技能运用到不同的环境背景中去，确实存在困难。这种对所学内容进行迁移或泛化的能力，对于大多数没有残疾的儿童来说，并不需要专门而明确的指导就可获得；但对于智力障碍儿童来说，如果没有明确而有针对性的指导，那么他们是很难获得这种能力的。

5. 干预策略

智力障碍儿童很难使用有效的技巧来组织信息，以便日后使用。同时，他们较倾向于被动学习，所以在运用干预策略上也有困难。

（二）体质方面

智力障碍儿童在体重的增加、身高的增长、骨骼的成熟和肢体动作技能的发展上要比其他同龄儿童迟缓。障碍程度越重，身体协调等方面的表现越会受到影响。

（三）人格特征

智力障碍儿童人格较为僵化，缺乏弹性，分化度较低，对于自我与外在环境问题辨别困难，缺乏自我意识，对他人反应模糊且面无表情。他们有较严重的焦虑感，面临的挫折情境比一般儿童多，防御机制比同龄儿童强，如否定、内化、压抑等。经常经历失败，因此感到无能、自卑，有退缩反应，会出现社会疏离的心态。

（四）适应性行为

通过智力障碍的定义我们了解到：智力障碍儿童在适应性行为方面存在实质性缺陷，这些缺陷有可能以各种不同的形式出现在行为功能的各个领域。

1. 日常生活自理能力

那些有替代性辅助需求的智力障碍儿童必须在穿（脱）衣服、进食等基本的自理能力训练方面受到经常性的指导。大多数轻度或处于边缘状态的智力障碍儿童在受到自理能力专门训练之后，能够学会如何处理自己的基本需求，最终也可能会达到独立生活的水平。

2. 社会交往

处理人际关系对于许多智力障碍儿童来说是巨大的挑战，如交朋友、维持友谊等。认知处理能力的限制、不良的语言发展、不正常或不适宜的行为等都会严重阻碍智力障碍儿童的社会交往。

3. 过激行为

与普通儿童相比，智力障碍儿童更容易表现出行为问题。在对智力障碍儿童进行研究时，我们经常发现，他们难以接受批评，自我控制能力有限，并且还有攻击性行为及自伤行为等过激行为。一般来说，智力障碍的程度越严重，问题行为发生的可能性也越大。

> ✍ |想一想|
>
> 你是否遇到过智力障碍儿童？说一说他们有什么特征。

四、智力障碍的成因和预防

智力障碍是智力功能及适应性行为两个方面与其他人有明显差异的一种神经发育障碍性疾病。智力障碍是全球主要致残原因之一，其病因、临床表现都具有复杂性、异质性。导致智力障碍的原因很多，目前确定的就有约750种。美国智力障碍协会对智力障碍相关致病因素进行了分类，分为产前因素（prenatal，在出生以前导致智力障碍的因素），围产期因素（perinatal，在出生的过程中或刚出生时导致智力障碍的因素），产后因素（postnatal，在出生之后导致智力障碍的因素）三类，如表6-2所示。而所有这些导致智力障碍的因素又都可以被划分为两大类，即生物医学因素及社会环境因素（社会文化因素、行为因素、教育因素）。在导致某一个案出现智力障碍的过程中，生物医学因素与社会环境因素总是相互关联、相互影响的。

在一项对13项流行病学研究进行的回顾分析中，在轻度智力障碍患者当中，约有

50%病因不明；而在重度智力障碍患者当中，约有30%病因不明。尽管如此，我们还是不能放弃对智力障碍病因的探索。因为这不仅对于降低智力障碍的发生率有着积极的作用，而且对于智力障碍儿童早期干预的开展有着重要的指导意义。

表6-2　与智力障碍有关的因素

	因素	产前	围产期	产后
生物医学因素		1．染色体畸变 2．单基因异常 3．综合征 4．先天性代谢异常 5．大脑发育不良 6．母亲患病 7．父母年龄	1．早产 2．产伤 3．新生儿障碍	1．脑外伤 2．营养不良 3．脑膜炎 4．癫痫 5．退化性疾病
社会环境因素	社会文化因素	1．家庭贫困 2．缺乏产前保健	缺乏产期照料	1．缺乏足够的环境刺激 2．家庭贫困
	行为因素	1．父母酗酒 2．父母吸烟	1．父母拒绝照料孩子 2．父母遗弃孩子	1．虐待以及忽略孩子 2．家庭暴力 3．缺乏足够的安全措施 4．社会剥夺 5．孩子有难以管教的行为
	教育因素	1．父母患有认知障碍并缺乏相应的支持 2．缺乏做父母的准备	缺乏出院后相关干预和服务的转诊介绍	1．父母残疾 2．诊断延误 3．缺乏足够的早期干预 4．缺乏足够的特殊教育服务 5．缺乏足够的家庭支持

与讨论智力障碍的成因相比，如何预防智力障碍的发生更为重要。我们应该倡导禁止近亲结婚，普及婚前检查，提倡优生优育，优选最佳生育年龄和受孕时机，注意孕期检查、营养与保健，加强婴幼儿保健、看护及教育服务，合理用药，提倡科学健康的生活方式，改善城乡环境状况，提高空气、饮用水的质量。

近亲结婚案例

19世纪英国著名生物学家、"进化论"奠基人达尔文与表姐艾玛结为夫妇。二人生育了10个孩子，其中，2个早逝，3个不育，其余5个智力低下。

人类人种学家、遗传学家、"基因学"提出者摩尔根与表妹玛丽恋爱、结婚。养育的3个孩子中，2个女儿因"莫名其妙的遗传病症"夭折，唯一幸存的男孩患有智力障碍。

要点回顾 ⋯⋯▶

- 任务一　智力障碍的基本概念
  - 一、智力障碍的定义和分类
    - 智力障碍的定义 —— 智力障碍是指因各种原因导致个体智力显著落后，同时伴有社会适应性行为的显著缺陷
    - 智力障碍的分类
      - 一级（极重度）
      - 二级（重度）
      - 三级（中度）
      - 四级（轻度）
  - 二、智力障碍的发生率
  - 三、智力障碍儿童的特点
    - 认知功能特征
      - 注意力
      - 记忆力
      - 动机
      - 转移类化能力
      - 干预策略
    - 体质方面
    - 人格特征
    - 适应性行为
      - 日常生活自理能力
      - 社会交往
      - 过激行为
  - 四、智力障碍的成因和预防

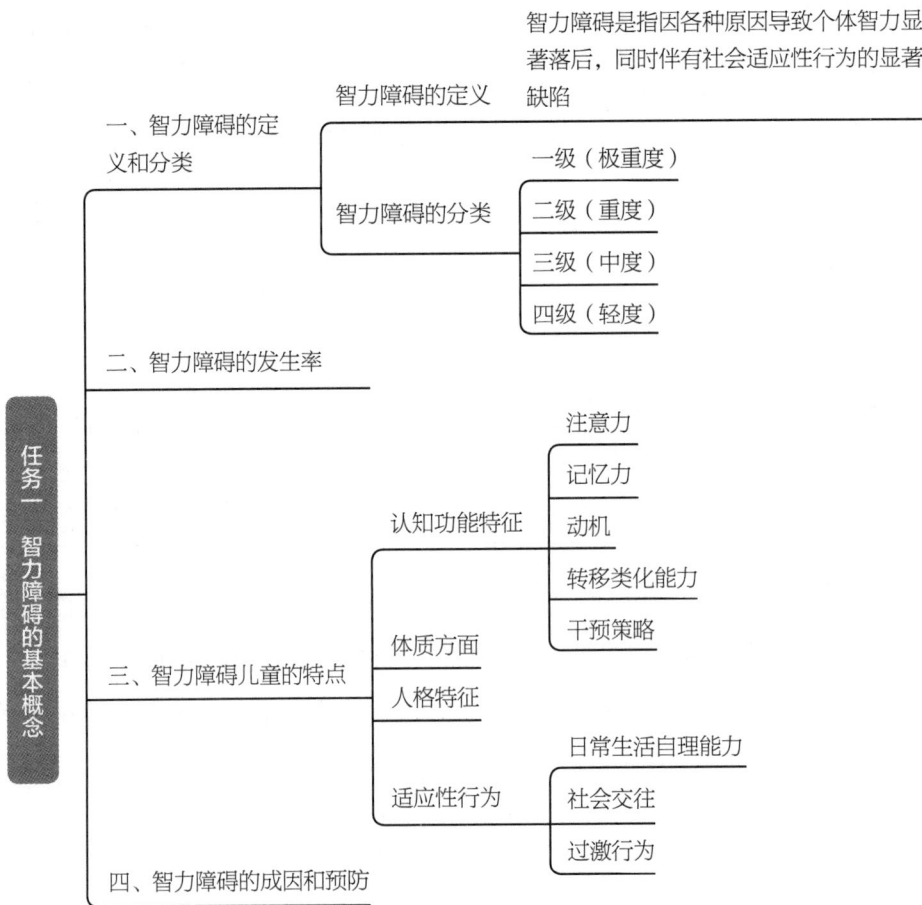

检测与思考 ⋯⋯▶

1. 智力障碍的定义是什么？

2. 智力障碍的分类标准及级别是什么？

3. 具体说明智力障碍儿童的特点有哪些。

单元六任务一
检测与思考参考答案

▶ **任务二**
智力障碍儿童的语言障碍特点
与辅助沟通系统的应用

问题情境⋯▶

世界卫生组织指出，全世界智力障碍发生率在不断提高。对语言治疗师的调查发现，需要沟通支持的辅助沟通系统使用者中大部分被诊断为智力障碍。智力障碍儿童的语言障碍的具体特点有哪些？应用辅助沟通系统的原则是什么？如何在智力障碍儿童的语言基础上进行辅助沟通系统的应用？对这部分内容的学习将帮我们回答以上问题。

一、智力障碍儿童的语言障碍特点

语言是人类沟通的主要媒介。通过系统的符号，人们可以相互传递信息、交流感情，并进行思维活动。智力障碍儿童的语言能力发展较缓慢或出现异常，无论是语言理解能力，还是运用身体语言（如表情、动作）及口语（如说话）的能力都较一般儿童落后，而且此现象随智力落后程度的加深变得更加明显。这严重影响了他们的沟通能力。调查显示，轻度智力障碍儿童的语言障碍发生率为42%，中度智力障碍儿童的语言障碍发生率为72%，重度智力障碍儿童的语言障碍发生率为100%（陈强、徐云，2011；陈小娟、张婷，2015；方俊明，2005）。

（一）智力障碍儿童的言语障碍

1. 智力障碍儿童的语音障碍

语音障碍主要表现为发音不清楚、音节倒置等，通常还伴有声音嘶哑、口齿不清、发音异常等特点。在语音方面，智力障碍儿童对"a、b、d、h、m、n、ia"几个音节的掌握程度较好，对"z、zh、g、l、ch、zh"几个音节的掌握程度较差，并易出现替代、扭曲、遗漏、添加等现象。此外，声调错误也是语音障碍的表现之一，如声调普遍偏低、二三声模糊等。

2. 智力障碍儿童的语流障碍

由于智力低下及思维障碍，大部分智力障碍儿童说话时着急或节奏异常，说话时断断续续，声音逐渐嘶哑，存在明显的言语呼吸不畅、气流不足。

3. 智力障碍儿童的嗓音障碍

智力障碍儿童的嗓音障碍主要表现为鼻腔共鸣控制失调。大部分智力障碍儿童鼻音较重，会出现鼻音元化，如将"an"发音成"a"等。部分重度智力障碍儿童还会出现张口无声等嗓音障碍现象。以上现象主要与智力障碍儿童不会用嗓有关，很少由器质性原因导致。

（二）智力障碍儿童的语言发展障碍

1. 智力障碍儿童的词汇发展障碍

词汇发展障碍主要表现为智力障碍儿童的词汇发展速度慢、数量少。智力障碍儿童的词汇发展水平虽然与普通儿童相比存在很大的差异，并远远落后于普通儿童，但智力障碍儿童的词汇发展规律和普通儿童是一样的，训练中可以进行参照。除了发展速度慢外，词汇理解障碍、词汇运用障碍、词汇运用的效果较差都是智力障碍儿童词汇发展障碍的表现，如将"一把椅子"说成"一只椅子"。

2. 智力障碍儿童的语法发展障碍

智力障碍儿童的语法发展障碍主要表现为句子理解障碍和句法运用障碍。智力障碍儿童的智力低下导致他们不能靠给出的语义信息推测出隐含的意思。同时，他们说话时因为不知道如何表达，说出的句子结构混乱或不完整；句子成分残缺，如果没有语境，听者很难理解其意思；随意添加句子成分，造成信息混乱；很少使用关联词也是智力障碍儿童语法发展障碍的一个表现，如"我（先）说，（然后）小明说"。

3. 智力障碍儿童的语用发展障碍

智力障碍儿童语用发展障碍主要指智力障碍儿童不能用合适的语言进行交往。语用即语言的运用，在人际交往中起着至关重要的作用。有一些智力障碍儿童的口语发展水平较好，但他们经常会说得不合时宜，即说出的语言没有达到语用的目的。智力障碍儿童的语用发展障碍还表现为忽略语用中的谦虚准则、延续话题的能力较差、不能遵守交谈中的轮换规则等。

4. 智力障碍儿童的非言语交流障碍

智力障碍儿童的智力水平和社会适应能力的低下导致其不善观察、不善理解。智力障碍儿童一般可理解的非言语交流手段有"哭""笑""生气"等明显的表情语，对更深层次的非言语交流手段很难理解。中重度智力障碍儿童面对别人愤怒的表情时甚至可能还会表现出开心幸福的状态。智力障碍儿童的理解能力较差导致他们不仅对情绪表情理解困难，对手势等非言语交流手段也理解困难。

二、在智力障碍儿童中应用辅助沟通系统的策略

20世纪80年代中期，辅助沟通系统就被认为是帮助智力障碍人士的一种有效方式。尽管如此，这些使用辅助沟通系统的智力障碍人士仍然对辅助沟通系统提出了不断改进的需求。随着时代的进步，辅助沟通系统使用者提出，应提供必要的机会和增加科技含量，以协助他们在不同环境中使用。

（一）提供在自然情境中使用辅助沟通系统的机会

沟通是发展智力障碍儿童日常生活能力的方法。自然情境中的沟通包括语言沟通和非语言沟通，并且沟通的随机性较大。目前，多数智力障碍儿童在个别化训练教室、言语康复室等非自然情境中训练沟通技能，这既减少了儿童与他人沟通的机会，又可能影响训练效果。对于智力障碍儿童而言，为他们提供在家庭、学校和社会环境等自然情境中学习和练习的机会，是真正促进沟通的有效策略。

（二）利用功能性沟通方式，避免问题行为的出现

在对智力障碍儿童的教育中，处理智力障碍儿童的问题行为是一大难题。由于问题行为的存在，沟通交流上出现了更大的障碍。辅助沟通系统为智力障碍儿童提供的就是一种替代性行为。教师应传授给智力障碍儿童一种利用沟通辅具进行沟通的方式。当智力障碍儿童不能用言语表达时，这种功能性沟通方式可以避免因各种情绪引发的问题行为的出现。

（三）运用个性化策略，给予差异化支持

智力障碍儿童之间的差异化是辅助沟通系统干预训练中必须重视的一点，运用个性化策略是辅助沟通系统能够有效应用的前提。针对不同的智力障碍儿童，辅助沟通

系统所给的支持必须是差异化的。面对不同程度、不同类型、不同需求的智力障碍儿童，给予差异化支持是我们经常采用的有效策略。

三、在智力障碍儿童中应用辅助沟通系统的原则

（一）生活化原则

智力障碍儿童的认知水平较低，对不熟悉的环境及事物的适应能力较差，观察能力、模仿能力较弱，相对来说，他们更易适应生活中的事物。在辅助沟通系统的应用中，要遵守生活化原则，采用生活化的素材作为教学内容，创设生活化的教学情境，以生活化的问题引入，加强智力障碍儿童生活经验的积累，培养智力障碍儿童的沟通能力，用辅助沟通系统解决智力障碍儿童生活中的问题。

（二）个别化原则

每一个智力障碍儿童都是一个独特的个体，他们之间存在很大的个体差异。面对不同智力障碍程度和相似智力障碍程度的儿童，我们要采取不同的方式。个别化原则是最重要的原则，应用辅助沟通系统的过程中更是需要将个别化原则渗透在每一个细节中。例如，若患有智力障碍的甲同学还患有弱视，沟通版面字号可能就要很大，如果他认知能力较差，在进行版面设计时就可能偏向图片的运用；若患有智力障碍的乙同学因肢体残疾不方便操作操作板，我们就可以为他提供嘴杖等辅具。总之，坚持遵守个别化原则，以满足不同个体的需求。

四、在智力障碍儿童中应用辅助沟通系统的作用

辅助沟通系统可以帮助智力障碍儿童沟通，在各方面改善他们的生活品质。简单地说，有下列几个作用。

（一）发展认知和口语能力

辅助沟通系统中包含了大量的沟通符号和语言结构，使用的过程也是学习的过程。智力障碍儿童在操作的同时，也提高了认知和口语能力。

（二）改善人际关系

辅助沟通系统帮助智力障碍儿童进行基本的人际沟通。沟通可以有效减少误会，改善人际关系。

（三）发展更多的独立自主能力

使用辅助沟通系统能使智力障碍儿童对生活有更多的控制能力，有选择与决定

权，表达自己对较独立生活的需要。

（四）参与家庭生活

使用辅助沟通系统后，因为容易被家人理解，智力障碍儿童可以减少个人在家庭中的挫折感，以及攻击他人、损伤自我的行为，促进家庭气氛的和谐，并可逐渐发展生活自理的技巧。

（五）参与教育活动

沟通活动是教育学习的一个重要部分。使用辅助沟通系统可以增加智力障碍儿童接受教育的机会。

要点回顾

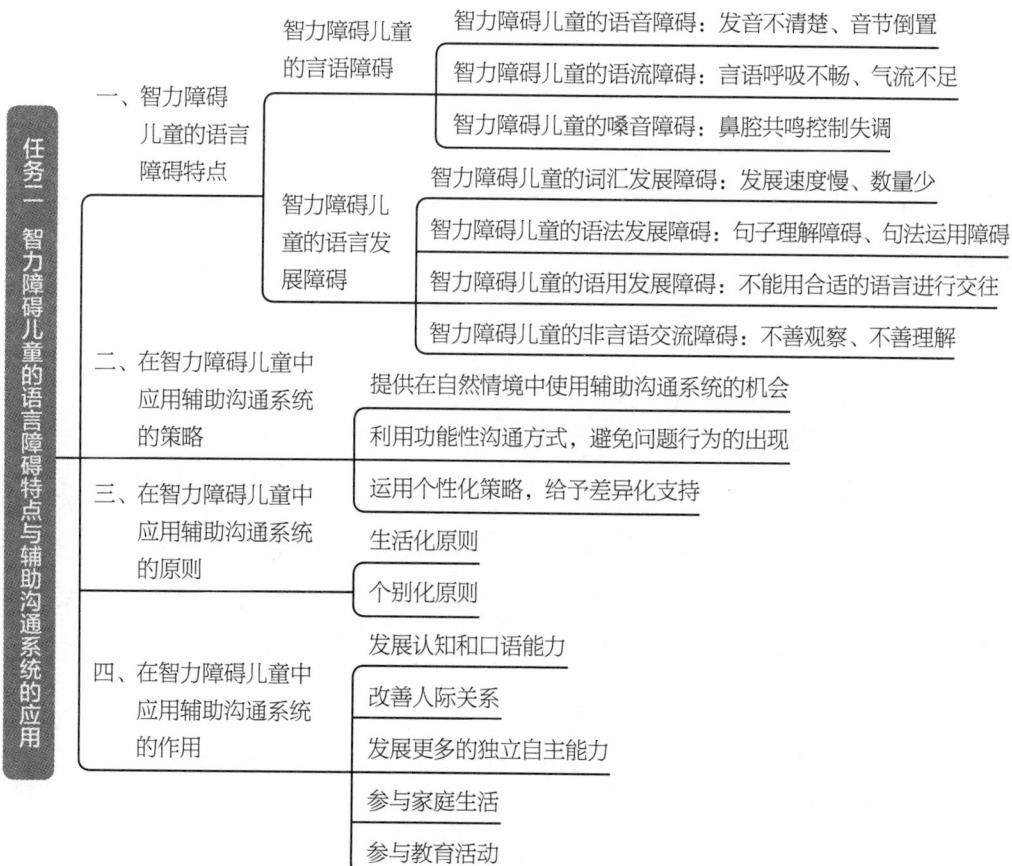

检测与思考 ·····▶

1. 智力障碍儿童的语言障碍特点是什么？

2. 在智力障碍儿童中应用辅助沟通系统的策略有哪些？

3. 在智力障碍儿童中应用辅助沟通系统的原则有哪些？

4. 应用辅助沟通系统对智力障碍儿童有怎样的帮助和
作用？

单元六任务二
检测与思考参考答案

▶ 任务三
应用案例分析

问题情境···▶

　　对于有沟通需求但无语言或少语言的智力障碍儿童来说，应用辅助沟通系统可以开启与他人的沟通，这是他们进行其他一切活动的基础。在前面的任务中，我们已经了解了智力障碍儿童的特点以及在这一群体中应用辅助沟通系统的原则。那么，在实践中具体要怎样去做呢？这部分内容将详细地介绍一个关于智力障碍儿童使用辅助沟通系统的完整案例。

一、基本资料

　　明明，7周岁，就读于培智学校二年级。智力障碍，做过腺体手术。母亲怀孕8个月时发现胎儿发育得不是很好，抱有侥幸心理，生产后，医生并无有效治疗方案。3周岁进入普通幼儿园，未在相关机构进行过训练。后进入特殊学校接受教育。主要照顾者是奶奶，爸爸妈妈工作都很忙，妈妈偶尔管学习。

二、综合评估

（一）感知觉

　　视觉：视觉能力正常，能看到教师上课用的图片、文字，能看到一体机上的文字，在移动的环境中能看到指定的物品。

听觉：听觉能力正常，在课堂上，对播放的儿歌声频、视频等声音都有反应，非常喜欢听歌。

味觉：喜欢吃零食，尤其喜欢吃甜食，就餐时喜欢吃比较软的菜，很挑食。

触觉：触觉正常，怕疼，有疼痛刺激时会反抗。

（二）动作能力

粗大动作：能够正常走、跑、跳，姿势控制能力较好，但由于矮小，姿势有点异常。会拍球、踢球、抛球，会翻滚、爬等。

精细动作：精细动作发展较差。只能用手掌握住蜡笔、铅笔等，会用勺子吃饭，能够拼插雪花片。

（三）语言能力

语言理解：能够理解日常生活用语，理解教师和家人生活中的问答，但课堂上的内容经常理解不了。

口语表达：能够进行简单的口语表达，会说如好、帮帮、唱歌歌、吃饭、要等表达基本需求的词语。

非口语表达：依靠动作来表达，表情变化不大。

（四）认知能力

注意力：注意力很差，上课时不知道教师在问什么。

理解力：基本没有文字理解能力，不认识文字。对数字的理解能力也较差，数概念处在点数阶段，能从1数到10。能够听懂教师和家长的指令，能听懂多重指令。不认识颜色。

符号接受能力：能分辨事物和图片并进行简单的配对，认识图卡，但不认识文字。

游戏能力：以身体游戏为主，对部分常见的生活用品也能产生功能性玩法。

（五）沟通能力

形式：身体语言较多，辅助手势。

功能：能表达需求和拒绝。

意图：要玩玩具、吃东西，或满足他的刻板意愿。

效果：爸爸妈妈或者熟悉的人可以理解，同学不理解，部分教师不理解，不与教师和同学沟通。

（六）情绪

情绪很稳定，只有在部分刻板行为出现且不能被满足时才出现焦虑情绪。喜欢听表扬的话语，不喜欢听批评的话语，不愿意接受新环境及新朋友。若感觉不安全，就会出现焦虑情绪。

（七）兴趣爱好

通过向家长调查以及教师自身的观察评估，该生喜欢如下方面。

社会性强化物：喜欢被称赞可爱，喜欢被称赞聪明。

消费性强化物：巧克力、薯片。

活动性强化物：玩球，去感统室玩，去商场吃饭（吃面条）。

拥有性强化物：手机。

操作性强化物：球。

（八）生活自理能力

有部分生活自理能力，但由于家长过于溺爱，除了自己吃饭，在家从不需要自己做任何事情。有时候还是由奶奶喂饭，有时候喂饭也不吃。在学校能够自己吃饭，自己拿被子，自己独立上厕所，拉裤子时需要他人部分辅助。

（九）一日活动描述

上课时间：白天在学校上课，上午三节，下午两节，中午午休。课堂上精神不集中，喜欢在下面搞小动作，曾经在上课期间，在第一排偷偷吃东西。喜欢运动，喜欢玩球，喜欢听音乐，所以喜欢感统课、体育课和音乐课，音乐课上注意力比较集中。

休闲时间：课间不喜欢和同学一起玩，即使同学拉他，他也无视同学的存在。偶尔翻看绘本，大部分时间乖乖待在教室里。如果教师为同学们兑换五角星并给予奖励，他会自动出现在教师面前，伸出手，不说话。如果教师不给，他会主动说"要"。周末在家，偶尔跟妈妈去商场里玩，顺便吃个面，大部分时间跟奶奶在家。

吃饭时间：中午吃饭时能够安静等待，很挑食，自己用勺子吃饭，喜欢吃白米饭和软一点的菜，还喜欢吃酱油汤。如果没有合适的菜，就只吃白米饭。如果教师严格要求吃下，就吃，然后不吞咽，最后作呕。（表6-3）

表6-3　明明的一日活动描述

时间	活动	沟通需求
7:00—8:30	起床，奶奶打理生活，走路去上学	向奶奶提吃什么的要求（一般情况下不吃早饭）
8:20—8:30	在大厅等候	向值周教师问好
8:30—8:40	进教室，晨读	向班主任问好
8:40—9:25	早操与知觉动作训练	向其他教师、同学问好，回答问题等
上课时间	上课	回答教师的问题，与同学一起游戏
下课时间	玩耍、看书、兑换奖励	要求教师兑换奖励，和同学一起玩耍
眼操时间	做眼保健操	和教师说上厕所或者喝水
午饭时间	吃饭	要求加饭或者喝汤
午饭前	自由活动	和同学一起玩游戏
放学时间	收拾东西并放学	和教师说再见及和奶奶打招呼
放学后	回家听音乐，在家里跑跑跳跳	和奶奶交流

（十）强化物

喜欢听儿歌，喜欢吃海苔、虾条，喜欢喝牛奶等。

三、个性化方案的实施

（一）第一阶段

1. 介入目标

（1）使用图片激发沟通的动机

①使用图片来表达对物品的需求。

②使用图片构成简单句子来表达需求。

（2）使用语音沟通板提高语言表达能力

①使用语音沟通板上能够达到目的词语。

②使用语音沟通板构成句子来表达需求。

（3）使用语音沟通板进行简单沟通

①使用语音沟通板点读句子。

②使用语音沟通板参与活动，活动中表达需求并维持对话4个回合。

2. 介入策略

沟通符号：图片、实物。

沟通辅具：5 cm × 5 cm的图卡12个，语音沟通板一个，12格版面两个。

沟通策略：在教室等自然情境下学习和强化，设计活动，直接教学、游戏，逐步泛化。

3. 介入活动——奖品兑换

明明是培智学校二年级的学生，班级中同学的认知水平相对较好。教学重点是培养他的生活适应能力。他所在的班级有一个活动代币机制，所有上课教师都会根据学生的课堂表现情况给予其五角星奖励，一定数量的五角星可以兑换相应的奖品。因此，第一阶段的活动设计为"奖品兑换"。

（1）版面的设计（图片+文字）

版面的设计如图6-1所示。

版面设计说明：由于明明之前未使用过辅助沟通系统及任何沟通辅具，所以，首先使用12格的语音沟通板。按照单元五介绍的颜色编码进行按键颜色的编排。

老师	虾条	牛肉粒	薯片		老师	玩玩具	玩雪花片	看绘本
我要	饮料	牛奶	谢谢		我要	吹泡泡	玩滑梯	谢谢
饼干	巧克力	果冻	请帮忙		玩乐高	涂色	搭积木	请帮忙

图6-1　版面的设计

（2）活动的对话脚本

①场景一。

师：明明，你要什么？

生：我要牛肉粒/果冻/巧克力/饼干。

师：好的，给你。

②场景二。

师：明明，你要什么？

生：老师，我要牛肉粒/果冻/巧克力/饼干。

师：好的，给你。

③场景三。

师：明明，你要什么？

生：老师，我要牛肉粒/果冻/巧克力/饼干。

师：好的，给你。

生：谢谢。

4. 介入过程

（1）选取活动需要的功能性词汇

找出名词、动词、社交词分别是什么，并进行教授。

（2）构句教学和构句练习

①我要牛肉粒/果冻/巧克力/饼干。

②老师，我要牛肉粒/果冻/巧克力/饼干。

③老师，我要牛肉粒/果冻/巧克力/饼干。谢谢。

（3）实际生活中的泛化

通过教学和练习，明明基本掌握了"奖品兑换"活动中涉及的词语和句子。教师创设多种场景供明明练习本次的脚本对话，然后在明明的实际生活中运用辅助沟通系统进行训练。

（4）反思

第一阶段结束后，反思出现的问题及评估目标的达成情况。根据具体情况进行第二阶段的准备。

（二）第二阶段

1. 介入目标

（1）使用图片进行词汇练习

①使用语音沟通板上的图片进行图片配对。

②听熟悉的人说出词语，指认图片。

（2）使用语音沟通板进行沟通训练

①将按压语音沟通板组成的句子和听到的句子进行配对。

②听熟悉的人说出句子，并在语音沟通板上按压。

（3）使用"听说我"应用程序进行简单沟通

①使用"听说我"应用程序点读句子。

②使用"听说我"应用程序参与活动，活动中表达需求并维持对话4个回合。

2. 介入策略

沟通符号：图片、实物。

沟通辅具：5 cm × 5 cm的图片12个，语音沟通板一个，12格的版面两个，"听说我"应用程序。

沟通策略：在教室等自然情境下学习和强化，设计活动，直接教学、游戏，逐步泛化。

3. 介入活动——课间玩耍

明明喜欢玩玩具。他所在班级的学生课间进入不同区域玩耍时需要征得班级教师的同意，这培养了他们社会性的礼貌行为，使他们学会了使用礼貌用语。在应用辅助沟通系统前对强化物的调查中发现，明明喜欢玩雪花片、玩乐高、看绘本等。所以，第二阶段的活动设计为"课间玩耍"。

活动的对话脚本如下。

①场景一。

师：明明，你要做什么？

生：我要吹泡泡/玩乐高/玩雪花片/搭积木/涂色/看绘本。

师：可以的。

②场景二。

师：明明，你要做什么？

生：老师，我要吹泡泡/玩乐高/玩雪花片/搭积木/涂色/看绘本。

师：可以的。

③场景三。

师：明明，你要做什么？

生：老师，我要吹泡泡/玩乐高/玩雪花片/搭积木/涂色/看绘本。请帮忙。

师：可以的。

④场景四。

师：明明，你要做什么？

生：老师，我要吹泡泡/玩乐高/玩雪花片/搭积木/涂色/看绘本。请帮忙。

师：可以的。

生：谢谢。

4. 介入过程

（1）选取活动需要的功能性词汇

找出名词、动词、社交词分别是什么，并进行教授。

（2）构句教学和构句练习

①我要吹泡泡/玩乐高/玩雪花片/搭积木/涂色/看绘本。

②老师，我要吹泡泡/玩乐高/玩雪花片/搭积木/涂色/看绘本。

③老师，我要吹泡泡/玩乐高/玩雪花片/搭积木/涂色/看绘本。请帮忙。

④老师，我要吹泡泡/玩乐高/玩雪花片/搭积木/涂色/看绘本。请帮忙。谢谢。

（3）实际生活中的泛化

通过教学和练习，明明基本掌握了"课间玩耍"活动中涉及的词语和句子。教师创设多种场景供明明练习本次的脚本对话，然后在明明的实际生活中运用辅助沟通系统进行训练。

四、案例后效

本案例的辅助沟通系统教学过程一共分为两个阶段，每一个阶段通过四个部分进行展示：介入目标、介入策略、介入活动和介入过程。在第二个阶段的训练中，个案能够熟练掌握沟通板、应用程序，获得了沟通带来的乐趣，知道沟通辅具与他要表达的想法之间存在连接，提高了自信，激发了沟通动机。经过两个阶段以及后续的学习，个案已经能使用不同的沟通辅具在合适的场合与身边的人进行沟通交流了。

要点回顾 ·······▶

```
                              一、基本资料 ──────┐
                                                  │                视觉
                                                  │          ┌─────────────┐
                                                  │          │    听觉     │
                                         感知觉 ──┤          ├─────────────┤
                                                  │          │    味觉     │
                                                  │          ├─────────────┤
                                                  │          │    触觉     │
                                                  │
                                                  │                粗大动作
                                         动作能力 ┤          ┌─────────────┐
                                                  │          │  精细动作   │
                                                  │
                                                  │                语言理解
                                         语言能力 ┤          ┌─────────────┐
                                                  │          │  口语表达   │
                                                  │          ├─────────────┤
                                                  │          │ 非口语表达  │
                                                  │
                                                  │                注意力
                                                  │          ┌─────────────┐
                                                  │          │   理解力    │
                                         认知能力 ┤          ├─────────────┤
任务三  应用案例分析   二、综合评估 ─────────────┤          │符号接受能力 │
                                                  │          ├─────────────┤
                                                  │          │  游戏能力   │
                                                  │
                                                  │                形式
                                                  │          ┌─────────────┐
                                                  │          │   功能      │
                                         沟通能力 ┤          ├─────────────┤
                                                  │          │   意图      │
                                                  │          ├─────────────┤
                                                  │          │   效果      │
                                                  │
                                         情绪 ─────┤               社会性强化物
                                                  │          ┌─────────────┐
                                                  │          │消费性强化物 │
                                         兴趣爱好 ┤          ├─────────────┤
                                                  │          │活动性强化物 │
                                                  │          ├─────────────┤
                                                  │          │拥有性强化物 │
                                                  │          ├─────────────┤
                                                  │          │操作性强化物 │
                                                  │
                                         生活自理能力
                                                  │
                                         一日活动描述
                                                  │
                                         强化物
```

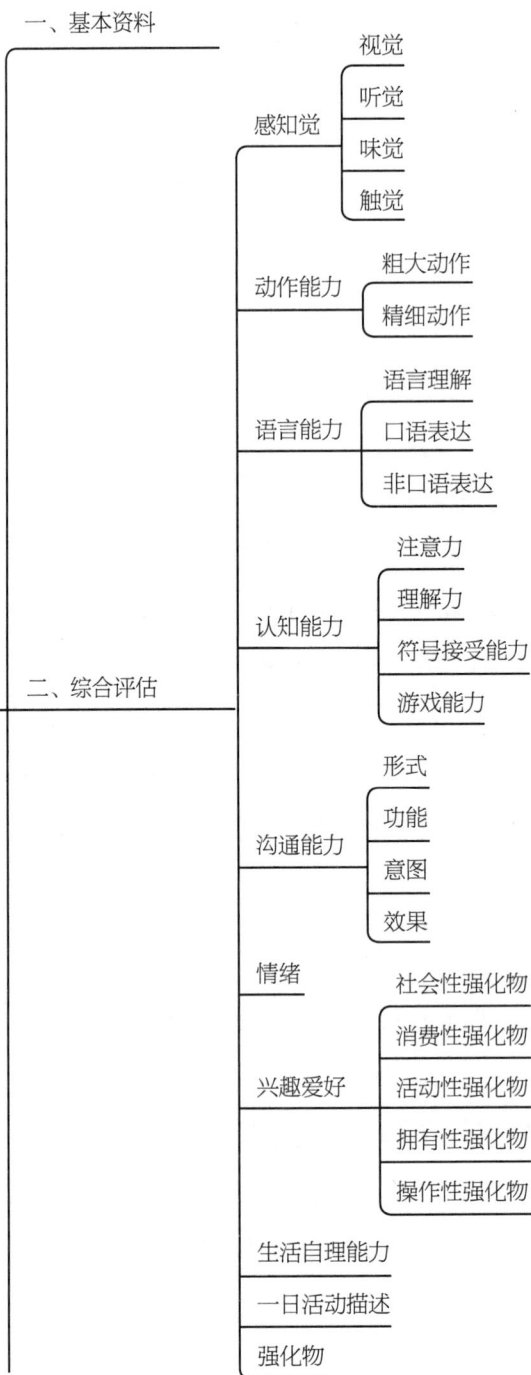

使用图片激发沟通的动机

介入目标 — 使用语音沟通板提高语言表达能力

使用语音沟通板进行简单沟通

沟通符号

介入策略 — 沟通辅具

沟通策略

第一阶段

版面的设计（图片+文字）

介入活动 — 活动的对话脚本

选取活动需要的功能性词汇

介入过程 — 构句教学和构句练习

实际生活中的泛化

反思

三、个性化方案的实施

使用图片进行词汇练习

介入目标 — 使用语音沟通板进行沟通训练

使用"听我说"应用程序进行简单沟通

沟通符号

介入策略 — 沟通辅具

沟通策略

第二阶段

介入活动

选取活动需要的功能性词汇

介入过程 — 构句教学和构句练习

实际生活中的泛化

任务三　应用案例分析

四、案例后效

检测与思考 ·····▶

1. 智力障碍儿童应用辅助沟通系统时需要做哪些前期评估?

2. 针对智力障碍儿童的个性化方案的具体实施主要分为几步?

3. 收集一个智力障碍个案,并为其设计一个应用辅助沟通系统的计划。

单元六任务三
检测与思考参考答案

参考文献 ·····▶

陈强,徐云. 辅助沟通系统及实用技术. 北京:科学出版社,2011.

陈小娟,张婷. 特殊儿童语言与言语治疗. 南京:南京师范大学出版社,2015.

方俊明. 特殊教育学. 北京:人民教育出版社,2005.

单元七 · 辅助沟通系统在脑瘫儿童中的应用

导　语

　　阿娟是一名脑瘫患者，上肢不能行动。在还不知道眼控是什么的时候，她用脚来操作电脑，每打一个字都必须抬起头看一下屏幕，检查是否有错字。后来，她在一家康复治疗机构接触到眼控设备。她可以利用这台特别的计算机，去做很多很多以前做起来没那么轻松的事情，和朋友聊天时，她也不会跟不上其他人的语速了。眼控设备给阿娟带来的最大改变，是她的自卑心理变得不再那么严重。（图7-1）

　　像阿娟这样的脑瘫患者还有很多，使用合适的辅助沟通系统可以帮助他们提升沟通能力，更好地融入社会。在本单元，我们将探讨脑瘫的基本概念、脑瘫儿童的沟通问题，以及通过具体案例说明如何实现辅助沟通系统在脑瘫儿童中的应用。

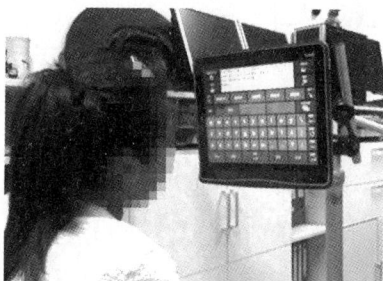

图7-1　阿娟使用眼控设备

学习目标

1. 了解脑瘫的定义。
2. 知道脑瘫儿童沟通障碍的特点与原因。
3. 了解在脑瘫儿童中应用辅助沟通系统的策略、原则与注意事项。

知识导览

单元七 辅助沟通系统在脑瘫儿童中的应用

- 任务一　脑瘫的基本概念
  - 一、脑瘫的定义
  - 二、脑瘫儿童的类型和特征
  - 三、脑瘫的发病率

- 任务二　脑瘫儿童的沟通障碍特点与辅助沟通系统的应用
  - 一、脑瘫儿童沟通障碍的特点与原因
  - 二、应用辅助沟通系统前的评估
  - 三、应用辅助沟通系统时的策略、原则与注意事项

- 任务三　应用案例分析
  - 一、基本资料
  - 二、能力评估
  - 三、目标和方案
  - 四、策略选择
  - 五、干预实施
  - 六、效果评估

扫码学习

▶ 任务一
脑瘫的基本概念

问题情境…▶

究竟什么是脑瘫？不同类别的脑瘫是由哪些原因造成的呢？目前脑瘫的发病率又是怎样的呢？通过对本任务的学习，我们将对脑瘫的基本概念有初步的认识。

一、脑瘫的定义

脑性瘫痪（Cerebral Palsy，CP），简称脑瘫，它不是一种特定疾病，而是一组持续存在的症候群或综合征，是由于脑部受到非进行性损伤所致的。2014年4月，第六届全国儿童康复、第十三届全国小儿脑瘫康复学术会议暨国际学术交流会议通过了我国脑性瘫痪的定义："脑性瘫痪是一组持续存在的中枢性运动和姿势发育障碍、活动受限症候群，这种症候群是由于发育中的胎儿或婴幼儿脑部非进行性损伤所致。"非进行性指的是损伤的区域范围不会继续扩大进而累及其他部分的脑区。也就是说，脑损伤不像脑肿瘤和代谢遗传病那样会不断恶化，病情持续加重。脑瘫儿童大脑损伤的部分是不会继续向其他区域发展的，并且区域位置相对固定。

脑瘫最显著的问题是运动障碍，且常伴有感觉、知觉、认知、交流和行为障碍，以及癫痫和继发性肌肉、骨骼问题。这些问题持续存在并贯穿患儿终生，其严重程度存在明显的个体差异（从可跑跳或独立行走到不能坐、不能翻身、不能抬头）。随着患儿年龄的增长，由于运动神经元损伤、肌肉与骨骼生长速度不匹配、活动受限等诸多问题，软组织僵硬、关节挛缩、长骨扭转、髋关节脱位和脊柱侧弯等情况也很容易出现。目前脑瘫还无法治愈，也没有明确的策略可以预防，对症的康复手段可以帮助脑瘫儿童改善障碍表现，但是仍然没有统一的推荐治疗方案（中华医学会儿科学分会康复组，2019）。

|拓展知识|

脑瘫的诊断

当前脑瘫的诊断标准包含4项必备条件与2项参考条件。其中，4项必备条件均满足才可被诊断为脑瘫，而2项参考条件可以为寻找病因提供帮助。

必备条件：

①中枢性运动障碍持续存在。

②运动和姿势发育异常。

③反射发育异常。

④肌张力及肌力异常。

参考条件：

①引起脑性瘫痪的病因学因素。

②头颅影像学作证（磁共振、CT、B超）。

二、脑瘫儿童的类型和特征

脑瘫儿童的病因（先天或后天）和特点的差异很大。临床上，约40%的脑瘫患儿不能独立行走，超30%的患儿合并癫痫，超30%的患儿伴有语言障碍，约20%的患儿有喂养问题，50%以上的患儿存在一定程度的认知障碍。有研究者对脑瘫的不同类型以及对沟通能力的影响进行了归纳（曾线，2010）。具体类型及对应特征如表7-1、表7-2、表7-3所示。

表7-1　脑瘫按临床特点分类

类别	特征	比例
痉挛型	常由过度敏感的"牵引反射"引起，多数损害并不限于脑部支配的某一块肌肉的区域，受累范围比较广，大脑支配的整个身体部分都会受累，特点是肌肉收缩过紧	70%~80%
手足徐动型	肌肉不随意志控制不自主运动，身体像在不断自发性扭动一样，并由躯干呈波浪状地扩及四肢；面部肌肉出现不规则局部收缩，表现出怪异表情	10%~15%

续表

类别	特征	比例
强直型	被动运动有抵抗，抵抗的肌张力均匀增强且有伸展与屈曲两个方向，关节周围的肌肉运动十分困难且缓慢，被动运动的抵抗在缓慢运动时最强，没有不随意志控制的运动	—
共济失调型	因小脑受损造成患者对空间知觉判断能力的缺失，肌肉收缩能力低下且不准确，躯干与四肢不协调，步态蹒跚，面部表情僵硬，有平衡功能障碍	1%～3%
震颤型	身体的某一部分在一个平面内不随意地、节律性地摇动，个体表现为发抖，并且持续地做往返运动。静止性震颤粗大而有节律，有意识运动时可暂时被抑制，多见于上肢。动作性震颤在运动时加重，主要有眼球震颤	—
肌张力低下型	个体肌肉无力，浑身瘫软，不能站立行走，缺乏自主动作，运动障碍明显，关节活动幅度过大，但腱反射活跃，可出现病理反射，常伴有失语及智能低下	10%～15%
混合型	包含两种或两种以上的神经肌肉受损	—

表7-2　脑瘫按瘫痪部位分类

类别	特征	比例
单瘫	四肢中的一肢出现瘫痪，可由周围神经病变及中枢神经病变引起。个体肌肉萎缩明显，腱反射减弱或消失，有感觉障碍、疼痛、血管运动障碍及营养障碍等症状和体征	—
截瘫	双下肢瘫痪。以痉挛型为主。个体呈剪刀步态或交叉步态	—
偏瘫	一侧的上下肢瘫痪。以痉挛型为主，少有手足徐动型。一般上肢更为严重	20%～30%
双侧瘫	四肢肌肉均瘫痪，一般下肢更为严重，多见于早产儿	30%～40%
三肢瘫	三肢瘫痪	—

续表

类别	特征	比例
四肢瘫	四肢及躯干肌肉均瘫痪，多见于缺氧性脑病变，同时会伴有多种类型的感觉障碍	10%～15%
双重性瘫痪	四肢瘫痪。一般双上肢较双下肢更为严重，某一侧更严重	—

表7-3 脑瘫按障碍程度分类

类别	特征	比例
轻度	症状轻微，有自理能力，日常生活中无须依赖他人或穿戴支架即可完成出行	10%～15%
中度	日常生活中需要部分依赖他人帮助，治疗后需穿支架才能完成步行和其他日常活动	50%～60%
重度	症状严重，治疗难度大，难以独立生活，终生需要依赖他人，时常伴有语言、智力等各种并发问题	70%～80%

三、脑瘫的发病率

脑瘫的发病率在世界范围内为1.5‰～4‰，平均为2‰。关于脑瘫发病率的趋势，各国报道不一。我国幅员辽阔，各地经济发展、生活水平及医疗条件差别很大。根据李晓捷、邱洪斌、姜志梅等人（2018）对十二省市小儿脑性瘫痪流行病学特征的调查，2018年，我国1～6岁儿童脑瘫的发病率为2.48‰。河南、陕西、安徽、青海和重庆的发病率均高于北京。其中，男童发病率为2.64‰，女童发病率为2.25‰。

保守估计，我国0～14岁儿童中，至少有脑瘫患儿500万人。近年来，随着产科技术、围产医学、新生儿医学的快速发展，新生儿死亡率明显下降的同时，也出现了脑瘫发病率提高和脑瘫类别、严重程度发生改变的情况。其病因越发复杂，临床表现多样，且伴有多种合并症，给患儿家庭和社会带来了沉重负担。

要点回顾 ·····▶

一、脑瘫的定义　　脑性瘫痪是一组持续存在的中枢性运动和姿势发育障碍、活动受限症候群，这种症候群是由于发育中的胎儿或婴幼儿脑部非进行性损伤所致

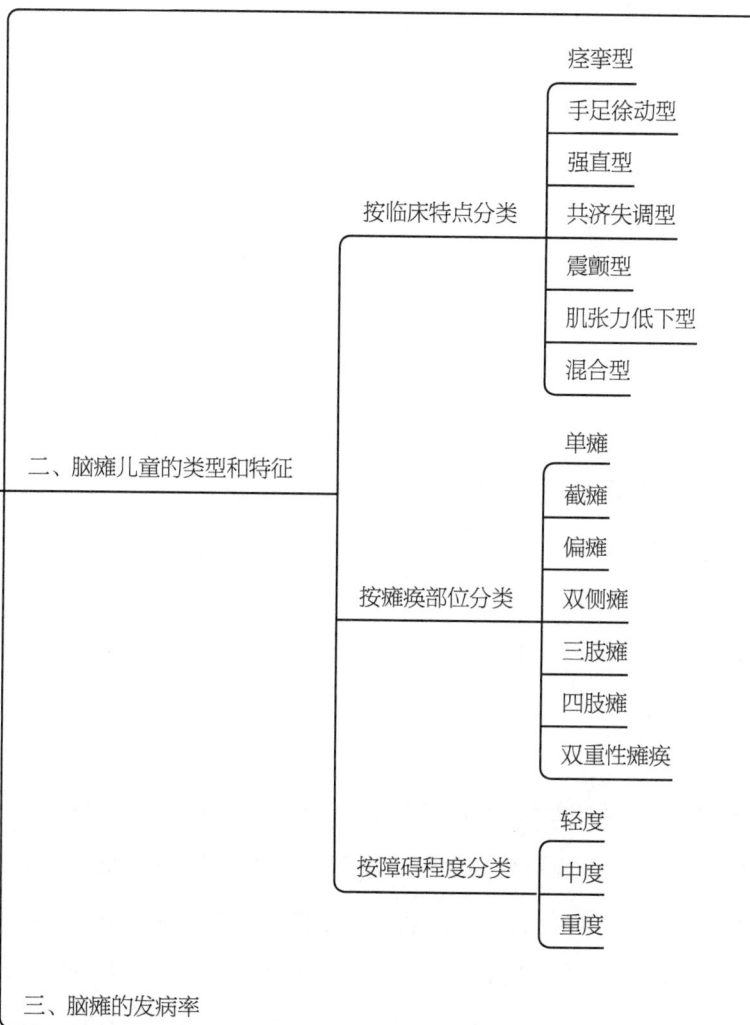

任务一　脑瘫的基本概念

二、脑瘫儿童的类型和特征

按临床特点分类
- 痉挛型
- 手足徐动型
- 强直型
- 共济失调型
- 震颤型
- 肌张力低下型
- 混合型

按瘫痪部位分类
- 单瘫
- 截瘫
- 偏瘫
- 双侧瘫
- 三肢瘫
- 四肢瘫
- 双重性瘫痪

按障碍程度分类
- 轻度
- 中度
- 重度

三、脑瘫的发病率

检测与思考 ·····▶

1. 脑性瘫痪的定义是什么？

2. 脑瘫有哪些类型？

3. 我国脑瘫儿童的发病率是多少？

单元七任务一
检测与思考参考答案

▶ 任务二
脑瘫儿童的沟通障碍特点与辅助沟通系统的应用

问题情境···▶

　　10岁的小华是因新生儿黄疸导致的混合型脑瘫患儿，辅助沟通系统团队为他选择了抓握式点读笔作为沟通辅具，主要培养他表达需求的能力和社交礼仪；为7岁患肌张力低下型脑瘫的小红选择了更适合她的固定于轮椅上的辅助沟通板。我们可以发现，即使都是脑瘫儿童，临床表现不同，辅助沟通系统团队选择的辅助沟通方式也不同。那么，不同类型的脑瘫儿童有哪些沟通障碍特点？如何有针对性地应用辅助沟通系统来帮助他们提升沟通能力呢？

一、脑瘫儿童沟通障碍的特点与原因

（一）脑瘫儿童沟通障碍的特点

　　沟通并不是一种单一的技能，而是包含了语言、认知以及社会互动等多种技能的组合能力。沟通技能可以分为主动性沟通技能以及反应性沟通技能，也可以分为接收性沟通技能及表达性沟通技能。由于沟通技能牵涉的范围很广，因此，学者对其影响因素有不同的看法。陈强、徐云（2011）对不同角度下影响沟通技能的观点做出了总结：从沟通信息处理的角度出发，影响沟通历程中的接收、组织以及表达的因素，都将影响沟通技能；从发展的角度出发，语言发展是一连串的发展过程，干扰阶段发展的因素都将对沟通技能产生影响。总之，沟通是彼此传达信息、思想或感觉的复杂过程，而使用沟通技能的主要目的在于参与社会互动。因此，良好的沟通技能要求在人际互动中能适时地主动表达，以及对他人的表达做出适当的反应。

　　任何人都不能离开沟通独自生活。沟通的方式多种多样，使用语言、肢体动作和文字等都可以达到沟通的目的。除了基本的运动障碍问题外，有73.8%的脑瘫儿童都有着程度不一的语言沟通障碍（陈强、徐云，2011），无法独立、准确地将自己想表达的内容传递给他人。脑瘫儿童的沟通障碍主要表现为以下几点。

1. 姿势障碍

说话离不开呼吸、发音共鸣等，且构音机制必须依赖头部、颈部及躯干的控制。颈部、头部及躯干的姿势和平衡控制障碍，常是导致脑瘫儿童在说话时出现问题的原因。

2. 声音异常

人声正常地发出，需要吸气、呼气的动作，配合咽喉活动，并由耳朵追踪声音。而脑瘫儿童的某些反射（如声门的打开及关闭反射）不成熟。

3. 构音异常

痉挛型、手足徐动型及共济失调型脑瘫儿童常会出现构音异常。痉挛型脑瘫儿童可能在发音时表现出声带过紧或过松；手足徐动型脑瘫儿童在说话前可能会不受控制地发出一两个音；而共济失调型脑瘫儿童则构音较慢、笨拙及不正确。

4. 语言异常

脑瘫儿童的语言发展更为迟缓，因此，许多脑瘫儿童用社交性的手势和模仿性的话语作为自己的主要沟通方式。他们可能只会表达想要什么，而很少进行与他人的对话交流及说故事式的讲述。

（二）脑瘫儿童沟通障碍的原因

我们已经了解到脑瘫儿童的个体差异很大，不同类型的脑瘫儿童症状表现各不相同，因此，造成沟通障碍的原因也难以一语道尽。周围和中枢神经的损伤会引发各种沟通问题，而认知、生理和社会等各种因素之间复杂的交互作用更影响了语言沟通能力的发展。脑瘫儿童的运动神经与感觉神经缺陷造成沟通上不同程度的障碍，具体表现为慢、不顺、不规则、吃力或费力、清晰度不佳。即使脑瘫儿童外部特征相同，他们沟通能力的差异也很大。

1. 智力障碍

脑瘫儿童多行动困难，缺少与其他事物接触的机会，许多知识需由经验累积而得，而这种接触事物的缺乏会使儿童缺失经验的积累，故儿童常因学习迟缓不前而表现出智力障碍的行为特征。75%的脑瘫儿童伴随着轻、中、重不等程度的智力障碍，对沟通情境的认识、对听觉刺激的吸收、对口语表达中语音的记忆学习比较缓慢。所以，智力与语言沟通能力的发展息息相关，对脑瘫儿童的语言训练必须反复进行。

2. 知觉异常

脑瘫儿童常伴随视觉、听觉和触觉的异常。视觉的缺陷既影响对环境的观察，又限制视觉渠道的学习方式的使用，影响认知的发展，间接导致语言沟通发展迟滞；幼儿期的语言学习方式以听为主，听觉渠道失灵，则语言学习越发困难；触觉异常的儿童，口腔及周围部位若过度敏感或迟钝，则口腔协调上易产生问题。

3. 运动中枢障碍

观察脑瘫儿童口腔的说话机能，我们会发现存在严重的结构和功能异常。结构异常指说话时物理构造变形。在呼吸方面，常见的问题是胸骨两侧第九到第十二对肋骨位置处的肋廓外突；在发声方面，喉咙的位置、大小、形状不对（太高或低），肌肉对甲状软骨的不正常牵拉造成喉结异常突出、硬腭异常高；在构音方面，舌头或下颌肌肉挛缩、咬合不正，牙釉质有缺点。运动中枢受损会影响呼吸、发声、构音、共鸣和肢体动作，连带影响吸吮、咀嚼、吞咽等。

4. 中枢神经系统障碍

周围神经系统决定和沟通有关的感觉，这些神经通过感受器和外界直接接触。脑瘫的神经病理几乎完全由中枢神经系统的伤害所致。任何沟通的动作都牵涉中枢神经的神经元，下至延脑，上达大脑皮质。因此，只要其中任何一个部位发生了神经病变，沟通的神经肌肉动作都会受到影响。

5. 语言障碍

多数脑瘫儿童有多重障碍、运动不协调的问题，这大大地限制了他们对环境的探索，其认知发展也受到不利的影响。他们可能因为中枢神经系统的认知成分遭到破坏而造成智力障碍，由于认知发展和语法之间的关联颇大，而认知发展和语义之间的相关度更高，所以认知有缺陷的儿童的高层次语言功能也有较大的问题。运动与经验之间，经验、认知与语言之间都有紧密的关系。在认知与语言发展过程中，提供辅助方式来补偿运动和经验的限制是相当重要的。

二、应用辅助沟通系统前的评估

为了更有效地应用辅助沟通系统训练脑瘫儿童，我们必须进行全面而又细致的评估，主要包括对脑瘫儿童的评估、沟通辅具的选择、训练方法的选择。

（一）对脑瘫儿童的评估

1. 手部功能

使用沟通辅具时，大部分情况下都需要用手来操作。准确地评估儿童的手部功能，如按、拍、捏、指、拿以及旋腕等，这对使用沟通辅具有直接影响。

2. 语言程度

根据脑瘫儿童语言障碍的程度（即轻度、中度、重度），决定使用哪种沟通辅具。

3. 认知能力

模仿学习是儿童认知学习的最初阶段，因此，首先要评估脑瘫儿童的模仿能力。动作模仿的程度不同，沟通辅具的操作难易程度也就不同。

此外，沟通辅具多以图片来帮助儿童达到沟通目的，因此还需要评估儿童的识图能力，包括分类和辨别图片的能力。之后，再据此选择适合的图片（彩色图、黑白图或文字卡片）并设计沟通辅具的版面。

（二）沟通辅具的选择

在为脑瘫儿童选择沟通辅具进行训练时，常要根据其需求配备坐姿矫正系统、立位辅助器具、移动用辅助器具等。比如，学习型坐姿椅，通过为患者量身定制，改善其异常姿势，协助稳定躯干。由于脑瘫儿童有运动功能障碍，通常将沟通辅具与学习辅具相结合，如把沟通板固定在学习椅上。这样可以减轻脑瘫儿童肢体上的负担，更有利于脑瘫儿童将注意力集中于沟通学习上。

脑瘫儿童的表现形式复杂，使用何种沟通辅具并没有统一的标准。不同类型的脑瘫儿童需要不同的沟通辅具，通常因具体情况具体设计，常见的有眼动沟通辅具、声控沟通辅具、触控沟通辅具等。由于脑瘫儿童有运动功能障碍并伴随构音功能障碍，触控沟通辅具和声控沟通辅具并不能在所有情况下适合脑瘫儿童，因此最常用的是眼动沟通辅具。

眼动沟通辅具主要涉及眼控平板电脑一体机、头控仪、单/双目眼控仪以及配件等，适用于大部分运动功能受损、语言功能受损的脑瘫儿童。脑瘫儿童可以通过眼动沟通辅具进行文字输入（并可切换为语音输入），实现自我表达。

（三）训练方法的选择

脑瘫儿童的个体差异较大，因此要结合儿童的具体症状类型、特点以及评估的结果，有针对性地进行训练方法的选择和训练方案的设计。下面就不同程度的脑瘫儿童利用语音型沟通板开展语言沟通训练作具体介绍。

1. 训练轻度脑瘫儿童

训练时，可以把沟通板当作一个便携式录音机来用。例如，在教儿童学习"橘子"这个名词时，先让儿童模仿发音，然后利用沟通板的录音功能把他的声音录制下来，并放给儿童自己听，目的是让儿童清楚地听到自己正确和不正确的发音，并及时纠正和练习，还可以对照图片增加记忆，如图7-2所示。当儿童听到自己的声音时，他的表情是新奇的、兴奋的，他会很快融入训练，跟着发音进行模仿。听觉反馈的方法，大大提高了儿童训练的兴趣和效果，如图7-3所示。

图7-2 "橘子"的图片版面   图7-3 教儿童学习"橘子"

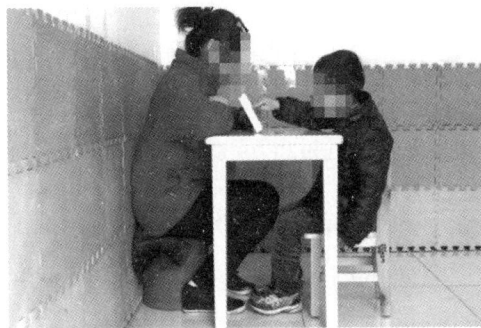

2. 训练中度脑瘫儿童

首先要测试儿童的词汇量，了解儿童掌握了多少词汇。训练时，把儿童认识的食品和日常用品的图片放在沟通板上，教师提问，让儿童用手指出。若儿童不能指出，选一名协助者辅助儿童理解。教师提问："你想要什么啊？"协助者用手按压一张葡萄图片，教师说："啊，你要吃葡萄！"说完，教师拿一颗葡萄给协助者吃。协助者吃完，再去按压一张苹果图片，教师又对协助者说："啊，你要吃苹果！"教师递给协助者一个苹果，协助者吃苹果。整个过程先让儿童看，然后再让儿童来做。几次训练后，儿童很快就能明白沟通板可以帮助他来表达自己的需求，可以用这个和周围的人交流。待儿童掌握如何使用后，就可以增加一些与儿童生活相关的词汇，以便在生活中灵活运用，如"我要上厕所""我要喝水""我想吃"等，如图7-4所示。

要注意课堂训练与生活相结合，在情境中运用自如才是最好的。先在训练室应用，等儿童掌握运用沟通板的方法后，再让儿童随身携带并在生活区应用。当然，要事先和护理人员沟通，告诉他们要多鼓励儿童用沟通板表达，要有耐心地等待儿童表达，尽量让沟通板融入他们的生活，帮助儿童建立自信心，让儿童体验到成功，激发学习和沟通的动机。

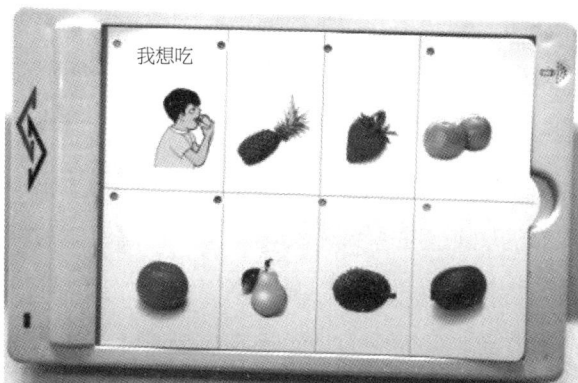

图7-4　沟通板的"我想吃"版面

3.　训练重度脑瘫儿童

在使用沟通板时，从选择性问题开始，回答如"是/不是""要/不要""好/不好"。先教会儿童理解两张图片，即一张画有高兴表情的图片代表"是"，另一张画有不高兴表情的图片代表"不是"，如图7-5所示。经过不断重复和选择后，儿童就能利用这两张图片对一些选择性问题进行回答。

图7-5　沟通板的"是"与"不是"版面

最初训练时，在沟通板上先放上实物，教师拿起实物说"我这里有一个香蕉"，吸引儿童的注意力。然后，教师问："你是要香蕉吗？"教儿童用手按压沟通板做出选择。当儿童掌握了实物与图片的配对后，教师就可以将实物改换成图片，让儿童在相应的图片上选择。当儿童学会了利用沟通板来回答选择性问题后，教师就需要不断地给儿童创造机会去表达，帮助儿童把这种方法应用到实际生活中。

三、应用辅助沟通系统时的策略、原则与注意事项

（一）应用辅助沟通系统时的策略

要想让脑瘫儿童产生沟通的动机，就要使用策略，人为创造良好的发起沟通的场景，如安排结构式的环境。当环境中的生活常规已建立时，最大的初始沟通效能将

会产生。在熟悉的结构环境中做出改变，如出现违反常规的事件（在外套和帽子旁放一块黏土）、进行违反实物功能的操作（用坏的刀子舀花生酱），可以引发儿童的沟通。

选择合适的辅助沟通系统干预策略对于脑瘫儿童来说非常重要。在教学环境下，良好的辅助沟通系统干预策略可以提高教学效率，从而保证教学效果。在对脑瘫儿童进行提问后，根据其认知速度缓慢的特点，可以采用延时策略，延缓给予提示的时间，在等待的时间内鼓励脑瘫儿童自发进行回答。同时，在脑瘫儿童回答问题出现错误后，延缓纠正的时间，鼓励其进行自主纠错。采用提示—示范的干预策略，帮助脑瘫儿童建立共同注意，在对话互动的过程中帮助脑瘫儿童形成构造语句的能力。

脑瘫儿童在运动、交流、学习和情绪等方面存在问题。脑功能的可塑性是儿童沟通潜力得以激发的基础，与其他同龄儿童一样，脑瘫儿童需在智力、情感、社会和运动等方面同时发展。除了基本的、常规性的教育之外，我们还需要从心理引导上入手，鼓励患儿与其他同龄儿童进行交流，针对患儿身体功能性的障碍，让患儿学习相关的基本知识。引导式教育能有效地调动儿童和家长的积极参与性，让每个接受治疗的儿童实现比较好的功能康复，在认知、语言、学习、表达以及参加集体社会活动等方面也得到比较全面的发展。

（二）应用辅助沟通系统时的原则

在进行正式训练前，对脑瘫儿童进行全方位的评估是不可或缺的。这既包括评估脑瘫儿童的沟通能力、认知能力、动作能力等，又包括考察儿童的兴趣所在，根据其实际能力和感兴趣的物品类型来设计方案，选择合适的训练内容。

趣味训练用具的使用可以提高患儿训练的兴趣，使其保持最佳注意力，充分调动其作业活动的主动性和积极性，使患儿在愉悦的氛围中完成训练计划。同时，根据斯金纳（Skinner）的强化理论，在实际训练过程中可以对脑瘫儿童进行适当奖励来唤起他们对沟通的意愿，如夸赞、给予零食或玩具等。但要特别注意观察儿童的实际情况，如果强制他们说出与意愿相反的语句，儿童就会产生抗拒心理，这样就会导致训练失败。

训练过程中，要关注脑瘫儿童的运动功能和语言功能的发展变化，并实时调整辅助沟通系统干预策略。脑瘫儿童的沟通障碍很大一部分是由运动性功能障碍引起的，如颈部、头部及躯干的平衡控制障碍。因此，需要特别注意脑瘫儿童的运动性功能障碍并做出相应的适应性调整，以更方便辅助脑瘫儿童进行沟通。

教师或康复师应以引导、启发为主，鼓励儿童大胆选择自己喜欢的图片，主动进行交流。遵循皮亚杰（Piaget）提出的儿童认知发展规律来选择训练的图片、句卡类型，从易到难、由简及繁，并注意转换训练量和内容的选择模式，避免训练者形成思维定式。否则，根据记忆来读出、说出图片和句卡，达不到真正认识事物的目的（林楚莹、陈卓铭、黄伟新，2014）。

（三）应用辅助沟通系统时的注意事项

①结合脑瘫儿童个体的独特需要，如脑瘫儿童的发音习惯、习惯的姿势动作等，鼓励他们和外界环境进行主动沟通。

②即便已经明白儿童的需求和喜好，也应该尽量要求他们主动使用语言或借助辅助沟通系统去表达自己的需求。

③当教师或康复师发现儿童对某项活动感兴趣时，可用简单的语言来描述该项活动，并鼓励脑瘫儿童去模仿或者参与。

④当脑瘫儿童开始说简单的字词或开始模仿他人说话时，教师或康复师可以通过模仿儿童说话，但每次在原先模仿的基础上添加一些内容的方式促进沟通。

⑤要营造辅助沟通的气氛，特别要重视提高脑瘫儿童与他人沟通的意识，不需要过分要求语法正确或者发音清晰。

⑥多使用儿童在该阶段能够理解的语言，用具体的方式解释一些抽象的概念、简单的词汇或短语，方便儿童沟通。

⑦教师或康复师使用的沟通技巧应与脑瘫儿童的生活习惯和日常活动相结合，并适宜在实际环境中应用，如在吃饭时训练其主动表达自己的需求。

⑧根据脑瘫儿童的认知能力以及处理信息时的困难，给予其足够的时间做出反应。留意其理解水平及表达技巧方面的差异，对于能理解的内容，可借助符号、手势、图画甚至对象等促进表达。

⑨促进脑瘫儿童在陌生的环境里的理解和表达，提供适量的变化。

⑩在训练脑瘫儿童语言表达时要注意其良好姿势的保持，尤其对于共济失调型和肌张力低下的患儿来说，各种体位姿势的保持尤为重要。

要点回顾 ⋯⋯▶

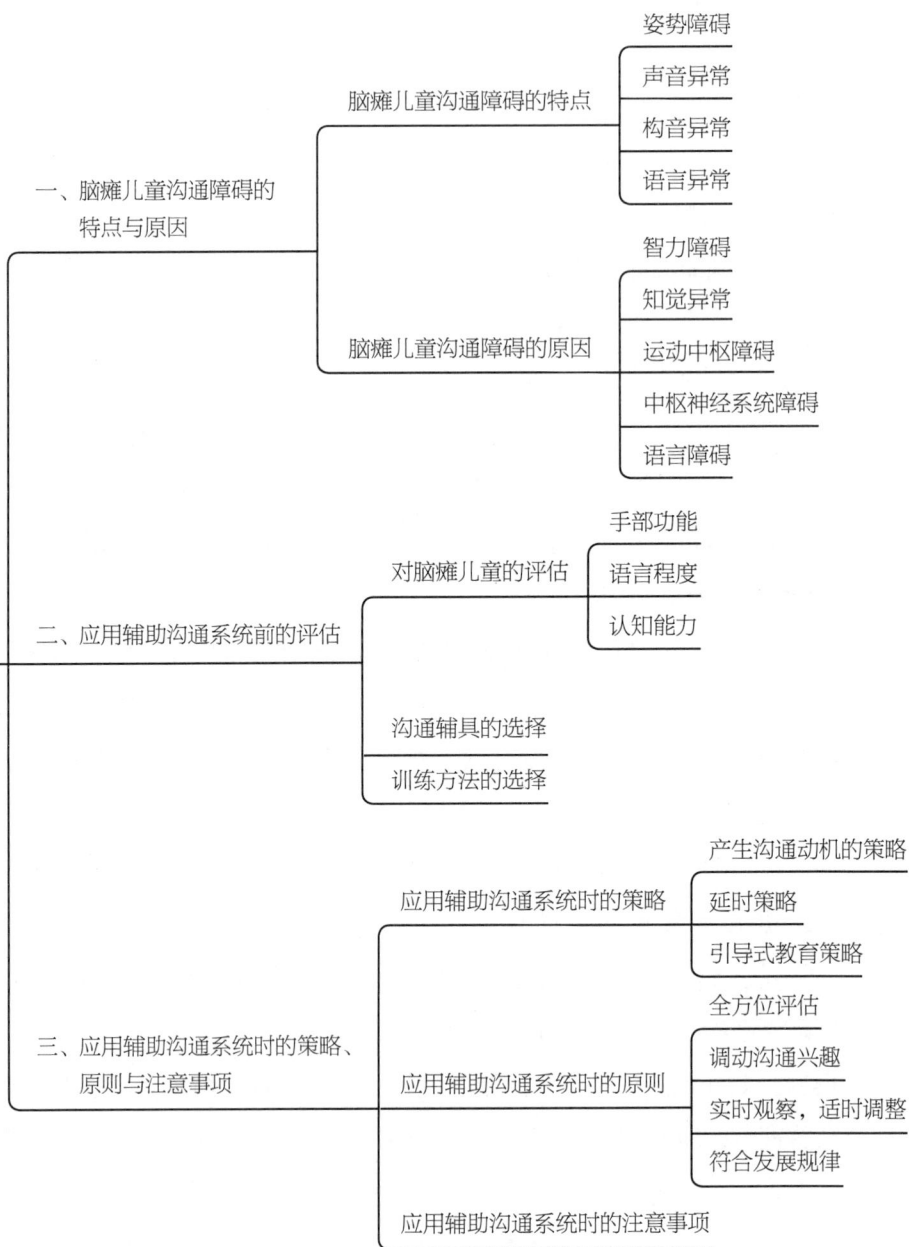

任务二 脑瘫儿童的沟通障碍特点与辅助沟通系统的应用

一、脑瘫儿童沟通障碍的特点与原因

脑瘫儿童沟通障碍的特点
- 姿势障碍
- 声音异常
- 构音异常
- 语言异常

脑瘫儿童沟通障碍的原因
- 智力障碍
- 知觉异常
- 运动中枢障碍
- 中枢神经系统障碍
- 语言障碍

二、应用辅助沟通系统前的评估

对脑瘫儿童的评估
- 手部功能
- 语言程度
- 认知能力

沟通辅具的选择
训练方法的选择

三、应用辅助沟通系统时的策略、原则与注意事项

应用辅助沟通系统时的策略
- 产生沟通动机的策略
- 延时策略
- 引导式教育策略

应用辅助沟通系统时的原则
- 全方位评估
- 调动沟通兴趣
- 实时观察，适时调整
- 符合发展规律

应用辅助沟通系统时的注意事项

1. 应用于脑瘫儿童的沟通辅具有哪些?
2. 脑瘫儿童应用辅助沟通系统时有哪些注意事项?

单元七任务二
检测与思考参考答案

▶ **任务三**
应用案例分析

问题情境···▶

在本单元的前两个任务中,我们学习了脑瘫的基本概念、脑瘫儿童沟通障碍的特点与原因,并了解了应用辅助沟通系统时的策略、原则与注意事项。那么在实际的案例中,使用辅助沟通系统对脑瘫儿童进行干预训练的方法与流程是怎样的呢?本任务将通过对具体的应用案例的分析来进行介绍。

一、基本资料

小华,男,10岁,混合型脑瘫患儿,主要因新生儿黄疸导致。平常和父母一起生活,由母亲照顾日常起居、到学校陪读,周末和爷爷奶奶一起生活,家庭氛围和谐、融洽。因为小华脑瘫程度比较严重,父母对小华的要求不高,在教养过程中经常帮助小华完成任务。过度保护导致小华非常依赖父母,生活自理能力和社会交往能力较弱。小华从3岁开始就进行动作康复和语言训练,由于不愿意配合,训练结果不理想。目前就读于某特殊教育学校。

二、能力评估

(一)粗大动作

小华头部控制、坐、立、行走能力良好。能够独立坐在椅子上、站立、行走,甚至可以进行简单的球类运动,在有简单协助的情况下可以上、下楼梯。

(二)精细动作

小华指物能力尚可,可以独立用手去指物品。抓握能力尚可,可以用手抓握物品，在协助下可以用手控制、移动物品，如搬小椅子、使用筷子等。手部操作能力、眼动协调能力较弱，不能用手完成精确度高的动作，如写字、使用剪刀等。

（三）口腔动作

小华唇部开合运动能力较差，闭合存在问题，偶尔出现流口水的现象。舌头运动灵活度低，咀嚼能力差，唇齿咬合也存在问题。

（四）感官能力

小华听觉能力正常，存在散光和轻度近视，但是不影响日常行动。痛觉敏感度低，很难感受到湿、冷。但是近半年触觉能力有明显提升，可以指出身上哪里湿了。

（五）认知能力

学习能力和记忆能力良好，可以进行图图、图文配对；认识10以内的数字，掌握其含义；认识大部分颜色并且可以根据颜色进行分类；在协助下可以进行声音和动作的简单模仿；还没有出现客体永存的认识；注意力容易分散，比较好动。

（六）沟通能力

小华的沟通意愿较强，但是语言表达能力较差。口语处于牙牙学语阶段，会出现构音错误，说话不流畅，存在突然中断和重复的情况。非口语能力较弱，无法用表情传递信息，只能用简单手势表示有限的意思。这导致周围人不能理解小华的意思，沟通效率低。

小华的语言理解能力比较优秀，对熟悉的事物有反应，如自己的名字、经常听的音乐等。理解常见的物品，能够指认身体各部分。在熟悉场景下或者手势的暗示下可以理解并完成简单指令，但是最多只能完成两个步骤的指令。

（七）情绪表达能力

小华可以通过动作来表达自己的情绪，开心时会拍桌子、拍手、跺脚等，伤心时会哭泣，表示拒绝时会扭头，愤怒时会抓、掐别人，恐惧时会把头藏起来，焦虑时会抓头发、舔袖子。

（八）生活自理能力

小华自理能力较差，日常生活中需要他人协助。例如，上厕所需要别人提醒，脱、穿裤子需要他人协助；可以自己刷牙洗脸，但是不能自己拧毛巾；可以独立使用筷子或勺子吃东西，但是由于口腔存在问题，不喜欢咀嚼食物，需要他人提醒；可以在周围人的提醒下将物品放回原处。

三、目标和方案

（一）训练目标

应用辅助沟通系统的主要目的是提高小华的沟通能力：能够表达个人需求，如上厕所时请求帮助，洗脸时让母亲帮忙拧毛巾等；适应学校生活，参与学校丰富的活动，和同学进行基于社交需要的沟通；增加词汇储备量，学会进一步利用句子进行沟通，提高沟通效率。

（二）干预方案

在基线期，进行原始的沟通能力资料收集；在干预期，使用辅助沟通系统，同时收集有关沟通能力的资料；在维持期，不使用辅助沟通系统，收集有关沟通能力的资料，看沟通能力的提升是否可以维持。

四、策略选择

（一）沟通符号的选择

辅助沟通系统沟通符号主要有实物、照片、图卡、字卡等。对小华的评估结果显示，小华对图片的认知能力比其他方面优秀，并且认识简单文字，可以进行图文匹配。所以，将图片定为主要的沟通符号。为了促进小华认知能力的发展，沟通符号中加入了带有文字的图片和一些简单文字。可以根据小华掌握文字的水平进行删减，减少图片的数量，增加文字的数量。

（二）沟通辅具的选择

辅助沟通系统沟通辅具种类繁多，可根据对小华的动作、认知、感知觉能力的评估结果进行选择。小华手指的抓握能力较好，可以使用类似筷子的物品，而小华的触觉敏感度低，所以沟通辅具优先考虑抓握式，不考虑触摸式。小华可以进行简单的声音模仿，所以选择抓握式点读笔，配以录音贴纸，点哪里，哪里就会发出声音。小华可以通过模仿录音，锻炼语言表达能力。考虑到小华需要上学、参与各种活动，所以选择轻便易携带的塑料瓦楞板，并在其后面加上绑带，方便小华随身携带。

（三）沟通技术的选择

考虑到小华可以指认物品，所以，以直接选择为沟通辅具的使用方法。用点读笔在沟通版面上选择符号点读。这样比较简单、方便、快捷，适合小华和同学进行沟通，满足其社交需求。

（四）沟通策略的选择

确定了沟通符号、沟通辅具、沟通技术后，沟通方案大体成型。根据小华的沟通需求，为其设计独特的训练方案。根据小华实际的沟通情境以及在这些情境下具体的需求，为小华规划在不同场景下沟通的内容范围。小华口语能力较弱，不能满足日常沟通的需要，表达时只能说出简单词汇，没有句子概念，所以还要通过训练提升小华的构句能力。长期和其生活的父母能了解他表达的意思，所以着重考虑小华在学校情境下的沟通需求。

对小华在学校中的表现进行分析，沟通需求复杂多样，以表达需求、建立社交亲密感为主，其中社交亲密感的建立主要基于回应、评论他人的话语。首先，根据小华的需求确定词汇，进行教学，让小华明白词汇的意思，并了解在不同的场景下如何选择适合的词汇。其次，让小华学会把词汇变成句子，用句子进行沟通。最后，可以进一步训练，帮助小华从使用简单句走向使用复杂句。

五、干预实施

（一）词汇学习

根据小华的日常生活和对未来生活的预期进行词汇选择，挑选出常用词汇并进行分类，大致分为人物类、动词类、名词类、社交类、表现个人喜好类、表达需求类。小华对图片的认知能力优秀，所以在这一学习阶段，图片和文字共同呈现，便于小华对文字的理解、记忆。而小华的注意力容易分散，大多采用游戏训练。首先，利用小华感兴趣的事物吸引其注意力，使其注意力集中到游戏上。接着，用游戏的方法，如你画我猜、翻牌子等，呈现需要小华掌握的词汇。教师或康复师在示范朗读和用点读笔点读（至少三次）之后，给小华自由练习的时间。随机抽查，如果错误则继续练习，如果正确则给予小华奖励进行强化。

在每次训练之后，对小华进行训练结果评估，评估图文匹配、文字指认、点读方面的正确率。在这个过程中，不给予提醒，但允许小华改错。小华基本掌握了准备好的词汇之后就无须再单独进行词汇学习，但可以穿插在其他训练过程中进行。

（二）句子学习

根据词汇选择结果设计句型和具体的句子，每种句型中有20个句子。把设计好的句型按小华的需求类型进行分类，主要分为以下几类。社交礼仪类：×××，您好；×××，谢谢你等。表达需求类：我想要×××，我想吃×××等。回应类：我在玩×××，我在穿×××等。评论类：×××，很好玩；×××，不喜欢等。根据小华的日常生活场景，制作绘本，其中包含小华需要学习的句子和其使用的情境。利用绘本帮助小华进入设定情境，吸引小华的注意力。对绘本中的句子进行示范朗读和点读（至少三次），之后进入自由练习时间。根据绘本中的情境对小华进行提问，如果正确则给予奖励，如果错误则进行纠正并且继续练习。每次训练之后，对句子使用正确率进行评估。根据评估结果决定这一学习阶段持续的时间。

（三）利用提示—示范的方法进一步训练

在掌握了词汇和句子之后，进一步进行实景训练。在学校真实情境中，教师或者母亲关注小华，发现他的需求。把小华的注意力集中到他当下的需求上。教师或母亲给予提示或者利用沟通辅具进行示范，等待小华反应。如果小华反应正确则给予奖励进行强化，提高小华的沟通意愿；如果小华反应错误则继续给予提示或示范，直到小华做出正确的反应。

记录下小华日常的沟通次数、形式、内容、效果，根据这些记录评估小华的沟通能力是否提升。即使对训练内容进行了修正，训练内容也应最大程度符合小华的真实需求。

六、效果评估

经过训练，小华掌握了各种类型的词汇，可以进行图文匹配、文字指认和点读；掌握了各种句型并且知道其使用场景，可以在教室、操场、走廊等各个地方沟通，可以将学习的句子应用到不同的沟通场景中；沟通中，句子的平均长度增加。

训练之后，继续维持小华较高的沟通意愿，小华的沟通次数增加，沟通效率明显提高。周围人可以理解小华表达的意思，并和小华进行流畅的沟通。训练之前，小华的沟通对象主要是父母、教师；训练之后，小华可以和更多的人进行有效沟通。小华的沟通内容从简单表达需求、回应和评论逐渐扩展，变得更加复杂、丰富、互动性强、具体。经过训练，小华使用口语的次数增加，口语清晰程度提高。小华不仅可以使用辅助沟通系统进行沟通，而且还可以结合口语进行补充，有效提高了沟通的效率。

要点回顾‥‥▶

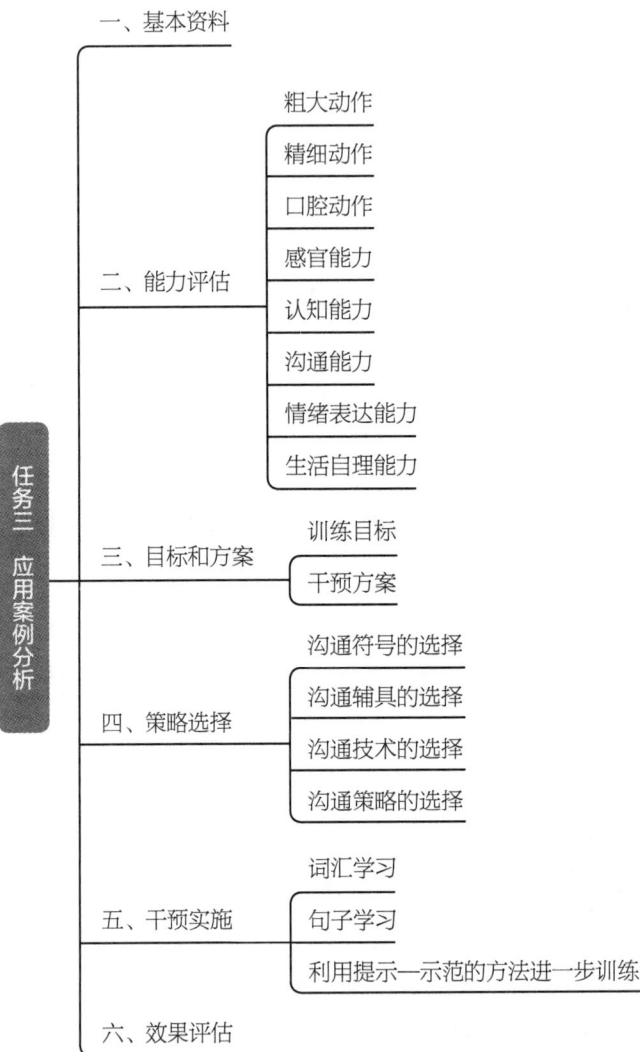

一、基本资料

二、能力评估
- 粗大动作
- 精细动作
- 口腔动作
- 感官能力
- 认知能力
- 沟通能力
- 情绪表达能力
- 生活自理能力

任务三 应用案例分析

三、目标和方案
- 训练目标
- 干预方案

四、策略选择
- 沟通符号的选择
- 沟通辅具的选择
- 沟通技术的选择
- 沟通策略的选择

五、干预实施
- 词汇学习
- 句子学习
- 利用提示—示范的方法进一步训练

六、效果评估

检测与思考‥‥‥▶

1. 在使用辅助沟通系统训练脑瘫儿童之前，需要做哪些评估？

2. 请根据日常生活中的案例，为一位脑瘫儿童设计一个可行的辅助沟通系统干预方案。

单元七任务三
检测与思考参考答案

参考文献 ·····▶

中华医学会儿科学分会康复学组. 脑性瘫痪的病因学诊断策略专家共识. 中华儿科杂志，2019（10）.

曾线. AAC干预脑瘫儿童沟通能力的个案研究. 重庆：重庆师范大学，2010.

李晓捷，邱洪斌，姜志梅，等. 中国十二省市小儿脑性瘫痪流行病学特征. 中华实用儿科临床杂志，2018（5）.

陈强，徐云. 辅助沟通系统及实用技术. 北京：科学出版社，2011.

林楚莹，陈卓铭，黄伟新，等. 智能型辅助沟通认知训练系统的设计原理及应用. 中国康复，2014（5）.

单元八 · 辅助沟通系统在孤独症儿童中的应用

导 语

　　沟通交流障碍属于孤独症儿童的核心障碍。在孤独症儿童中，他们的语言发展水平差异很大，非常复杂，有的完全无法进行口语交流，有的拥有完整的语言结构但在实际交流上有缺陷。辅助沟通系统作为一种循证干预的方法，对孤独症儿童的沟通、游戏、学业成就、挑战性行为均有积极影响。

　　本单元将对孤独症的定义和分类、孤独症儿童的语言障碍特点、应用辅助沟通系统的策略进行介绍，并通过案例帮助大家了解辅助沟通系统在孤独症儿童中的应用。

学习目标

1. 了解孤独症的定义、分类和发生率。
2. 了解辅助沟通系统对孤独症儿童语言和沟通能力的作用。
3. 理解孤独症儿童的语言障碍特点。
4. 掌握在孤独症儿童中应用辅助沟通系统的策略。

知识导览

单元八　辅助沟通系统在孤独症儿童中的应用

任务一　孤独症的基本概念
- 一、孤独症的定义和分类
- 二、孤独症的发生率

任务二　孤独症儿童的语言障碍特点与辅助沟通系统的应用
- 一、孤独症儿童的语言障碍特点
- 二、应用辅助沟通系统的作用和策略

任务三　应用案例分析
- 一、基本资料
- 二、能力评估与强化物调查
- 三、训练目的和干预方案
- 四、实施干预
- 五、效果评估

扫码学习

► 任务一
孤独症的基本概念

问题情境···►

　　孤独症，又叫自闭症。2013年，美国、英国等国家开始用"孤独症谱系障碍"一词来指代包括典型孤独症在内的发展性障碍。目前，孤独症在国内外学术与教学领域备受关注。孤独症的发展历史较短，但其发生率逐年上升，给学校、家庭带来了管理和教学上的挑战。本任务将揭开孤独症的面纱，帮助大家了解孤独症的定义、分类和发生率，为后续的学习奠定基础。

一、孤独症的定义和分类

（一）孤独症的定义

　　2001年，《中国精神障碍分类与诊断标准第3版（CCMD-3）》认为，儿童孤独症是一种广泛性发育障碍的亚型，以男孩多见，起病于婴幼儿期，主要表现为不同程度的人际交往障碍、兴趣狭窄和行为方式刻板，约有75%的患儿伴有明显的精神发育迟滞，部分患儿在一般性智力落后的背景下某方面具有较好的能力。

　　2006年，美国教育部认为，孤独症是一种显著影响言语性和非言语性交流，并显著影响社交互动的发展性障碍。通常，儿童3岁前症状已出现，并会对儿童的教育产生不利的影响。与孤独症相联系的特征有重复刻板的行为、抗拒环境的改变或日程作息的改变、对环境有异常反应等。

　　2013年，美国精神医学学会编写了《精神障碍诊断与统计手册（第五版）》（Diagnostic and Statistical Manual of Mental Disorders，Fifth Edition，DSM-5），对孤独症仍采用"谱系"的理念，但认为孤独症的症状表现为特定的社会沟通能力缺陷及受限的、重复的行为，而非"广泛性"的，因而用"孤独症谱系障碍"代替了"广泛性发育障碍"这一类别名称，并认为孤独症谱系障碍是一种神经发育性障碍，其核心症状为"社交交流和社交互动方面存在持续性的缺陷"和"受限的、重复的行为模式、兴趣或活动"。

从此，孤独症被定义为以社会互动、语言和非语言交流、兴趣行为等表现偏离正常为共同临床特点的一组神经发育性障碍。

|拓展知识|

孤独症的诊断史

孤独症古已有之，但其在学术上的首次出现是在1943年美国精神科医生利奥·坎纳（Leo Kanner）发表的《情感交流的自闭性障碍》一文中。1944年，奥地利的儿童精神科医生汉斯·阿斯伯格（Hans Asperger）描述了一类与坎纳描述的类似的儿童，但没有语言与认知发展的明显迟滞，这类儿童后来被命名为阿斯伯格综合征（Asperger's Syndrome）患儿。此后的数十年，这类儿童普遍被认为患有儿童精神分裂症。在DSM-Ⅰ（1952年）和DSM-Ⅱ（1968年）中，这类孤独症被归为儿童型精神分裂症。

20世纪70年代，对孤独症双生子实验的研究和对流行病学的调查促使孤独症的心理起源范式向神经生物性本质过渡。1980年，DSM-Ⅲ将婴幼儿孤独症纳入广泛性发育障碍的范畴，并提出了三个操作性诊断标准：缺乏对他人的反应、沟通技能的损坏和对环境的怪异反应。之后，英国精神病医生洛娜·温（Lorna Wing，同时她也是一位孤独症儿童的母亲）根据自己的研究和思考，结合DSM-Ⅲ，提出了"孤独症谱系障碍"的概念。之后的DSM-Ⅲ-R（1987年）和DSM-Ⅳ（1994年）都采用了这一观点，认为孤独症是一种谱系的发育障碍。DSM-Ⅳ沿用了孤独症三联症的诊断标准，并将雷特综合征、阿斯伯格综合征和童年瓦解性障碍从待分类的广泛性发育障碍中分离出来，与孤独症并列归属于广泛性发育障碍。

（二）孤独症的分类

在DSM-Ⅳ中，孤独症属于广泛性发育障碍，主要类型有婴幼儿孤独症、雷特综合征、童年瓦解性障碍、阿斯伯格综合征以及待分类的广泛性发育障碍。

DSM-5中正式提出了孤独症谱系障碍的概念，并对孤独症的诊断标准做了较大修改。DSM-5将DSM-Ⅳ中的婴幼儿孤独症、童年瓦解性障碍、阿斯伯格综合征以及待分类的广泛性发育障碍统称为孤独症谱系障碍，将可以用基因异常来更好地解释的雷特综合征移除。

|拓展知识|

孤独症的诊断标准

DSM-5将以往诊断标准中的三个核心症状缩减为两个，分别是"社交交流和社交互动方面存在持续性的缺陷"和"受限的、重复的行为模式、兴趣或活动"，语言障碍不再是确诊的必要依据，并将发病时间由原来的3岁扩展至整个童年早期。

孤独症的诊断标准

想了解更多内容请扫描二维码。

DSM-5根据孤独症儿童的严重程度和接受支持的程度做了一个分级标准，分别为需要非常高强度的支持（三级）、需要高强度的支持（二级）和需要支持（一级）。（见表8-1）

表8-1 不同程度的孤独症儿童的临床表现

级别	社会交流	狭隘兴趣和重复刻板行为
三级	语言和非语言社会交往技能严重受损；极少主动进行社会互动；极少对他人的社交信号产生反应	行为缺乏灵活性；极难接受改变，如注意力或行动；刻板行为严重影响各方面的功能
二级	语言和非语言社会交往技能受损，即便有支持，也存在明显的受损情况；主动进行社会互动的程度有限；较少对他人的社交信号产生反应	行为缺乏灵活性；较难接受改变，如注意力或行动；刻板行为明显，且影响各方面的功能
一级	在缺少支持的情况下，社会交往技能受损；主动进行社会互动时存在困难；不能对他人的社交信号产生正确反应；社交兴趣减弱	行为缺乏灵活性，影响在不同情境下的功能；难以接受不同活动的转换；在组织和计划方面有困难，妨碍其独立

二、孤独症的发生率

2014年，美国疾病控制与预防中心报告，儿童孤独症的发生率已由2000年的0.67%升至2012年的1.50%，每68个儿童中就有1个孤独症谱系障碍儿童，男女比例约为4.45∶1。2020年的报告（基于2016年的数据分析）表明，美国8岁内儿童中，孤独症的发生率已升至1.85%，即每54个儿童中就有1个孤独症谱系障碍儿童。

我国对孤独症谱系障碍的发生率没有进行过全国范围内的流行病学统计，但2017年《中国自闭症教育康复行业发展状况报告Ⅱ》中显示，中国孤独症的发生率和世界其他国家相似，约为1%，孤独症患者已超1000万人，0到14岁的儿童患者可能有200余万人，其发生率正不断攀升。

要点回顾 ·····▶

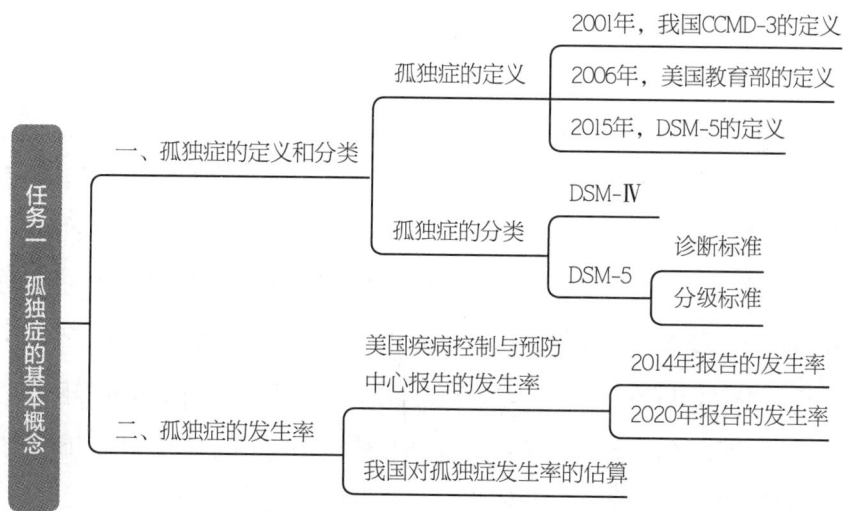

检测与思考 ·····▶

1. 什么是孤独症？其核心特征是什么？
2. 孤独症的发生率是多少？

单元八任务一
检测与思考参考答案

▶ 任务二
孤独症儿童的语言障碍特点
与辅助沟通系统的应用

问题情境…▶

依据DSM-5，社会沟通和互动障碍是孤独症儿童的核心症状，在一些情况下，他们需要辅助和替代性的沟通方式的支持。辅助沟通系统的有效使用可以帮助孤独症儿童与外界沟通，减少他们因沟通不畅导致的情绪问题，为他们铺设一条通往我们世界的桥梁，也可以让我们去他们的世界看一看，这在提高孤独症儿童的学习和家庭生活质量上都有所助益。那么，你想使用这种工具和他们对话吗？在使用之前，我们首先需要了解孤独症儿童的语言障碍特点，以及应用辅助沟通系统的作用和策略。

一、孤独症儿童的语言障碍特点

语言是人类社会约定俗成的，以语音为物质外壳，由语音、语法、语义和语用等构成，能表达人类思想的符号系统，它能使个体表达自己的想法，并与其他使用相同编码的人进行交流。语言障碍是指个体在口语和非口语表达的过程中应用词语时出现的障碍（张伟峰，2012），也就是运用符号的功能障碍（姜泗长、顾瑞，2005）。与普通儿童相比，孤独症儿童早期语言发展存在异常，其语言障碍主要表现为使用口语或非口语时存在沟通困难（徐琴芳，2001）。这不仅影响了他们的学习，也阻碍了他们情感的发展和社会适应能力的提高（段玄锋、郑月霞，2015）。

（一）语言发育迟缓

语言发育迟缓是指儿童的语言表达能力或理解能力明显落后于同龄儿童的正常水平（秦奕，2014）。与普通儿童的语言发展相比，孤独症儿童的语言发展在速度方面有着明显的差异（李晓燕、周兢，2006），常见的表现如下。

①过了说话的年龄仍然不会说话。一些孤独症儿童常使用手势等表达需求，如拉着父母的手放到自己想要的东西的地方。

②开口说话的时间滞后，比普通儿童发展慢。这种滞后状况会一直延续到幼儿期

以后，导致一步慢、步步慢。

③语用水平低于同龄儿童。一些孤独症儿童虽然会说话，但使用语言进行交流的技能较低，几乎不会主动说话，常给人自言自语的感觉，缺乏会话所需的社交意识。在与他人交流时，孤独症儿童很少使用指向人的言语行为，如评论、感谢等，存在较多的不适当回应和不回应现象。

④语言理解能力弱，遵循指令困难，不能根据语境来理解词语。比如，高功能孤独症儿童虽然掌握了大量的词汇，但很难理解语义间的差异，缺乏整合和迁移的能力。

（二）言语障碍

言语障碍是指说话者在口语表达过程中出现的发音不准确、言语表达不流畅以及不能准确理解言语内容等问题，主要包括构音障碍、声音障碍、表达性言语障碍和理解性言语障碍四种类型（秦奕，2014）。

1. 构音障碍

构音障碍（Dysarthria）又称发音障碍，是指儿童不能通过言语器官的运动发出某个语音或发音失准（刘晶波，2015）。构音障碍一般与儿童发音器官的形态或结构的异常有关，导致发育不准或语言节奏紊乱。构音障碍在特殊儿童群体中属于比较常见的语言障碍现象。根据临床表现，常见的构音障碍有替换、遗漏、歪曲和增音四类。

由于孤独症谱系障碍中每个孤独症儿童都不一样，因此在构音障碍上的表现也不同。有的孤独症儿童几乎没有构音障碍，其语音比较清晰，仅在重音及声调发声方面存在异常。有的孤独症儿童存在构音障碍，如吐字不清，分不清一些发音部位相近的字、词；常用自己比较容易发的音去替代较难发的音，如把紫色说成"jǐ色"。研究发现，对于有替换障碍的儿童来说，其替换规则是固定不变的（秦奕，2014）。孤独症儿童的这种替换现象导致了属于自己的隐喻指代系统的形成，因而在日常沟通中，常常会传达出令人误解的感情信号，令听者匪夷所思。

2. 声音障碍

声音障碍是指在发音过程中，因发音器官（如呼吸系统等）存在异常而导致声音嘶哑、鼻音异常、音量过大或过小、语调缺乏变化等情况。声音障碍的主要特点是发声异常或说话时对声音控制不当。其产生的原因可能是器质性的，也可能是社会性的。

孤独症儿童的声音障碍主要表现为语言韵律障碍。孤独症儿童存在语言韵律失调，主要表现为声音语调较单调，无起伏变化，或失去节奏平衡，出现异常的高声尖叫等（徐光兴，1999）。

3. 表达性言语障碍

表达性言语障碍是指儿童在使用语言表达思想或情感时存在的表达不准确或语言不流畅的问题。通常情况下，仅有表达性言语障碍的儿童是能够理解他人的话语的，只是不知道用什么词、句等语言或动作、表情等非语言的辅助去帮助自己表达想法。这样会造成儿童注意力不集中、学习困难、情绪冲动，甚至出现攻击性行为。

对孤独症儿童来说，表达性言语障碍尤为明显。他们无法通过清晰的方式来表达自己的意图和情绪，大部分孤独症儿童会自己去拿自己想要的东西，当有困难时会拉着父母的手去拿想要的东西。当照顾者不能理解他们的意图时，孤独症儿童常会发脾气或以过激的方式表现出来，如长时间大哭（有时可持续几小时）、大喊、尖叫等。孤独症儿童表达性言语障碍的具体表现如下。

（1）人称代词的逆转

在人称代词"你""我""他"的使用和转换上，孤独症儿童经常混淆，不能正确地使用人称代词，有时会在所有语境下反复使用某个代词。坎纳将这一现象称为"人称代词的逆转"（pronominal reversal），这一现象也是孤独症儿童独有的（徐光兴，1999）。因此，孤独症儿童在说话时，很少使用人称代词，存在用其他名称指代自己或其他人、物的现象（Jordan，1989）。

（2）回声式语言

使用回声式语言是孤独症儿童的典型特征（McEvoy，Loveland，Landry，1988）。孤独症儿童的回声式语言有两种表现形式。一种是即时性回声，即孤独症儿童往往会重复刚听到的话语，这又被称为"鹦鹉学舌"。比如，问一个孤独症儿童"你吃饭了吗？"，他的回答也是"你吃饭了吗？"。另一种是延迟性回声，指的是孤独症儿童在说话时会重复过去的某一时段听到的话语。比如，有的孤独症儿童会记住曾经听过的电视上的广告词，并在以后的对话中将其重现（张瀛尹，2011）。

4. 理解性言语障碍

理解性言语障碍又称感受性障碍，是儿童在与他人的交流过程中听不懂他人在说什么，因而对他人的言语没有反应或反应不正确。一般有理解性言语障碍的儿童都存在更广泛的大脑发育损伤，对非言语的交流理解能力也存在损伤。而对孤独症儿童来说，对别人的言语无反应是常见的症状。具体的表现如下。

（1）词汇理解困难

一些孤独症儿童记忆力较好，掌握了大量的词汇，但在词汇的理解、推理上有较大困难，无法将词汇的语音和意义结合起来。当换了一个情境时，他们对学过的词汇就无法辨认了，如认识图片上的苹果，却不认识超市里的苹果。

（2）缺乏有效交流

在实际的沟通情境中，孤独症儿童无法使用已学过的语言与他人进行有效沟通和交流。有些孤独症儿童的词汇、语义和句法能力接近其他同龄儿童，但无法在具体的语境下有效理解和灵活应用。具体表现为：无主动社交发起，对他人发起的交谈无反应，难以有效地维持对话，常发表与主题无关的评论。

二、应用辅助沟通系统的作用和策略

（一）辅助沟通系统对孤独症儿童语言和沟通能力的作用

辅助沟通系统采用替代性或扩大性的方式来帮助孤独症儿童表达意图，提高其沟通水平，目的就是发展他们的语言和沟通能力。已有研究表明，辅助沟通系统对孤独症儿童语言和沟通能力的发展有明显的促进作用（徐静、彭宗勤，2007）。具体表现在以下方面。

1. 沟通行为增多

孤独症儿童往往缺乏主动沟通的行为，尤其是低功能的孤独症儿童，他们有着较少的主动性社交发起行为，沟通动机不强。辅助沟通系统的介入会使孤独症儿童的主动沟通行为增多，提高其沟通的动机。比如，马吉亚蒂和霍林（Magiati, Howlin, 2003）利用辅助沟通系统对34名孤独症儿童进行教学，发现他们使用图片进行沟通的频率都有所提高。杨思渊、孟灵博、麦坚凝（2015）采用电子辅助沟通系统对孤独症儿童进行干预，发现辅助沟通系统能提高孤独症儿童的沟通意向，发展其主动沟通行为。王芳（2019）在脚本故事里创设了孤独症儿童熟悉的沟通场景，采用以活动为本位的辅助沟通系统，很好地激发了孤独症儿童的主动沟通意愿。

2. 沟通技能泛化

辅助沟通系统的介入可以帮助孤独症儿童习得沟通技能，并泛化到其他场景中。

孤独症儿童在某一场景，如在学校习得的沟通句子，在家庭和超市中同样可以使用。这种泛化需要教师在教学设计中考虑到沟通技能的使用场景，并在不同的模拟场景中进行一定量的教学。

3. 主动性口语增多，口语表达能力提高

在对我国康复机构的教师的访谈中，我们经常听到一些家长排斥辅助沟通系统，认为自己的孩子如果用了辅助沟通系统就更不会开口说话了，怕会影响孩子的口语表达能力。实际上，辅助沟通系统不仅能促进孤独症儿童的沟通行为和技能的发展，而且能促进他们口语的发展。通过辅助沟通系统，一些孤独症儿童的发音更加清晰，词汇量增多，句子结构更完整，一些无法用口语表达的孤独症儿童甚至能够发展出较明显的口语能力。

4. 挑战性行为减少，与环境的互动行为增多

挑战性行为指的是强度、频率或持续时间方面的文化异常行为，该行为会对自己或他人造成不良影响或伤害。大多数孤独症儿童常常伴随至少一种挑战性行为（Matson，Minshawi，2007），如自伤、攻击性行为、扰乱行为等。这会让孤独症儿童和其周围人处在身体受伤的风险中，并阻碍其参与教育活动。导致挑战性行为出现的一个主要原因就是孤独症儿童的特定行为被照顾者误解，这使他们情绪失控，进而乱发脾气。辅助沟通系统的介入可以帮助孤独症儿童有效地与他人沟通，为孤独症儿童提供一个较良性的沟通环境，从而减少因沟通问题而引发的挑战性行为。

5. 语言理解和表达能力提高

孤独症儿童的语言理解能力弱，词汇理解困难，通常不能理解环境的含义，话题转换困难，缺乏有效的交流。辅助沟通系统可以帮助孤独症儿童主动修改口语中的错误，提高其语言理解和表达能力，通过社交互动为孤独症儿童在融合环境下学习创造条件。

（二）应用辅助沟通系统的策略

1. 沟通符号的选择要与孤独症儿童的能力一致

在建立辅助沟通系统干预方案时，需要对孤独症儿童进行全面评估，如肢体运动能力、认知能力、动机和兴趣等，以确定沟通符号。比如，一些高智力的孤独症儿童可以使用较复杂的、抽象的沟通符号；而对于有认知障碍的孤独症儿童来说，生活化的图形符号可能更合适些。

2. 沟通辅具要便于儿童使用，要与家庭经济条件一致

沟通辅具有低科技和高科技之分，在选用时要考虑儿童的已有能力，方便儿童使

用，不能一味地选用高科技沟通辅具。一些孤独症儿童因为肌张力的问题，精细操作能力不足，在用手指指图片时，整个手可能会触碰沟通板，导致一次触摸多张图片，不能达到沟通的目的。比如，一些孤独症儿童存在肢体运动困难，一个屏幕上满是小格子图片的iPad显然不合适；相反，在手腕上套几张画有基本生活活动（如吃饭、睡觉、上厕所等）的图片，这样既醒目，又简单、有效。同时，一些孤独症儿童的家庭经济条件不是很好，而高科技沟通辅具往往很贵，加之有的孤独症儿童父母的文化程度不高，高科技沟通辅具也不利于父母与儿童的生活化操作与沟通；所以，沟通辅具的选择除了要考虑儿童的使用需求外，还要考虑父母的文化程度和家庭的经济条件，不能脱离现实生活。

3. 选择适合的强化物和沟通策略

辅助沟通系统的干预应以儿童的兴趣和需要为起点，利用儿童喜欢的物品来吸引他们参与沟通，利用生活中的需要来激发其原始的动机。因此，在实际操作时，需要对孤独症儿童进行强化物的调查，以了解儿童的兴趣和需要，进而设计方案和实施教学。在使用强化物时需要注意，不同的儿童需要的强化物不同，如有的儿童需要食物等，而有的儿童则需要口头表扬、拍手鼓励。

辅助沟通系统的应用是建立在全面评估的基础上的，应用和评估需要协同合作，最终制定出个别化方案。由于每个孤独症儿童都不一样，因此在使用辅助沟通系统进行干预时应以使用者为中心，帮助使用者做出最适合他们的选择。由于学习是一个动态变化的过程，指导教师需要动态地评估孤独症儿童的发展状况，调整教学策略。应用辅助沟通系统的重点在于引导，教师要充分地相信学生，用发展的眼光引导他们参与学习、交流，通过使用新的沟通方式，让信息沟通达到最大的传递效率。

|拓展知识|

如何确定一个孤独症儿童有能力使用辅助沟通系统呢？

许多人，包括很多孤独症儿童的父母，都觉得要想使用辅助沟通系统，孤独症儿童需要具备一定的先备技能，特别是那些无口语能力的儿童。实际的答案是：这种想法是错的。

当孤独症儿童使用辅助沟通系统进行交流时，他能够习得所需要的必备技能，如按某个按钮或指一张图片。如果一个孤独症儿童发现采用这种简单的方式就能够马上获得需要的物品，那么他会觉得这种交流的方式更加便捷、经济。在使用辅助沟通系统进行沟通时的收益反过来也会激发这个孤独症儿童再次使用辅助沟通系统的动机。这样，通过辅助沟通系统的帮助，孤独症儿童能够快速地学会这些所谓的"先备技能"。

简言之，对孤独症儿童来说，使用辅助沟通系统时不必具备先备技能。

要点回顾

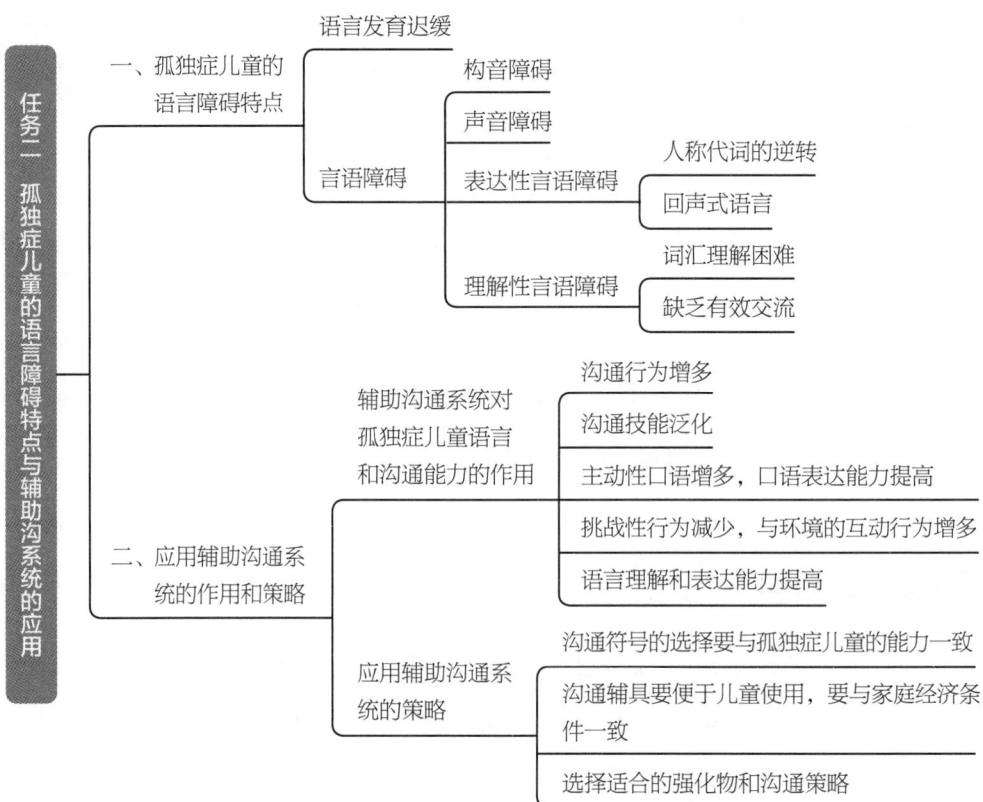

检测与思考 ·····▶

1. 什么是回声式语言？

2. 孤独症儿童语言障碍的特点有哪些？

3. 辅助沟通系统对孤独症儿童语言和沟通能力发展的促进作用表现在哪些方面？

4. 孤独症儿童应用辅助沟通系统的策略有哪些？

单元八任务二
检测与思考参考答案

▶ 任务三
应用案例分析

问题情境···▶

我们已经了解了孤独症的定义，明晰了孤独症儿童语言障碍的特点，知道了在孤独症儿童中应用辅助沟通系统有哪些作用和策略。那么接下来，我们就可以开始在实践中使用辅助沟通系统，走进孤独症儿童的世界，帮助他们提升沟通能力。具体要如何去做呢？这部分内容将通过实际干预个案来介绍应用辅助沟通系统的方法与流程。

一、基本资料

小红，12岁，女，经医院诊断为重度孤独症。家里包括父母和祖父母共5人。父母做生意，工作较忙。父亲比较严厉，面对小红发脾气时会不耐烦并进行体罚，在教师的帮助下，现在较能理解孩子的需求，比较有耐心了。母亲比较温和，每天接送小红上学，周末会带小红出去玩。小红的日常生活起居由祖父母照顾。

二、能力评估与强化物调查

（一）认知能力

视觉、听觉能力正常。会仿说3个字的句子，但语速太快，嘴唇基本不动，所以他人常听不清楚她在说什么。基本能遵从教师指令，但需要教师经常提醒。注意力集中时间较短，能记忆两步的简单指令。情绪较稳定，配合度一般。

（二）生活自理能力

能自己主动如厕。会自己穿脱套头式的衣服，也会用套头式的方式穿脱带扣子和拉链的衣服。不会按照天气变化穿脱衣服。不会自己购物，上下学需要家长陪同。

（三）运动操作能力

粗大动作发展较正常，但在进行跑步、跳跃等大运动时活动动力不足。精细动作发展较好，手指灵巧，可以捏住小珠子和完成沿线剪直线。

（四）学业能力

能唱数1至100，但对数量没有概念。能分辨出简单的物体颜色，如红色、黄色、蓝色等。能分辨正方形、三角形和圆形。对照片的辨别力较好。

（五）沟通能力

能仿说2字的词语，无法模仿嘴部动作，发音不准确。缺乏与他人交流、表达意愿的动机，常常独自静坐在角落里，抗拒同伴的亲近。

采用张正芬和王华沛编制的《孤独症儿童基本沟通行为评量表》进行测查，结果表明：个案语言理解能力优于语言表达能力；口语能力较低，过于零星和片段；能仿说，但无法说清楚，不能根据情境展开对话；有主动沟通的意愿，多表现在提出要求、表示拒绝、回答问题等方面，且大多仅以手指和手势指出、发出简单音的方式进行。

（六）强化物调查

经日常观察，结合强化物调查表和对个案照顾者的访谈，确定了个案的强化物。以小红喜欢吃的、玩的各种物品作为干预时的强化物。

三、训练目的和干预方案

（一）训练目的

训练目的是使小红能使用携带的电子沟通板表达三类行为：自我需求类行为、学习互动类行为和人际互动类行为。

自我需求类行为：能通过沟通板表达"我要……""我不要……"。

学习互动类行为：能通过沟通板表达"我要……""请帮忙""我完成了"。

人际互动类行为：能通过沟通板表达"你好""……可以吗？""谢谢"。

三类行为功能独立，各行为之间无明显因果关系；形态类似，操作形态均是按下沟通板上的图标来进行沟通；情境相同，都是在相同的情境下进行的。

（二）干预方案

采用单一被试法中的多基线设计进行干预。首先，对自我需求类行为进行干预，基线期1周时间，干预期2周时间，维持期1周时间。在自我需求类行为进入干预期时，开始进行学习互动类行为的基线期数据收集。人际互动类行为的时间安排与此类似，并根据实际需要适当调整。整个阶段需要6～8周时间。

四、实施干预

（一）情境一：自我需求类行为

教师通过示范、辅助等方式教会小红使用沟通板。在干预中，教师甲拿出小红喜欢吃的食物，问她"你要吃吗？"。教师乙辅助小红按下沟通板上的对应图标，表达"我要……"，然后展示给教师甲看，教师甲将食物给小红。在训练期间，教师甲将另一个食物给小红，小红通过沟通板表达"我不要……"。

（二）情境二：学习互动类行为

在"贴贴画"活动中，小红需要用到剪刀、双面胶和画笔等工具。根据实际的需要，小红通过沟通板向教师表达需求，如"我要画笔"，教师将画笔给小红。在活动过程中，小红需要教师帮忙，通过沟通板表达"请帮忙"，教师给予小红帮助。活动完成之后，小红通过沟通板表达"我完成了"，教师给予小红奖励。

（三）情境三：人际互动类行为

每天早上来学校，教师和小红打招呼，说"你好"，小红通过沟通板表达"你好"，教师给予表扬和奖励。小红想要进行某项活动或想要某件物品时，按下沟通板上的对应图标表达"可以吗？"，寻求教师的意见，教师给予答复。当小红得到许可后，通过沟通板向教师表达"谢谢"。

五、效果评估

每周一到周五，对小红的课上表现进行视频拍摄，然后由两位评分者进行分析并评分，以确保一致性。结果表明，基线期和干预期的一致性信度都在90%以上。数据结果按照多基线设计的范式进行图示标注，在维持期结束后对数据进行视觉分析和统计分析。结果表明，经过辅助沟通系统的干预，小红的沟通次数有了明显的增加，她能运用沟通板在教室里向其他教师表达需求。维持期的效果也较好，可以维持在一定水平上。

自我需求类行为：能够表现出很强的沟通动机，学习速度也很快，在一周内就基本掌握了沟通板的使用模式。通过强化物的及时奖励，小红使用沟通板的次数明显增多，熟练度不断提高，维持效果较好。这表明个案能熟练地使用沟通板表达自我需求。

学习互动类行为：进入干预后，没有明显的即时效果。可能是因为表达自我需求后会得到喜爱的食物，而在学习互动中得到的是学习的工具，如橡皮、剪刀等，并不是个案感兴趣的东西。所以在这一部分，教师需要辅助操作，训练要达到一定的次数。可以适当提高强化物的强度，并借鉴结构化教学法来提高个案使用的意愿。

人际互动类行为：进入干预后，小红的沟通次数增加，维持效果较好。人际互动类的强化物也是个案喜欢的，因此小红很有兴趣，这提高了她的沟通动机。在自然情境下，这类沟通行为每天都会发生，可以在使用中练习，这有助于干预效果的维持。

要点回顾 ➤➤

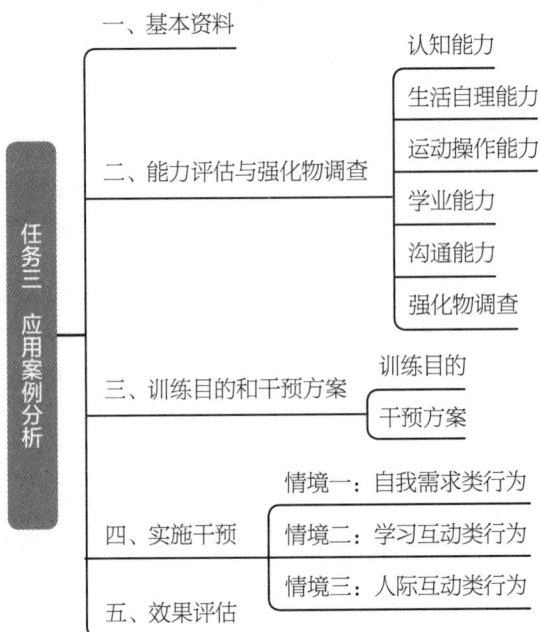

检测与思考 ·····▶

（一）简答题

1. 在为孤独症儿童制定具体的辅助沟通系统干预方案时，前期需要做些什么？

2. 在制定辅助沟通系统干预方案时，为什么要对孤独症儿童的强化物进行调查？

（二）案例题

小明今年4岁，被医院诊断为孤独症，没有口语能力，有初步的理解能力，现在在家里由妈妈带着。一天上午，小明想吃厨房柜子上面的饼干，可是拿不到，就拉着妈妈的手把妈妈带到厨房。小明站在柜子旁看着妈妈，妈妈有些困惑，拿起柜子里面的物品问他："是要这个吗？"小明哼哼了几下，妈妈把物品拿给他，他不要。妈妈又拿起一件物品问他……就这样过了5分钟，小明开始大哭。最后，妈妈终于把饼干拿给了小明，小明接过饼干扔到地上，跑回房间哭，过了一会儿又跑回厨房，拿起地上的那袋饼干，打开后开始吃。

请问你有什么办法帮小明的妈妈？请根据所学的有关辅助沟通系统的知识，为小明设计一个辅助沟通的干预方案。

单元八任务三
检测与思考参考答案

参考文献 ·····▶

段玄锋，郑月霞. 自闭症儿童语言障碍表现及训练方法综述. 现代特殊教育，2015（4）.

姜泗长，顾瑞. 言语语言疾病学. 北京：科学出版社，2005.

刘晶波. 特殊儿童早期发展支持. 南京：南京师范大学出版社，2015.

李晓燕，周兢. 自闭症儿童语言发展研究综述. 中国特殊教育，2006（12）.

秦奕. 特殊需要儿童早期干预. 南京：南京师范大学出版社，2014.

王芳. 重度自闭症儿童沟通表达能力培养"序曲"阶段策略初探——基于以活动为本位的辅助沟通系统. 现代特殊教育，2019（13）.

徐光兴. 自闭症儿童认知发展与语言获得理论研究综述. 华东师范大学学报（教育科学版），1999（3）.

徐静，彭宗勤. 应用辅助沟通系统促进自闭症儿童语言和沟通能力的发展. 中国组织工程研究与临床康复，2007（13）.

徐琴芳. 孤独症儿童的语言障碍及语言发展. 中国特殊教育，2002（4）.

杨思渊，孟灵博，麦坚凝. 电子辅助沟通系统对孤独症儿童的近期效果研究. 中国儿童保健杂志，2015（5）.

张伟锋. 言语治疗学中"语言-言语"区分的反思. 传播康复新技术，推广治疗新理念——中国康复医学会第九届全国康复治疗学术年会，2012.

张瀛尹. "不合作"中的合作——从合作原则的违反看自闭症儿童语言交流的合作本质. 湖北广播电视大学学报，2011（7）.

中华医学会精神科分会. 中国精神障碍分类与诊断标准. 济南：山东科学技术出版社，2001.

American Psychiatric Association. Diagnostic and statistical manual of mental disorders. 5th ed. Arlington, VA: American Psychiatric Association, 2013.

JORDAN R R. An experimental comparison of the understanding and use of speaker-addressee personal pronouns in autistic children. The British journal of disorders of communication, 1989（2）.

MAGIATI I, HOWLIN P. A pilot evaluation study of the Picture Exchange Communication System（PECS）for children with autistic spectrum disorders. Autism: the international journal of research and practice, 2003（3）.

MATSON J L, MINSHAWI N F. Functional assessment of challenging behavior: toward a strategy for applied settings. Research in developmental disabilities, 2007（4）.

MCEVOY R E, LOVELAND K A, LANDRY S H. The functions of immediate echolalia in autistic children: a developmental perspective. Journal of autism and developmental disorders, 1988（4）.

SCHEPIS M M, REID D H, BEHRMANN M M, et al. Increasing communicative interactions of young children with autism using a voice output communication aid and naturalistic teaching. Journal of applied behavior analysis, 1998（4）.

单元九·图片交换沟通系统（PECS）

导 语

图片交换沟通系统（PECS）是目前在辅助沟通领域应用极为普遍而且有效的方法，已经形成了完整的训练方案，因此，本单元予以特别介绍。

PECS由安德鲁·邦迪和洛丽·佛罗斯特创立于1985年。当时，安德鲁·邦迪担任美国特拉华州公立学校学前儿童孤独症项目的临床教学总监，洛丽·佛罗斯特作为言语病理学家参与该项目。他们在对孤独症儿童的言语沟通训练中，尝试过言语训练、手语训练、图片指认等各种传统的训练方法，但是发现这些方法都不能激发孤独症儿童的主动沟通和社交接近。通过反复的尝试和实验，他们逐渐创立了PECS的完整训练方案。基于斯金纳的言语行为理论，以应用行为分析为框架加以延伸扩展，PECS的目标在于指导孤独症儿童的功能性沟通。

PECS的着眼点是功能性沟通，而不是言语治疗。但是研究表明，PECS有促进学前儿童言语发展的作用。迄今为止，全球已经有超过150篇公开发表的研究论文证实PECS是一种有实证依据的适合孤独症儿童的沟通干预方法。

经过多年的临床实践，PECS已经不再局限于对学前孤独症儿童的沟通训练中，在全球范围内，广泛应用于对各个年龄阶段的各类沟通障碍人士的沟通训练中。研究已经证实，PECS的适用人群除了孤独症谱系障碍患者以外，还包括脑瘫、发育迟缓、失语症、唐氏综合征、听障、脑外伤后遗症、阿尔茨海默病等50余种疾病和障碍的患者。PECS的使用者没有年龄限制，年幼者两岁以下，年长者80多岁，凡是有扩充或替代沟通需要的人士，均可以使用。

学习目标

1. 了解PECS。
2. 知道PECS各个阶段的教学要点。
3. 了解PECS在教学中的应用。

知识导览

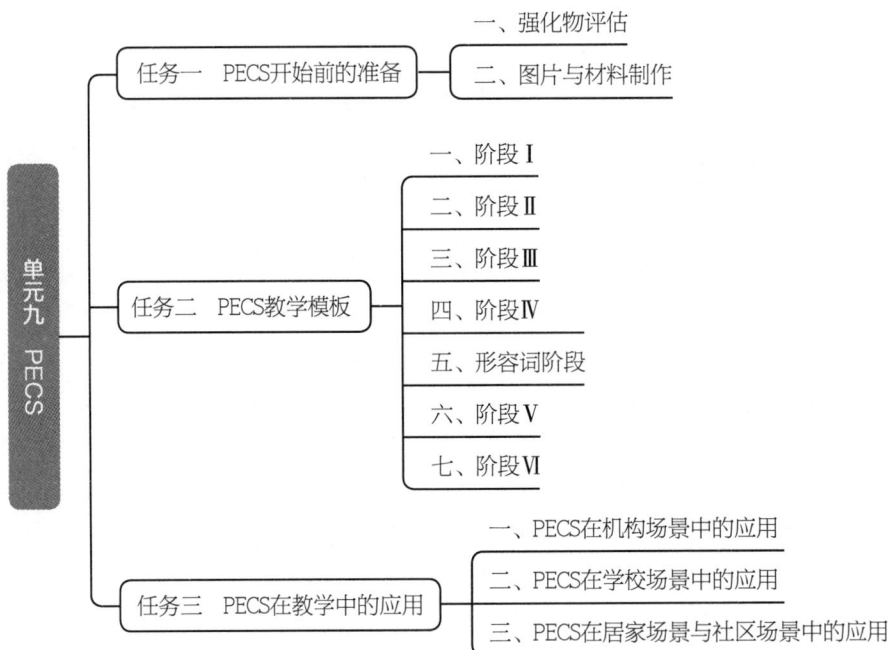

单元九 PECS

任务一 PECS开始前的准备
- 一、强化物评估
- 二、图片与材料制作

任务二 PECS教学模板
- 一、阶段 I
- 二、阶段 II
- 三、阶段 III
- 四、阶段 IV
- 五、形容词阶段
- 六、阶段 V
- 七、阶段 VI

任务三 PECS在教学中的应用
- 一、PECS在机构场景中的应用
- 二、PECS在学校场景中的应用
- 三、PECS在居家场景与社区场景中的应用

扫码学习

▶ 任务一
PECS开始前的准备

问题情境…▶

图片交换沟通系统，顾名思义，是用图片进行沟通与表达。沟通发起者给予聆听者一张图片，表达自己的所需，交换自己想要的物品。

那么，问题就来了。在教导学生使用图片进行沟通之前，需要学生认识图片吗？

答案是：不需要。

第一堂PECS课开始前，唯一的条件是确定好学生的强化物，也就是学生偏好的、愿意付出努力去得到的物品或活动。

一、强化物评估

强化物就是促使某一种行为或反应出现的可能性增加的事物，可以是物品，也可以是活动或人物。我们每个人都有自己的强化物，有人喜欢美食，有人喜欢电影，有人喜欢交际，有人喜欢运动。

强化物有物质的和社交的两类。考虑到孤独症谱系群体的核心症状，社交强化对他们的作用不大，他们更在意物质的、有形的强化。因此，在利用PECS进行沟通时，就从确定物质的、有形的强化物开始。

如何确定强化物？

①收集信息。除了在教学环境中观察学生的偏好，还需要向学生的父母、照顾者收集信息。可以询问他们学生最爱吃的食物、最爱玩的玩具、最喜欢的活动、最喜欢相处的人等，并一一做好记录。

②开放式观察。在一个开放自由的环境中，各类物品任由学生自己拿取，没有任何限制和要求，教师或家长的工作是观察并记录，观察哪些物品是学生第一个拿取的，是拿在手中不放的，是反复拿取频率最高的，是当别人试图从他手中拿回来时学生不肯松手给的。这些物品可以记录为学生偏好的物品，也就是强化物。

③通过强化物评估，确定强化物等级。

首先，给学生一件在之前观察中了解到的他喜欢的物品。观察他的反应。他伸手并且拿走它吗？他以某种方式拒绝吗？若他拿走了这件物品，立刻尝试拿回来，观察他的反应。他保护这件物品不让拿走还是允许你拿回去？把这件物品还给他，注意他接下来的行为。当学生拿到这件物品时，看看他会对这件物品做什么。他吃或者玩这件物品吗？他发出享受的声音或露出享受的微笑吗？他持续不断地玩它吗？还是只拿在手中，不玩或不吃？

把那些学生伸手拿，在拿走时有负面反应，在还给他时开始吃或玩的物品列出来。

把这些学生喜爱的物品，再以两件一组呈现的方式，出示给学生。注意学生首先拿的是哪一件，重复几次。把最喜爱的物品（选择次数最多的）移走，把剩下的物品，再加上一件新的物品，出示给学生。如此列出强化物的等级。

📖 |拓展知识|

强 化

强化是应用行为分析中的一个重要概念，强化体现了行为和后果的关联性。例如，学生举手抢答，教师关注到他，向他微笑点头，叫他的名字让他回答。教师的关注就成为强化，学生举手的频率会增加。如果一个人打开手机，总是有朋友发送的有趣信息出现，那么他打开手机的频率就会增加，朋友的有趣信息就是强化。

在强化物的应用中，有一个非常重要的原则，就是立即强化，也就是说，行为与获得强化物之间的时间间隔必须越短越好。根据实验结果，这个时间间隔最多为30秒。30秒强化的原则也是PECS遵循的。

二、图片与材料制作

在做好强化物评估以后，就可以开始上第一堂PECS课了。虽然，学生对图片有一定的认知和分辨能力不是PECS训练的先决条件，但是，我们要准备好跟强化物对应的图片。如果确定了5件强化物，就要准备与这5件强化物一一对应的图片。因为到后期，我们会教导学生分辨图片，所以一开始就有与强化物对应的图片会比较好。

图片可以是物品的照片，也可以是线条画。图片类型与训练效果之间没有特定的关联。图片可以由教师或家长直接拍摄后打印，也可以从网络上下载。PECS公司提供了专为PECS设计的图库。比如，有一套PECS 151（见图9-1）提供了151张常用的强化物图片，适合在PECS初始阶段使用，使用起来比较方便。

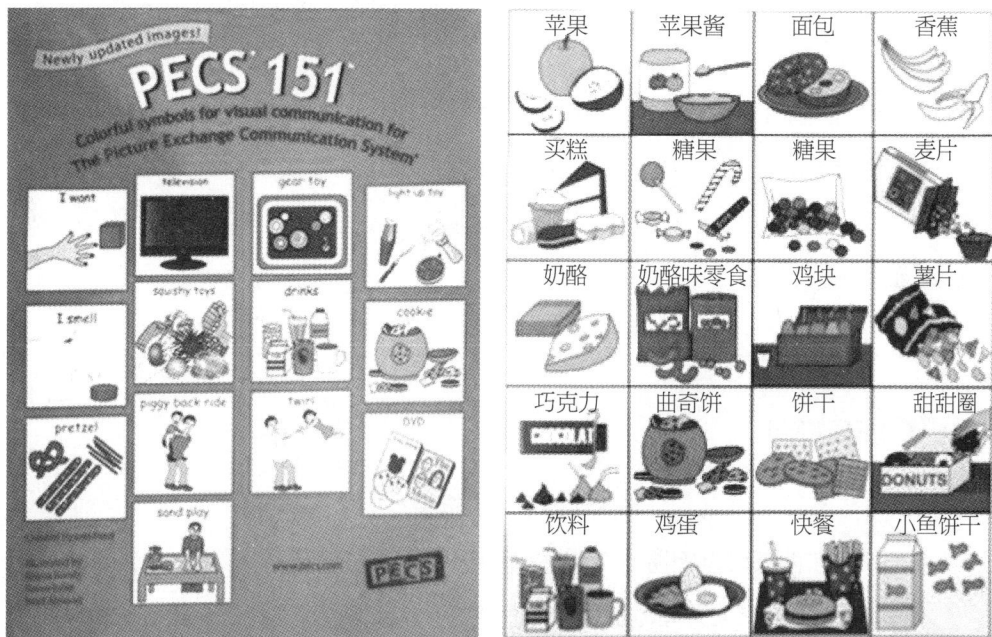

图9-1　PECS 151图片套装

除了图片外，我们还需要准备以下物品。

① 魔术贴，又称"雌雄贴"，分圆点形绒面的和长条形钩面的。圆点形绒面的贴在图片背面，长条形钩面的贴在沟通本的封面和内页。

② 沟通本（见图9-2）及背带。沟通本是一个三环的活页文件夹，在需要时可以添加内插页。每个学生都必须配备一个沟通本，在开始PECS阶段Ⅱ的训练后，走到哪里都需要带着他的本子。所以，沟通

图9-2　PECS沟通本

本还必须配上背带，便于携带。

③ 句子条。在PECS阶段Ⅳ的训练中，学生开始使用多张图片。这时，需要在每个学生的沟通本上增加一个"句子条"，学生可以在上面粘贴两张或更多图片以组成句子。PECS公司提供标准化制作的句子条，与沟通本配套。

④ 打印机和打印纸。需要有一台彩色打印机，若学校或家中没有彩色打印机，可以在文印店进行彩色打印。图片需要采用铜版纸或卡纸来打印。打印好以后，将图片切割好，一般常用的图片尺寸为4.5 cm × 4.5 cm。

⑤ 塑封材料和塑封机。每一张图片需要进行塑封贴膜，这样不仅防水而且耐磨。塑封膜可以在网上订购，根据图片尺寸大小，选择塑封膜的尺寸。塑封机价格不高，可以考虑在学校或家中配备一台，方便使用。

|拓展知识|

如何创造沟通机会？

当所有东西都可以轻易地得到，不需要付出任何东西时，学生为什么要跟某个人去沟通他的需求或愿望呢？我们假设学生不会自动请求，我们直接给他提供他所需和所爱的东西，而不去教他如何提出请求。我们甚至在学生未提出要求前，就主动地跟他说："你饿了，想吃面包吧？"这样就剥夺了学生学习沟通的机会。

一旦做好强化物评估，我们就要进行控制，使学生不能够轻易得到强化物。比如，把学生喜爱的玩具放到架子的顶端，让他能够看得到却拿不到；把学生喜爱的点心和饮料放到冰箱的最上层，或放在他打不开的容器中。这样就给了学生请求得到那件物品的机会。

正常发展的儿童每小时发起50次以上沟通。对于有沟通障碍的学生来说，我们的沟通训练不仅在某一堂训练课上进行，而且分布在全天的所有活动中；不仅在我们设计的沟通机会中进行，也要抓住一切偶发事件来引导沟通。比如，学生吃了薯片，口渴了，需要喝水，这就是一个沟通机会；学生洗完手，需要毛巾擦手，这也是一个沟通机会。这些机会，都是用PECS的好时机。

怎样在日常生活中创造沟通机会呢？我们来回顾一下学生一天中的活动：在

家里，穿衣服，吃饭，玩游戏，搞个人卫生，看电视；在学校，上课，运动，做手工，休息，吃午餐，吃点心……每一个活动中我们都可以安排沟通机会，创造一些场景让学生可能会想要得到某件东西。这样，我们就可以抓住时机，教他怎样沟通才能够得到这件东西。

要点回顾 ·····▶

强化物就是促使某一种行为或反应出现的可能性增加的事物，可以是物品，也可以是活动或人物

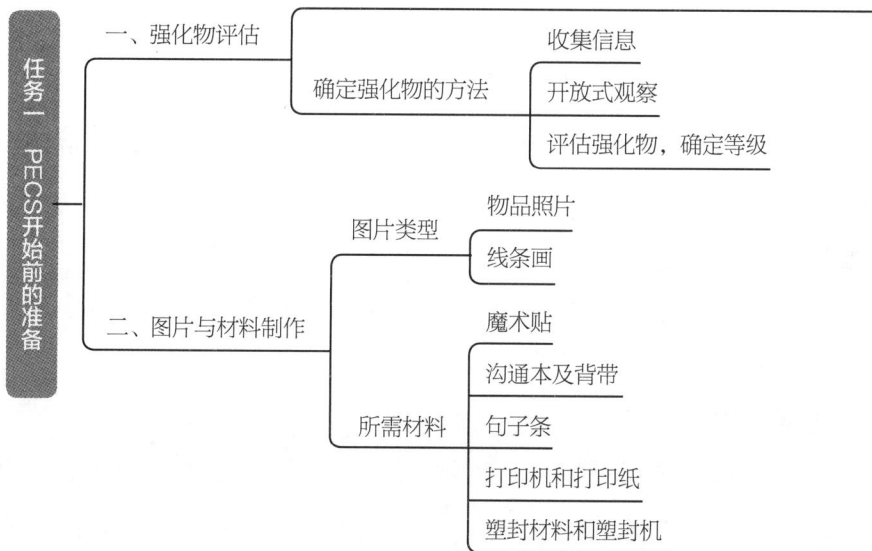

```
任务一  PECS开始前的准备
├─ 一、强化物评估
│   ├─ 确定强化物的方法
│   │   ├─ 收集信息
│   │   ├─ 开放式观察
│   │   └─ 评估强化物，确定等级
├─ 二、图片与材料制作
    ├─ 图片类型
    │   ├─ 物品照片
    │   └─ 线条画
    └─ 所需材料
        ├─ 魔术贴
        ├─ 沟通本及背带
        ├─ 句子条
        ├─ 打印机和打印纸
        └─ 塑封材料和塑封机
```

检测与思考 ·····▶

1. PECS是什么的英文缩写？

2. PECS适合于哪些人群？

3. PECS需要以学生有模仿和口语能力为先决条件吗？

单元九任务一
检测与思考参考答案

▶ 任务二
PECS教学模板

问题情境…▶

　　PECS教学从哪里入手？一开始需要几张图片？是从模仿、描述开始，还是从自发的请求开始？

　　PECS教学分为阶段Ⅰ至阶段Ⅵ六个阶段和形容词阶段。在实施PECS教学计划时，必须严格按照PECS的原版模型进行。所有的学生，无论基础能力怎样，都必须从阶段Ⅰ开始。每个阶段达标后，再进入下一个阶段。

一、阶段Ⅰ

（一）阶段Ⅰ的目标

通过阶段Ⅰ的训练，当学生看到一件很喜欢的物品时，会拿起一张图片，伸手交给沟通伙伴，把图片放到沟通伙伴的手中。

这一阶段的目标是让学生学会主动发起沟通，让学生明白，沟通就是通过一张图片向他人传递信息，而对方会给予学生想要的物品。用图片来表达需求，比以前用"问题行为"来表达需求，要简单有效得多。

（二）阶段Ⅰ的操作过程

怎样引导学生主动发起沟通？前提就是准备好强化物。当学生有足够的动机去拿取强化物时，肢体辅助者提供肢体辅助，将学生伸手拿强化物的行为，转化为拿图片，伸手交给沟通伙伴（掌握强化物的人）的行为。（图9-3）

图9-3　阶段Ⅰ的操作过程

（三）阶段Ⅰ的教学要点

①必须有两位训练者。一位训练者担任沟通伙伴，掌握强化物，与学生面对面；另一位训练者担任肢体辅助者，在学生的背后，只有在学生主动发

起沟通的情况下，才根据需要给学生提供肢体辅助。因为这个阶段的重点是强化学生的主动沟通，所以肢体辅助者是必需的。如果没有肢体辅助者，就不能进行阶段 I 的训练。

②两位训练者都不能有任何言语提示。

③一次只提供一张图片，学生无须具备图片认知和分辨能力。

（四）阶段 I 对训练者的要求

1. 沟通伙伴

①面向学生。

②事先准备好强化物，以及跟强化物对应的图片。一次只呈现一个强化物和一张图片，对强化物要有所控制。

③恰当地用强化物吸引学生。

④当学生交出图片时，0.5秒内把强化物交给学生，强化他交换图片的行为，并给予口头赞扬（社交强化）。

⑤在学生消耗强化物时，把图片放回学生方便拿到的地方。

⑥当学生对强化物不再感兴趣时，就换别的强化物。

⑦没有口头提示和提问，也不要求学生说话。

2. 肢体辅助者

①等待学生发起动作（伸手拿强化物）。

②用肢体引导学生拿起图片，伸出手，把图片放到沟通伙伴手中。

③逐渐撤掉提示。

④预防或阻止学生的扰乱行为。

⑤与学生之间没有社交互动。

（五）阶段 I 对学生达标的要求

当学生看见和想要某件特定的物品，而该物品的图片可以拿到时，学生会拿起图片，向拿着该物品的人（沟通伙伴）伸出手，把图片交到那个人的手中。在这一阶段，学生会面对5个不同的强化物、2位或以上沟通伙伴，处于2个或以上活动场景中。10次机会中，学生有9次都能够独立完成请求。达到这样的要求，学生就算达标了。

表达性沟通与接受性沟通

表达性沟通分两种。①命名/描述，得到的后果是社交的强化。例如，沟通者说："电灯很亮！"聆听者的回应："是啊！"②请求，得到的后果是有形的强化。例如，沟通者说："我要喝水！"聆听者的回应："给你水。"

接受性沟通也分两种。①得到社交的后果。例如，沟通者说："帮我拿一张纸。"接受者把纸给沟通者，得到的后果是："谢谢！"②得到有形的后果。沟通者说："你去拿一杯咖啡。"接受者去拿了咖啡，得到的后果是："可以喝咖啡了。"

PECS从表达性沟通的"请求"开始，学生用一张图片请求得到自己想要的物品，得到的后果就是直接的、有形的强化，这样学生更有动力主动发起沟通。

二、阶段Ⅱ

（一）阶段Ⅱ的目标

通过阶段Ⅱ的训练，学生可以走向他的沟通本，把图片从沟通本上取下来，走向沟通伙伴，引起沟通伙伴的注意，然后把图片放到沟通伙伴的手中。

这一阶段的目标是让学生跨越障碍，坚持沟通。

（二）阶段Ⅱ的操作过程

在阶段Ⅰ中，为了强化学生用图片交换来实现沟通的行为，沟通伙伴跟学生处于面对面的位置，并且在学生交出图片的0.5秒内给予强化物。但是，在真实的日常生活中，并非所有的场景都像在结构化的课堂环境中一样，即沟通伙伴跟学生是面对面的。为了巩固和泛化学生用一张图片沟通的能力，阶段Ⅱ加入了距离和坚持。也就是说，学生需要走向沟通本，再走向沟通伙伴，并且要在引起沟通伙伴注意的情况下，跟沟通伙伴进行图片交换。（图9-4）

图9-4　阶段Ⅱ——距离和坚持

（三）阶段II的教学要点

①每个学生必须有一个沟通本。

②有肢体辅助者最好。如果没有，由一位训练者担任沟通伙伴即可，掌握强化物。

③首先，沟通伙伴与学生的距离逐渐拉开。

④接着，拉开学生和沟通本之间的距离。

⑤一次提供一张图片，依然不需要学生具备分辨图片的能力。

（四）阶段II对训练者的要求

1. 沟通伙伴

①安排有效的训练环境，如图片容易拿到、训练者位置合适等。

②逐渐增加学生和沟通伙伴之间的距离。

③引导学生穿过房间，找到沟通伙伴。

④逐渐增加学生与沟通本之间的距离。

⑤引导学生穿过房间，拿到沟通本。

⑥转身背对着学生，限制一切微妙的提示，如身体引导、目光接触、期待的表情等。

⑦当学生交出图片时，0.5秒内给予强化物，以强化新的行为。

⑧不要求学生使用言语。

⑨引导学生从一个房间走到另一个房间，找到沟通伙伴，交换图片。

2. 肢体辅助者

①等待学生发起动作。

②根据需要，提示学生从沟通本上取下图片。

③根据需要，引导学生去找沟通伙伴。

④根据需要，引导学生去找沟通本。

⑤与学生之间没有社交互动。

⑥必要时通过"后退一步"纠错。

（五）阶段II对学生达标的要求

当看见和想要某件特定的物品，且沟通本上只有一张那件物品的图片时，学生会走向沟通本，取下图片，走向沟通伙伴，并交出图片。在这一阶段，学生会面对5个以上不同的强化物、5位或以上沟通伙伴。10次机会中，学生有9次都能够独立地完成请求。

在PECS教学方案阶段Ⅱ后面的各个阶段中，开始时沟通伙伴与学生都处于面对面的状态，而一旦各个阶段的能力达标，就会重新加入阶段Ⅱ的元素——距离和坚持。也就是说，阶段Ⅱ的元素会贯穿于整个教学过程中。

三、阶段Ⅲ

（一）阶段Ⅲ的目标

学生可以翻遍整个沟通本，在各种图片中，找出与想要的物品对应的那张图片，找到沟通伙伴，将图片交给沟通伙伴，交换自己想要的物品。

（二）阶段Ⅲ的操作过程

阶段Ⅲ引导学生分辨图片。先从简单的分辨（阶段Ⅲ A）开始。

1. 阶段Ⅲ A

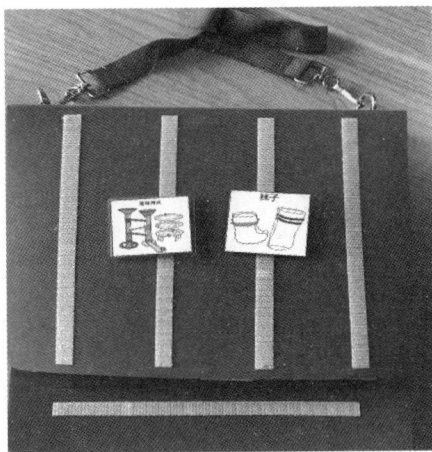

图9-5　阶段Ⅲ A的沟通本
（一张强化物的图片、一张干扰物的图片）

提供一张强化物的图片和一张干扰物的图片，让学生进行分辨。程序是：学生拿强化物的图片来交换，得到的就是强化物；拿干扰物的图片来交换，得到的就是干扰物。之所以这样做，是因为学生希望得到强化物，而回避干扰物，选择正确的图片对于学生来说是有好处的。通过两两呈现不同的强化物图片和不同的干扰物图片，最后学生能够学会选择正确的图片（与强化物对应的图片）（见图9-5）。当然，练习分辨的过程中会加入"错误纠正"的程序，通过"四步纠错"来纠正分辨错误。

如果学生选择了错误的图片进行交换，沟通伙伴就给予学生跟图片对应的物品（干扰物），此时学生会拒绝这件物品。面对这种情况，沟通伙伴需要把图片放回沟通本中原来的位置处，然后进行"四步纠错"。

|拓展知识|

四步纠错

第一步：示范。沟通伙伴指点沟通本封面上的强化物的图片。

第二步：练习。在沟通伙伴的示范和提示下，学生拿取正确的图片，交给沟通伙伴，沟通伙伴给予赞扬和命名图片，但是不给学生强化物。

第三步：转换。让学生完成一个简单而熟悉的任务（如拍手、跺脚之类），目的是让学生转移注意力，避免记住前面的示范和提示，保证在下一步中独立完成分辨。

第四步：将强化物图片和干扰物图片重新放回沟通本封面上，沟通伙伴手上拿着相应的强化物和干扰物，等待学生发起动作。如果学生拿取正确的图片进行交换，就在0.5秒内给予他强化物，并且命名强化物和赞扬学生的选择；如果学生给予错误的图片，就给他对应的干扰物，然后再进入"四步纠错"程序。

2. 阶段Ⅲ B

在掌握了简单的分辨能力以后，进入阶段Ⅲ B，对两件强化物的图片进行分辨。

阶段Ⅲ B的目的是训练学生分辨两张强化物的图片的能力。两张图片对应的都是学生偏好的物品，他拿任何一张图片来交换，都可以得到他偏好的物品，但沟通伙伴不知道这是不是他内心真正想要的。（见图9-6）因此，这时需要通过"对应检核"来确定学生交给沟通伙伴的图片是否与他拿取的那个物品相对应。如果是，就让他拿到，并即刻给予赞扬；如果学生交出甲图片，拿的是乙物品，就要阻止他拿乙物品，并进入"四步纠错"程序。

图9-6　阶段Ⅲ B的沟通本
（两张图片都是强化物的图片）

当学生已经在80%的机会中都能够将图片与所取物品一一对应，就可以同时呈现3张、4张、5张强化物的图片，让学生来选择。最后，把所有的图片都收纳到沟通本

的内页中，让学生从沟通本的内页中去寻找自己想要的图片。（见图9-7、图9-8）

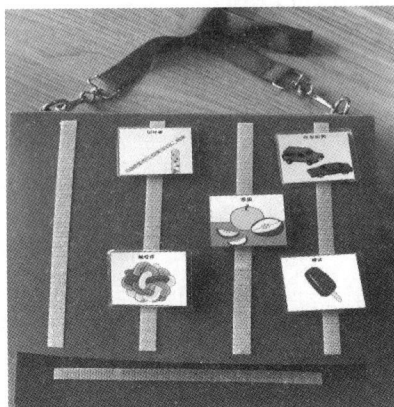

图9-7　阶段Ⅲ B（多张强化物的图片出现在封面上，学生进行分辨选择）

图9-8　阶段Ⅲ B（图片储存在沟通本内页中，学生自己寻找并拿取）

（三）阶段Ⅲ的教学要点

①不需要将具备图片认知分辨能力作为前提条件。

②前提条件依然是确定好强化物。

③阶段Ⅲ A进行的是简单的分辨，即在强化物图片和干扰物图片两张图片之间做出分辨。

④阶段Ⅲ B进行的是有条件的分辨，即在两张强化物图片之间做出分辨。

⑤随后提供3张、4张、5张图片，通过多种排列方式（改变在沟通本上的摆放位置，如进行上下、左右、斜角的变动等），让学生做出选择。

⑥若学生选择了正确的图片，要在0.5秒内给予其社交赞扬。

⑦只需要一位沟通伙伴，不需要肢体辅助者。因为学生已经在阶段Ⅰ和阶段Ⅱ学会了主动沟通和坚持沟通。这个阶段的目标是掌握图片分辨能力，已经不存在主动发起沟通方面的问题了。

⑧在掌握了图片分辨能力以后，就要加入阶段Ⅱ的元素——距离和坚持。学生要去寻找沟通本，从沟通本中找到与自己想要的物品相对应的图片，然后走一段距离，找到沟通伙伴进行交换。

（四）阶段Ⅲ对训练者的要求

1. 阶段Ⅲ A

①同时用两件物品吸引学生。

②学生一碰到正确的图片就给予其社交强化。

③在学生交换图片时迅速给予其请求的物品。

④按"错误纠正"程序正确地进行。

⑤不坚持用言语。

2. 阶段Ⅲ B

①用全部物品吸引学生。

②进行"对应检核"。

③按"错误纠正"程序正确地进行。

④进行3张、4张、5张图片的分辨。

⑤用多张不同的目标图片，进行2种、3种、4种、5种方式的混合分辨。

⑥引导学生在沟通本中寻找图片。

⑦不坚持用言语。

（五）阶段Ⅲ对学生达标的要求

阶段Ⅲ A：当看见和想要某件特定的物品，沟通本上有与该物品相对应的图片和一张干扰物品的图片时，学生会交给沟通伙伴正确的图片，以请求得到那件物品。10次机会，学生有9次都能够给予正确的图片。

阶段Ⅲ B：当看见两件强化物，沟通本上有这些物品的图片时，学生会交给沟通伙伴一张图片，然后当训练者告知"拿去"时，会选取与图片相对应的物品。10次机会中，学生有9次都能够给予正确的图片。

阶段 Ⅲ B达标以后，当看见各种不同的强化物时（甚至当强化物不在视线内时），学生会走向沟通本，从现有的图片中（从沟通本封面上或内页中）选取图片，把图片交给沟通伙伴，当被告知"拿去"时，会拿与图片对应的物品。10次机会中，学生有9次都能够独立、正确地完成。

四、 阶段Ⅳ

（一）阶段Ⅳ的目标

学生能够把两张图片放在句子条上，构造句子，把句子条交给沟通伙伴，表达请求。

（二）阶段Ⅳ的操作过程

阶段Ⅳ依然保持请求的功能，但是，加入一个句首词"我要"，以区别未来在学习描述和评论时用的"我看见""我听见"等句首词，使接收信息的聆听者明白学生要表达的是请求还是评论。

所以，阶段Ⅳ与前面三个阶段不一样的地方是，开始使用句子条，用两张图片构成一个句子："我要+强化物。"学生需要拿句子条跟沟通伙伴交换，并且用手指点击两张图片，才能获得强化物。

这个阶段，也是鼓励学生说话的阶段。当学生刚学会点击两张图片时，无论学生是否会说话，都是由沟通伙伴读出图片："我要……"当学生熟练点击两张图片时，沟通伙伴在读出"我要"以后，会插入3～5秒的停顿，等待学生发声。

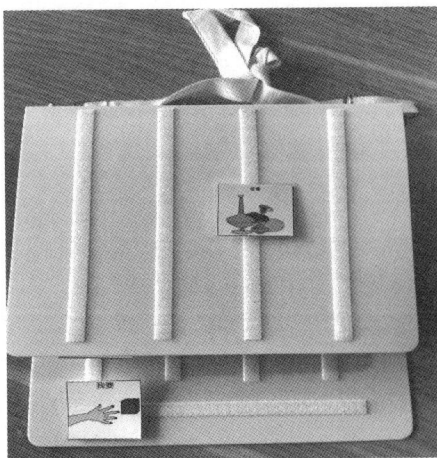

图9-9 阶段Ⅳ 第一步

（三）阶段Ⅳ的教学要点

第一步，将"我要"句首词预先放在句子条左侧句首的位置。用肢体辅助学生将强化物图片放到句子条上"我要"的右侧，并用肢体辅助学生从沟通本上摘下句子条，交到沟通伙伴手中，学生立刻可得到强化物。经过多个回合，逐渐撤除肢体辅助，直到学生学会独立地将强化物图片放到句子条上，独立地交换句子条。（图9-9）

第二步，教学生把"我要"句首词和强化

物图片放到句子条上。通过肢体提示，学生先把"我要"句首词放到句子条上，然后把强化物图片放到句子条上。经过多个回合，逐渐撤除肢体辅助，直到学生能够独立地将两张图片按正确顺序放到句子条上，并将句子条交给沟通伙伴。（图9-10）

第三步，教学生"点读"句子条。通过肢体辅助，学生用手指点击两张图片，沟通伙伴读出"我要……（强化物名称）"。逐渐撤除肢体辅助，直到学生能够独立点击两张图片。（图9-11）

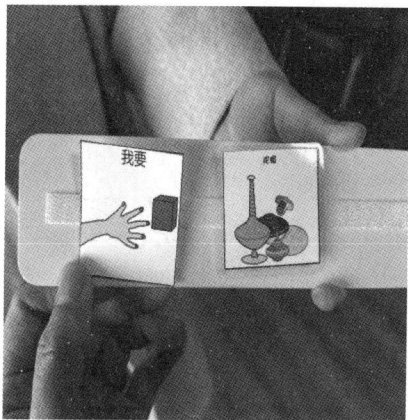

图9-10 阶段Ⅳ 第二步

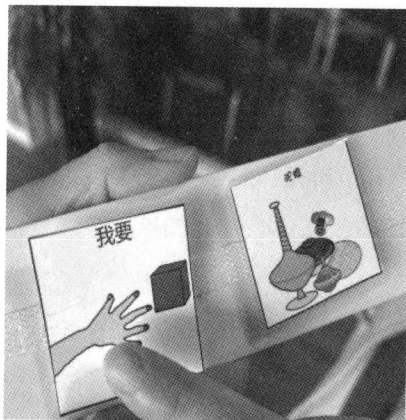

图9-11 阶段Ⅳ 第三步

第四步，鼓励学生说话。在学生点击图片时，沟通伙伴只读出第一个句首词，然后插入3~5秒的停顿，等待学生发出声音，说出强化物名称（即使发音含糊不清或者词汇不完整，也没有关系）。

虽然鼓励学生说话，但是不强求学生说话。如果学生发出声音，就大大地庆祝，给学生更多强化物，或让他拥有强化物更长时间，并给予社交强化，如拥抱、击掌、拍拍肩膀等；如果学生不发声，依然把强化物给他，强化他交换句子条的行为。

（四）阶段Ⅳ对训练者的要求

①开始时，将"我要"预先放在句子条上。

②等待学生发起动作。

③用肢体辅助学生把强化物图片放到句子条上并交换句子条。

④逐渐撤除肢体辅助。

⑤引导学生进行整个句子条（两张图片）的组合。

⑥在0.5秒内强化新的行为（新的行为：第一步是学生自己移动强化物图片到句子

条上，第二步是学生自己移动句首词和强化物图片到句子条上，第三步是学生独立点击两张图片，第四步是学生发音。一旦出现这些新的行为，要在0.5秒内进行强化，如大声赞扬）。

⑦每次完成句子条交换后，都即刻给予强化物。

⑧采用肢体辅助，引导学生在读句子条时用手逐一指着图片。

⑨在读句子条时采用延迟（3~5秒）策略。

⑩如果学生说话，就给予有区别的强化。

⑪当图片顺序不正确时，要进行纠错。

⑫不要坚持让学生进行言语模仿或发音。

（五）阶段IV对学生的达标要求

当沟通本上有各种不同的强化物图片、句首词"我要"，以及一个句子条时，学生会把句首词"我要"放到句子条的左侧，把强化物图片放到句子条的右侧，把整个句子条交给训练者，以此来请求得到那件物品。在这一阶段，学生会面对各种不同的强化物图片、不同的沟通伙伴，处于不同的环境。10次机会中，学生有9次都能够独立完成请求。

当想要某件物品时，学生会走向沟通本，构建整个句子条，走向沟通伙伴，交换句子条。10次机会中，学生有9次都能够独立完成请求。

五、 形容词阶段

阶段IV的要求达标以后，就可以同时进行形容词等词汇扩充的训练和阶段V的训练了。

（一）形容词阶段的目标

学生能够构建包含"'我要'+形容词+一个强化物"图片的句子条，交换句子条，请求得到眼前的和不在眼前的物品。学生能够运用不同的形容词图片，并把形容词结合到句子中，形成包含三张或三张以上图片的句子。

（二）形容词阶段的操作过程

在这个阶段，引导学生运用形容词以及更多的词汇，来提出更为特定和具体的请求。在这里，"形容词"泛指所有表示属性的词汇，涉及大小、颜色、形状、质地、温度、气味、口感、速度等。在引导学生使用形容词时，依然不需要以具备对这些词汇概念的认知能力为前提。学生会对强化物的某些属性有要求。比如，吃巧克力，要大的，不要小的，或者要方形的，不要圆形的；吃冰激凌，要草莓味的，不要香草味的；喝水，要喝凉的，不要喝热的；玩小汽车，要红色的，不要蓝色的。通过强化物评估，观察学生对强化物某些属性的偏好。之后，就可以开始形容词阶段的教学。

（三）形容词阶段的教学要点

进行强化物评估的目的是了解学生对强化物某些属性的偏好。我们可以根据偏好来选择用哪个形容词开始教学。（见图9-12至图9-14）

图9-12　形容词（颜色）：三张图片的句子条

第一步，教学生用三张图片构成句子。在句首词"我要"和强化物图片之间，加入一张形容词图片。

第二步，教学生进行形容词的分辨。在一张偏好的形容词图片和一张干扰的或不喜欢的形容词图片之间进行分辨，做出正确的选择。

图9-13　形容词（数字）：三张图片的句子条

第三步，教学生在两张偏好的形容词图片之间进行分辨，做出正确的选择。

在第二步和第三步中，若分辨错误，用"四步纠错"程序来纠正错误。

图9-14　多个形容词组成的长句

（四）形容词阶段对训练者的要求

①评估学生对现有强化物的哪些特征存在偏好，从这些偏好入手，进行形容词阶段的教学。

②引导学生用三张图片组句。

③当学生自动拿取形容词图片放到句子条上，或者选择了正确的形容词时，在0.5秒内强化新的行为（如口头赞扬）。

④进行形容词的"对应检核"。

⑤形容词图片选择错误时采用"四步纠错"。

⑥对错误的图片顺序进行纠错。

⑦在同一堂课中引导学生使用不同的形容词（不同的颜色、不同的大小等）。

⑧练习使用每个形容词时，采用多种物品来进行（如练习使用"红色"时，采用红色的汽车、红色的杯子、红色的糖果，红色的球等多个种类的物品来进行）。

（五）形容词阶段对学生达标的要求

当看到两件不同属性的同种物品（一件是喜欢的，另一件是不喜欢的，如蓝色和绿色的糖果），PECS沟通本上有"我要" 图片、物品图片和偏好的形容词图片时，学生会用由三张图片组成的句子，请求得到那件物品。10次机会中，学生有9次能够独立完成。

当看到两件不同属性的同种物品（一件是喜欢的，另一件是不喜欢的），PECS沟通本上有"我要" 图片、物品图片和两张形容词图片时，学生会用由正确的形容词图片组成的句子，请求得到那件特定的物品。在这一阶段，学生会面对至少两种具有正确的形容词特征的物品（蓝色的马克笔、蓝色的巧克力豆）。10次机会中，学生有9次能够独立完成。

当看到两件不同属性的同种物品时，学生会用正确的顺序，把一张形容词图片组合进句子条中（由"我要"、形容词图片、强化物图片三张图片组成），当被告知"拿去"时，会拿跟句子条相对应的物品。在这一阶段，学生会面对至少三种不同的属性（如3种颜色的巧克力豆），至少两种物品（巧克力豆和马克笔，各3种颜色）。10次机会中，学生有9次能够独立完成。

六、 阶段V

（一）阶段V的目标

让学生在继续保持自发请求的基础上，学会回应"你要什么？"。

阶段V继续保持请求的功能。但是，阶段Ⅰ至阶段Ⅳ只有表达性请求，而阶段V加入了回应性请求。创始人之所以在PECS整个教学模板中有这样的顺序设计，是因为他们观察到对于存在孤独症谱系障碍的学生而言，社交强化的作用不大，让他们学会自发地评论和描述比较困难。所以，在练习评论和描述时，要从回应性的评论和描述开始。而为了做好准备和过渡，我们在阶段V就开始教回应性请求。虽然加入了一个问句 "你要什么？"，但对于学生而言，构造句子和表达需求依然跟阶段Ⅳ一样，得到的强化也是直接的、有形的强化。

（二）阶段Ⅴ的操作流程

刚开始时，沟通伙伴在提问"你要什么？"的同时，用手指点击句首词"我要"，让学生明白这个问题的意思。在后续的回合中，逐渐延长"你要什么？"和用手指点击句首词"我要"两者之间的时间间隔，直到学生可以独立回应。

（三）阶段Ⅴ的教学要点

①因为第一次加入问句"你要什么？"，所以沟通伙伴要用手指点击沟通本上的句首词"我要"作为对学生的提示。（见图9-15）

②提示的策略为"渐进的时间延迟"。也就是说，提问和手指动作之间的时间间隔应渐渐延长，直到不用手指点击，学生就能够独立地回应。

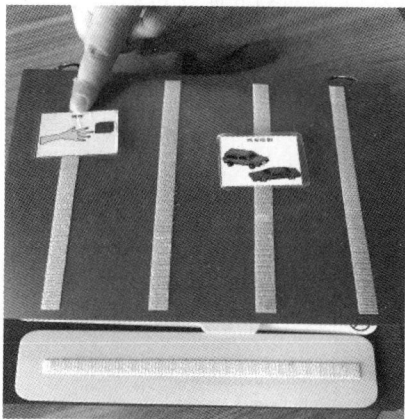

图9-15　阶段Ⅴ："你要什么？"+手指句首词

③在要求学生回应的同时，不能忘了继续强化学生自发的请求。

（四）阶段Ⅴ对于训练者的要求

①用延迟的提示来引导学生回答"你要什么？"。

②如果学生在没有提示的情况下可以独立地回应，就进行有区别的强化（给予更多的强化物、允许学生在强化物上花更多的时间，并给予社交赞扬）。

③要创造多个机会，让学生既有自发地提出请求的机会，也有回答"你要什么？"的机会。

（五）阶段Ⅴ对学生达标的要求

当听到"你要什么？"时，学生会用"我要"句首词和强化物图片，构建句子条，把句子条交给沟通伙伴，加以回应。10次机会中，学生有9次能够独立完成。

当听到"你要什么？"或有自发地提出请求的机会时，学生会走向沟通本，构建句子条，走向沟通伙伴，交换句子条。10次机会中，学生有9次能够独立完成。

七、阶段Ⅵ

（一）阶段Ⅵ的目标

学生能够回答"你要什么？""你看见了什么？""你有什么？""你听到了什么？""这是什么？"等问题，还能够自发地提出请求和发表评论。

（二）阶段Ⅵ的操作过程

阶段Ⅵ开始引导学生对事物进行评论和描述。评论和描述获得的结果是赞扬和认同。比如，学生指着天空说："看，飞机！"教师的回应是："对，我也看见了！"这就是学生发表评论后获得的结果。这是一种纯社交强化，学生不会因为说了"飞机"而得到飞机。这样的结果，对于孤独症学生而言，显然是没有吸引力的。所以，要从提问"你看见了什么？""你有什么？""你听见了什么？""这是什么？"等问题开始，因为这些评论涉及感知觉，对于学生来说，相对具有强化意义。（图9-16、图9-17）

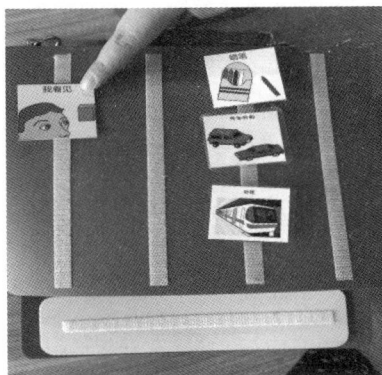

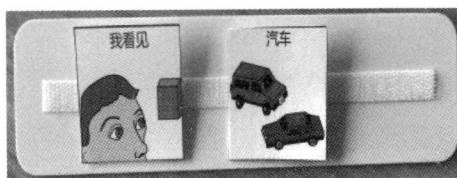

图9-16　阶段Ⅵ："你看见了什么？"

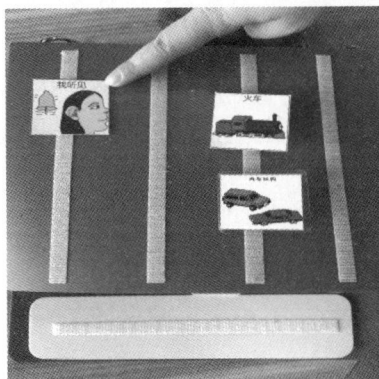

图9-17　阶段Ⅵ："你听见了什么？"

（三）阶段Ⅵ的教学要点

①提示的策略为"渐进的时间延迟"。一开始，在提问"你看见了什么？""你听见了什么？"等问题的同时，用手指点击新的句首词"我看见""我听见"等。接下来，提问和手指动作之间的时间间隔应渐渐延长，直到不用手指点击，学生就能够独立地回应。

②当学生用句子条回答问题后，只给予其社交强化（如口头的赞扬），没有实物强化。

③每次只练习一个评论性的句首词。当学生掌握了不同的句首词以后，需要进行句首词的分辨练习。如果学生选择错误，如当提问"你看见了什么？"时，学生拿取"我听见"句首词，那么就要进行"四步纠错"，来纠正分辨的错误。

④通过缩短问句、降低音量等方法，让学生逐渐学会自发地评论。

⑤在掌握评论的同时，不能忘了自发请求和回应性请求。

（四）阶段Ⅵ对训练者的要求

①用延迟的提示来引导学生回答评论性问题。

②在引导学生评论的同时，继续创造机会让学生自发地提出请求。

③引导学生进行对"我看见""我听见"等句首词的分辨。

④若分辨句首词时出现错误，进行"四步纠错"。

⑤创造机会，引导学生自发评论。

⑥把形容词引入评论中。

（五）阶段Ⅵ对学生达标的要求

当被随机问到"你看见了什么？""这是什么？""你要什么？"，或者有自发地提出请求的机会时，学生会恰当地用"我看见""这是""我要"句首词回应，或者会自发地用"我要"句首词来请求得到想要的物品。10次机会中，学生有9次能够独立完成。

当在一个新奇的环境中看到一件熟悉的物品时，学生会自发地用"我看见"或"这是"来评论这件物品。10次机会中，学生有9次能够独立完成。

要点回顾 ·····▶

```
                                    阶段Ⅰ的目标      主动发起沟通

                                    阶段Ⅰ的操作过程    准备好强化物

                                                     两位训练者，沟通伙伴、肢体辅助者
                                    阶段Ⅰ的教学要点
                                                     无言语提示

                                                     一次只提供一张图片
                       一、阶段Ⅰ
                                                     沟通伙伴
                                    阶段Ⅰ对训练者的要求
                                                     肢体辅助者

                                                          拿起图片并把图片交给沟通伙伴（10次机
                                    阶段Ⅰ对学生达标的要求    会中有9次都能够独立完成请求）


                                    阶段Ⅱ的目标      跨越障碍，坚持沟通

                                    阶段Ⅱ的操作过程    距离和坚持
   任
   务
   二                                               沟通本
   P
   E                                               强化物
   C
   S                阶段Ⅱ的教学要点                  拉开沟通伙伴与学生的距离
   教
   学       二、阶段Ⅱ                               拉开学生和沟通本的距离
   模
   板                                               一次提供一张图片

                                                     沟通伙伴
                                    阶段Ⅱ对训练者的要求
                                                     肢体辅助者

                                                          走向沟通本和沟通伙伴，交出图片（10
                                    阶段Ⅱ对学生达标的要求    次机会中有9次都能够独立完成请求）
```

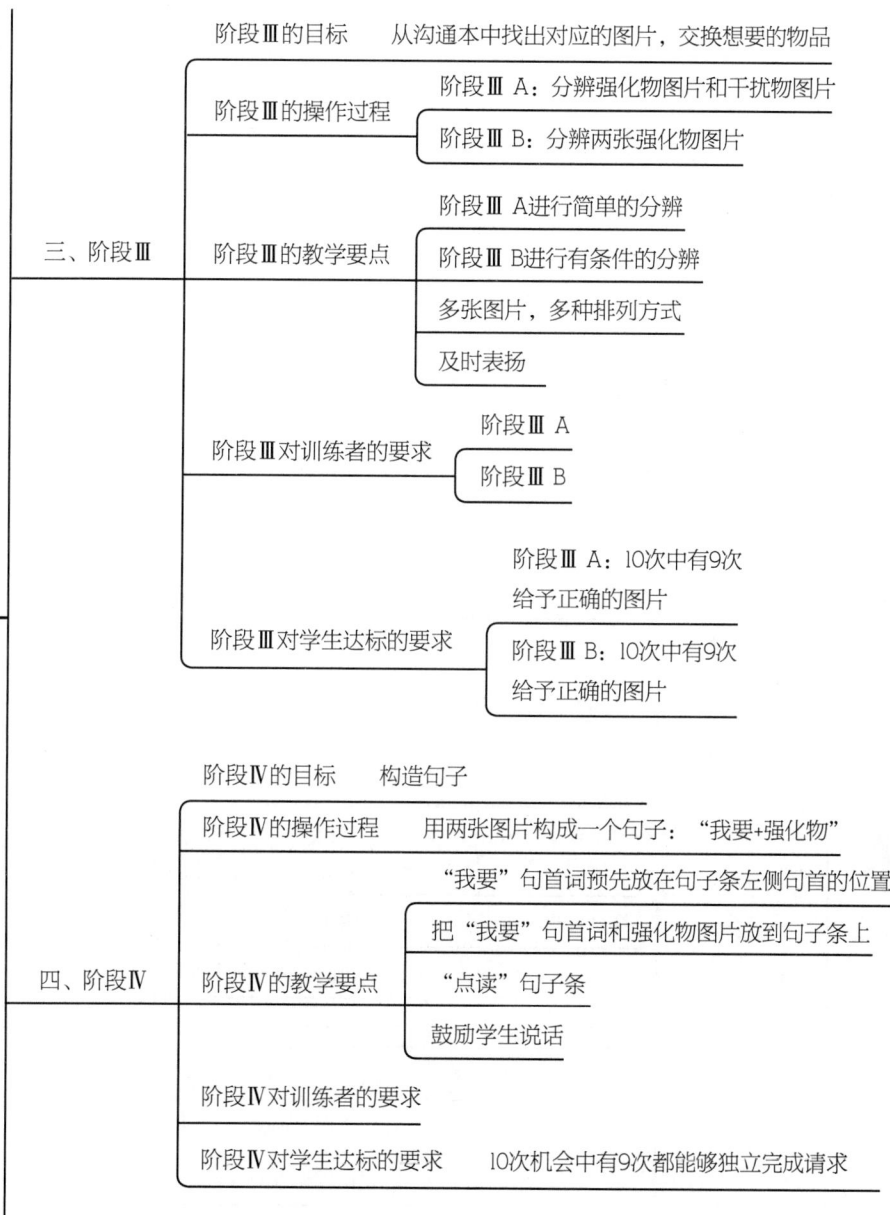

任务二　PECS教学模板

三、阶段Ⅲ

阶段Ⅲ的目标　从沟通本中找出对应的图片，交换想要的物品

阶段Ⅲ的操作过程
- 阶段Ⅲ A：分辨强化物图片和干扰物图片
- 阶段Ⅲ B：分辨两张强化物图片

阶段Ⅲ的教学要点
- 阶段Ⅲ A进行简单的分辨
- 阶段Ⅲ B进行有条件的分辨
- 多张图片，多种排列方式
- 及时表扬

阶段Ⅲ对训练者的要求
- 阶段Ⅲ A
- 阶段Ⅲ B

阶段Ⅲ对学生达标的要求
- 阶段Ⅲ A：10次中有9次给予正确的图片
- 阶段Ⅲ B：10次中有9次给予正确的图片

四、阶段Ⅳ

阶段Ⅳ的目标　构造句子

阶段Ⅳ的操作过程　用两张图片构成一个句子："我要+强化物"

阶段Ⅳ的教学要点
- "我要"句首词预先放在句子条左侧句首的位置
- 把"我要"句首词和强化物图片放到句子条上
- "点读"句子条
- 鼓励学生说话

阶段Ⅳ对训练者的要求

阶段Ⅳ对学生达标的要求　10次机会中有9次都能够独立完成请求

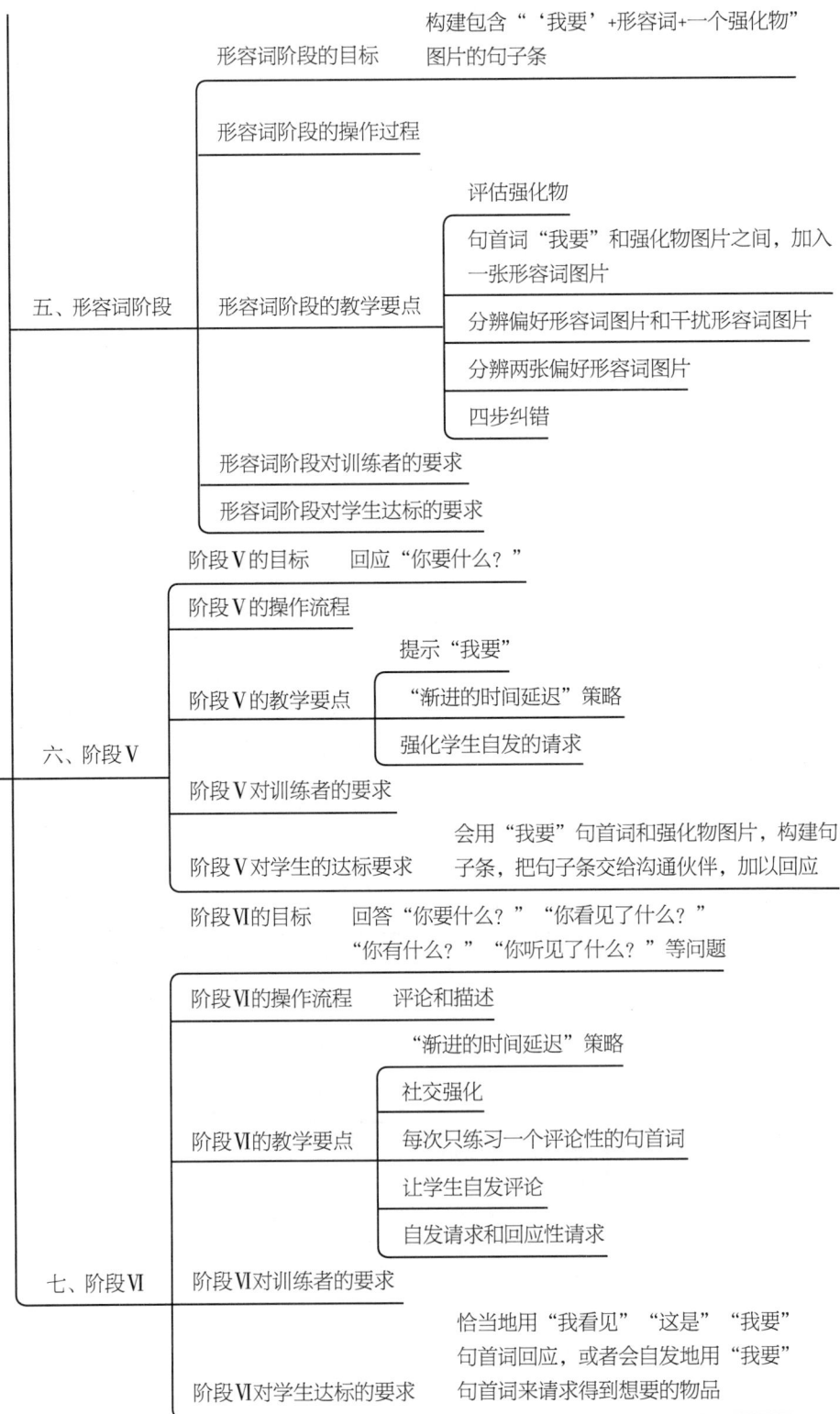

构建包含"'我要'+形容词+一个强化物"

五、形容词阶段
- 形容词阶段的目标 ── 图片的句子条
- 形容词阶段的操作过程
- 形容词阶段的教学要点
  - 评估强化物
  - 句首词"我要"和强化物图片之间，加入一张形容词图片
  - 分辨偏好形容词图片和干扰形容词图片
  - 分辨两张偏好形容词图片
  - 四步纠错
- 形容词阶段对训练者的要求
- 形容词阶段对学生达标的要求

任务二 PECS教学模板

六、阶段V
- 阶段V的目标 ── 回应"你要什么？"
- 阶段V的操作流程
- 阶段V的教学要点
  - 提示"我要"
  - "渐进的时间延迟"策略
  - 强化学生自发的请求
- 阶段V对训练者的要求
- 阶段V对学生的达标要求 ── 会用"我要"句首词和强化物图片，构建句子条，把句子条交给沟通伙伴，加以回应

七、阶段VI
- 阶段VI的目标 ── 回答"你要什么？""你看见了什么？""你有什么？""你听见了什么？"等问题
- 阶段VI的操作流程 ── 评论和描述
- 阶段VI的教学要点
  - "渐进的时间延迟"策略
  - 社交强化
  - 每次只练习一个评论性的句首词
  - 让学生自发评论
  - 自发请求和回应性请求
- 阶段VI对训练者的要求
- 阶段VI对学生达标的要求 ── 恰当地用"我看见""这是""我要"句首词回应，或者会自发地用"我要"句首词来请求得到想要的物品

检测与思考 ·····▶

1. PECS的标准教学模板分几个阶段？

2. PECS各个阶段的教学目标是什么？

3. 阶段Ⅲ A和阶段Ⅲ B的区别是什么？

单元九任务二
检测与思考参考答案

▶任务三
PECS在教学中的应用

问题情境···▶

PECS适用于哪些人群？在什么场合下使用？是否可以完全发挥沟通功能？

判断某个人是否适合用PECS，只需要关注以下几点即可。

①无法进行功能性沟通，不会表达自己的基本需求。

②不会主动发起沟通。

③沟通的方式陌生人不理解。

④词汇量有限，或句子长度有限。

只要符合其中一条，就可以考虑用PECS作为沟通的方式。

由于PECS教学的目的是让学生掌握功能性沟通，在真实的生活场景中表达自己的需求；因此，在功能性的活动场景（包括机构场景、学校场景、居家场景与社区场景）中应用PECS是基本的原则。

一、PECS在机构场景中的应用

沟通是随时随地发生的，因此，学生身处的各种环境中都需要沟通。学生一旦掌握了PECS，就等于拥有了自己的"喉舌"，在各种活动场景中都会用得到它。

我们先来看看在机构场景中如何应用PECS。

（一）个训课

进行第一堂PECS课时，既可以在小组课中对某一个学生进行PECS阶段Ⅰ的教学，也可以在一对一的个训课中进行教学。

阶段 I 的教学中需要两位训练者，一位担任沟通伙伴，另一位担任肢体辅助者。因为PECS的目的是让学生学会主动发起沟通，所以训练者要首先做好强化物评估，把对学生有强化作用的物品掌握在手中，在个训课中有意识地创造沟通机会。

要注意，很多机构的个训课，传统习惯是以教师发出单向的指令、提出要求为主，所以大部分时间是教师发起沟通的。而PECS恰恰相反，从一开始，沟通就是学生发起的，因此，个训课应该设计为双向沟通的形式。既有教师发起沟通的部分，也要在课程中留出让学生主动发起沟通的机会。

以语言认知课和精细动作课为例。

1. 语言认知课

教颜色：选择对孩子有意义的功能性活动。具体如下。

①吃水果：提供绿色的苹果、红色的苹果、黄色的香蕉、紫色的葡萄，让孩子来选择，用图片进行沟通交换，教师可以同时教颜色的概念。

②玩小汽车：提供不同颜色的小汽车，孩子要想玩小汽车，就用图片来交换，教师可以同时教孩子小汽车的颜色。教师也可以手上拿某一个颜色的小汽车，让孩子找出一样的颜色来配对。教师可以跟孩子一起玩小汽车，在互动时，教孩子"开车""拿""放""快""慢"等词汇。

③整理玩具：用不同颜色的收纳箱来收拾、整理玩具。既涉及颜色的概念，也有分类的概念。教师可以给孩子指令，"放到红色的箱子里""放到黄色的箱子里"。孩子自己也可以选择，"我要红色的箱子""我要黄色的箱子"，把玩具放到相应颜色的箱子里。

2. 精细动作课

发育迟缓和孤独症谱系障碍儿童往往存在精细动作能力不足的问题，因此，个训课中常常会开设"精细动作课"。常见的活动有拧螺帽，串珠子，玩橡皮泥，玩拼插玩具，如雪花片、乐高等。

①拧螺帽：如果孩子很喜欢拧螺帽，这是他的强化活动；那么，教师可以把螺帽掌握在手中，孩子只有一部分组件，如果想要更多，就必须向教师索取。这就创造了沟通机会，可以进入阶段 I，用一张图片交换。等孩子进入阶段Ⅳ，就可以用句子条来进行交换："我要螺帽。"如果孩子对螺帽的颜色、大小、形状有偏好，就可以教孩子加入了形容词图片的句子条来进行沟通，如"我要大的//小的螺帽""我要红色的/

绿色的螺帽""我要方形的/六边形的螺帽"，还可以加入数字"我要1个/2个螺帽"。

②串珠子：串珠子也是常见的精细动作活动。有些孩子非常喜欢串珠子，教师就可以把珠子掌握在手中，等待孩子发起请求，教孩子通过图片交换来表达自己的要求。阶段Ⅰ至阶段Ⅲ，用一张图片"珠子"；阶段Ⅳ，用句子条"我要珠子"；形容词阶段，加入颜色、形状、大小、数量等。

④玩橡皮泥：可以捏、搓橡皮泥，可以用不同的模具将橡皮泥压成水果、动物等形状，也可以用不同颜色的橡皮泥做出植物或动物塑像。如果孩子不喜欢捏、搓橡皮泥，但是很喜欢用模具压成动物形状，那么可以教孩子用图片来请求得到"小猫""小狗""小鱼"的模具。如果孩子对颜色有特别的偏好，已经进入形容词阶段，那么可以用形容词来表达特定的需求。如果孩子已经处于能够构造较长句子的阶段，那么还可以加入人物、动作等词汇的图片，如"我要教师做小猫""我要做红色的猴子"。如果孩子进入阶段Ⅵ，那么教师也可以让孩子来评论。教师提问："你看见了什么？"孩子回答："我看见了小狗。""我看见了红色的猴子。"教师提问："这是什么？"孩子回答："这是香蕉。"

有的孩子不喜欢用模具，喜欢用手捏或搓橡皮泥。教师可以把捏或搓橡皮泥作为一个有强化作用的活动，穿插在用模具的活动之间。孩子每压好一个形状，可以有捏和搓的机会，但是要用图片来表达请求："橡皮泥。"（阶段Ⅰ至阶段Ⅲ）"我要橡皮泥。"（阶段Ⅳ）"我要蓝色的橡皮泥。"（形容词阶段）"我要搓橡皮泥。"（阶段Ⅵ以后）

（二）小组课

1. 社交游戏课

人际互动和社交是孤独症谱系障碍学生的弱项。在社交游戏课上，教师可以教导这类学生掌握轮流与合作的概念，还可以让小伙伴之间进行图片交换沟通。

①轮流活动：轮流踢球，轮流玩滚筒，轮流荡秋千，轮流跳圈等。对于偏好的活动，学生可以用图片发起请求。也可以指定一位小队长，在教师的协助下接受图片，给同伴提供他请求的材料。教师可以根据情况教学生"等待"，在轮到他时才可以玩。

②两人合作搭建游戏：一位学生掌握零部件，另一位学生用图片向同伴提出请求。教师在一旁做适当辅助，让小伙伴提供手中的零部件。掌握零部件的学生可以拿到代币，在活动结束后用代币兑换强化物。

2. 小组律动课

可以让学生轮流选择自己爱听的乐曲，用图片发起沟通。教师可以在播放的过程中故意中断，等待孩子再次发起沟通，要求播放乐曲。也可以教导学生"等待"，轮到他时才可以选择。有的学生不喜欢律动，可以教他们请求"休息"。

|拓展知识|

功能性活动与功能性沟通

什么是功能性活动呢？简言之，就是对学生而言，有真实意义的活动。

生活自理：刷牙，洗脸，洗手，穿衣服，洗澡，系纽扣，穿鞋子……

家务：摆放餐桌，做点心，切水果，切蛋糕……

社区：购物，餐厅就餐，娱乐活动……

学习：读书，唱歌，手工制作，涂色，计算，运动……

至于功能性沟通，PECS创始人安德鲁·邦迪和洛丽·佛罗斯特的定义是：功能性沟通包含直接指向另一个人的行为（由社会定义其形式），而那个人反过来给予直接的或社交的反馈。这里强调直接指向另一个人的行为，也就是主动沟通和社交接近，而不是回应别人的提问或要求，也不是简单的重复和模仿。所以，这样的沟通是主动的，是指向另一位沟通伙伴的。沟通的目的是获得"直接的或社交的反馈"，对于沟通发起者本人是有意义的。

他们认为，"与情境不符的行为"源于功能性沟通技能的不足或缺乏。因此，只要提升干预对象的功能性沟通技能，就能发展出替代行为，来替代"与情境不符的行为"。而要想达到最佳的教学成果，就要在对学生有意义的功能性活动中，恰当地运用强化系统，来激励学生参与到活动中来，学习功能性沟通技能。强化物在PECS的教学中扮演非常重要的作用。

PECS的教学，就是在功能性活动中，创造沟通机会，学习通过图片交换来表达自己的所需所愿。要把沟通的机会分布到一天中所有的活动中，而不是单纯地在结构化的环境中密集式、回合式地重复练习。

二、PECS在学校场景中的应用

（一）常识课

利用视、听、触、嗅等多感官教学，让学生学习各类常识，这容易激发学生的学习动力。

1. 认识交通工具

①用视频和音频让学生了解各类交通工具，如飞机、火车、公共汽车、出租车、私家车、自行车、轮船等。学生可以用图片来表达自己看到了什么、听到了什么，或者用图片向教师要求播放哪个交通工具的视频或音频。

②让学生用图片表达，自己每天上学乘坐的是什么交通工具。

2. 认识蔬菜、水果

①通过视频和实物，让学生认识蔬菜、水果。教师用提问的方式，请学生用图片回答看到了什么，学生也可以主动用图片表达看到了什么（阶段Ⅵ）。

②通过品尝蔬菜、水果，让学生认识和命名蔬菜、水果。学生有各自的偏好，可以用图片表达自己想要品尝哪一种蔬菜、水果。

③种植活动：可以在教室里通过小组合作，盆栽种植番茄、尖椒。有条件的情况下，也可以在园子里开展种植活动。教师用视觉图示，告诉学生种植的步骤和所需的材料，学生可以用图片发起请求，表达自己需要什么材料。教师用视觉强化系统，学生每完成一步，给予其代币强化。在活动结束后，学生可以用代币兑换自己喜欢的强化物。

（二）美术课

①绘画：在画画时，有的学生喜欢涂颜料，有的学生喜欢泼颜料。教师可以根据学生的偏好，把绘画材料作为强化物，让学生用图片发起沟通，请求获得材料。而教师可以用手把手辅助的方式，或者动作示范，或者视觉图示，引导学生完成。可以结合视觉强化系统，采取代币兑换的方式，学生完成任务即可兑换自己的强化物。

②手工制作：根据学生的偏好，如有爱撕纸的，有爱剪纸的，也有爱粘贴的，将学生组合在一起，每个人做自己爱做的。教师掌握材料，学生用图片发起请求。教师还可以在课堂上教学生请求帮助或请求休息。

（三）音乐课

①玩乐器：可以选择学生比较喜爱的打击乐器，如鼓、锣、沙锤、三角铁等，学生可以按照自己的爱好，用图片向教师请求得到相应的乐器。教师可以用视觉指令，要求学生完成各自的任务。学生也可以用图片请求教师弹奏某一首喜爱的乐曲。

②听音乐：可以让学生轮流要求听哪一首乐曲。教师可以提问，"你听见了什么？""你喜欢吗？"；学生可以用图片做出评论，如"我听见了音乐""我喜欢"

"我不喜欢"，也可以用图片表达"再播放一遍""还要更多"等。

（四）餐厅

①排队：在餐厅排队等餐，可以让学生学习"等待"。

②点餐：学生可以根据菜单点餐，用图片表达自己想要的菜饭和饮料（如果有）。

③用餐：教师可以故意制造障碍，让学生缺少勺子、筷子等餐具，学生就必须用图片来表达请求，教师在学生完成图片交换后立刻给予其相应的餐具。教师也可以给学生罐装或盒装饮料，但不给其吸管，或给学生包装好的食物，但学生无法打开，学生就有机会向教师要求发放吸管或提出"帮助"请求，在教师的帮助下打开包装。

④额外要求：学生有可能在用餐时需要餐巾纸或者需要酱油、醋、糖之类的调料，也有可能需要添饭或加菜，这都是发起图片交换沟通的机会。教师要注意的是，不要把学生照顾得太周到，要有意识地创造沟通的机会。

📖 |拓展知识|

泛　化

PECS强调从一开始教学就要考虑泛化。这与其他干预方式有所不同。很多教学或干预方式，都会先进行大量的反复练习，让学生熟练掌握技能，然后再进行泛化。

那么，PECS为什么强调从一开始教学就要考虑泛化呢？因为，孤独症谱系障碍人士的泛化往往比较困难，假如不是在一开始就加入泛化的变量，就会陷入刻板，只限于一位沟通伙伴，只限于一个沟通场景。即使他们已经能够非常熟练地使用图片进行交换沟通，一旦变换沟通伙伴、改变场景、改变沟通物品，技能水平也会立刻降到极低的程度。

所以，在应用PECS的起始阶段，就要考虑到刺激因素的泛化和回应因素的泛化。

刺激因素：不同的沟通对象、不同的强化物、不同的环境等。面对不同的强化物，会用图片跟多个不同的沟通对象在不同的场景中进行交换。

回应因素：回应的频率、多样性、复杂性等。能够在沟通发起的频率、坚持度和耐心程度、句子形式的多样性和复杂性方面得到泛化。

三、PECS在居家场景与社区场景中的应用

PECS强调从一开始教学就考虑泛化因素，在所有需要沟通的场景中，学生都要使用PECS进行沟通。居家场景和社区场景，是学生日常生活中必不可少的沟通场景，其中有大量的沟通机会，可以让学生练习表达性沟通和接受性沟通。

（一）居家场景

居家场景中有无数沟通机会，这里只列举了一些活动供参考。

1. 下厨做吃的、喝的

①榨果汁：年龄小和年龄大的孩子都可以做。首先，家长要告诉孩子榨果汁的常规步骤。然后，创造图片交换沟通的机会。家长可以把孩子喜爱的水果拿在手中，等待孩子发起请求。家长在切水果时可以邀请孩子一起完成，待水果切成块以后，孩子每发起一次请求，家长往榨汁机里放一块水果。接着，需要打开榨汁机的开关，这又是一次孩子请求的机会。榨完果汁后，孩子可以用图片请求要杯子、请求要果汁。

②做三明治：如果孩子喜爱吃三明治，那么可以教孩子学会怎样做三明治。当孩子熟练掌握三明治的制作过程后，家长把一些相关的材料和工具掌握在自己手中，给孩子发起沟通的机会。孩子可以用图片请求得到制作三明治的材料，如西红柿、火腿片、面包片、鸡蛋、沙司；可以用图片请求得到使用的工具，如刀、勺子、盛放的盘子或盒子；也可以请求帮助。

③做生日蛋糕：家长可以用视觉指令要求孩子完成某个任务，若孩子有兴趣，可以等孩子发起沟通。例如，点蜡烛，如果孩子喜欢把蜡烛插到蛋糕上，那么可以通过图片交换表达自己的请求，一次交换一支蜡烛。孩子想要家长点亮蜡烛时，也可以用图片表达请求。在分吃蛋糕时，孩子也需要用图片表达请求。PECS后续阶段可以加入更多词汇，如表示数量（几块蛋糕），大小（大块蛋糕、小块蛋糕），其他属性（奶油多的、没有奶油的，水果多的，没有水果的）的词汇。孩子还需要用图片请求要勺子（大人故意不给勺子）。

2. 干家务活

洗衣服、晾衣服、打扫卫生、喂宠物，都是孩子可以参与的家务活。干家务活一般不会是对孩子有强化意义的事情，但是，家长要去观察，有些环节可能是孩子喜爱的，如开、关洗衣机，往洗衣机里倒洗衣液，用叉子将衣架挂到晾衣竿上，喷洒清洁液。可以把这些环节当成沟通的机会，让孩子用图片来表达请求。

喂宠物可能是有些孩子喜爱的活动。家长可以一次只给孩子一点点宠物饲料，孩子需要一次次地用图片来表达请求，这样就有较多回合可以练习沟通。除了孩子发起沟通以外，家长也可以用视觉时间表，让孩子把干家务活当作一项日常常规活动，增加额外的强化，用代币系统使孩子获得强化物。

（二）社区场景

1. 休闲娱乐活动

不同年龄段的孩子有不同的休闲娱乐活动。休闲娱乐，是孤独症谱系障碍和其他社交沟通障碍人士必须学习和掌握的能力。在休闲娱乐活动中，家长怎样为孩子创造沟通机会呢？

①动物园游览：很多年龄小的孩子都有游览动物园的经历。家长在出行之前要让孩子带好自己的沟通本，在沟通本中准备好跟动物园主题相关的图片。孩子想要看什么动物，可以用图片表达自己的需求。如果孩子已进入阶段Ⅵ，家长可以提问"你看见了什么？"，孩子回答"我看见了猴子，我看见了大象……"；如果孩子已经掌握了阶段Ⅵ之后更高的能力，就可以用图片表达"我喜欢看老虎""我喜欢看猴子吃香蕉""我害怕狮子吼叫"之类更为复杂的句子。

②轮滑：出门之前，家长可以用视觉提示，跟孩子一起准备物品。到了轮滑场地之后，孩子在穿轮滑鞋时需要帮忙，在练习轮滑的过程中口渴了或流汗了，需要喝水或需要毛巾擦汗，这些都是孩子发起沟通的机会。

2. 去餐厅就餐

家长先准备好视觉顺序表，把进入餐厅以后的每个环节都用预先准备好的图片按顺序做一个预告，让孩子了解整个就餐流程。

点餐时，可以让孩子看着菜单照片，用图片表达自己的需求。等待上菜时，家长可以用"等待"卡片，用沙漏或定时器，让孩子知道需要等待多久；也可以用视觉强化，孩子等得好，给予代币，在整个等待过程结束时，孩子可以用代币换取自己喜爱的玩具来玩。上菜以后，孩子可以请求要餐具、要调料。

3. 去超市、商场购物

家长事先准备好视觉顺序表，让孩子明白购物的顺序，遵照每一个步骤进行。

如果孩子想要某件物品，但是够不到、拿不到，就可以用图片提出请求，请家长或售货员拿取；如果孩子自己能够拿到，那么也可以鼓励孩子自己拿取。家长同样需要带上视觉强化系统和定时器，以备需要时使用。

|拓展知识|

限制提示

提示就是教学者给予学生的帮助或辅助。提示分为肢体提示、手势提示、视觉提示、口语提示等。

肢体提示：手把手指导、拍拍学生的肩膀、拉拉学生的手、搀扶着学生等，这些都属于肢体提示。

手势提示：通过手势动作，告诉学生接下来该做什么或者怎么做。比如，拍拍椅子，提示学生坐在椅子上；用手势比画吃饭的动作，告诉学生该吃饭了。

视觉提示：通过出示图片、照片、符号等，提示学生接下来要做的事情，或者做事情的步骤方法。也有通过视频录像来给学生提示的。

口语提示：这是教学者用得最多的一种提示方法。用口语指令，跟学生说过来、排队、坐下、等一等、该洗手了、该上厕所了、把你的书拿出来、把书包整理好……

在特殊教育领域，随处可见各类提示，教师、家长还会把几种提示结合在一起使用。比如，在肢体提示的同时，加上口语提示、手势提示。如果学生未做出反应，那么可能还会加上视觉提示。

PECS的创始人安德鲁·邦迪和洛丽·佛罗斯特认为，如果我们希望学生走向独立，就要时刻注意限制提示；相反，如果一直给予提示，那么学生的独立能力就无法培养出来。

限制提示包含几个方面。

①一次只用一种提示。

②在一开始用提示时，就要有撤退计划。

③逐渐减少提示。

PECS作为辅助沟通系统扩充或替代沟通中的一个部分，有其经久不衰的实用性和有效性。它的特点是适用人群广泛、简单经济、可以即刻开始，并且效果明显。通过多年的大量实践，PECS不仅可以为高科技辅助沟通系统语音发声设备提供发展前期基础能力的准备，其本身也开发了APP。

要点回顾 ▶

- 任务三 PECS在教学中的应用
  - 一、PECS在机构场景中的应用
    - 个训课
      - 语言认知课
        - 吃水果
        - 玩小汽车
        - 整理玩具
      - 精细动作课
        - 拧螺帽
        - 串珠子
        - 玩橡皮泥
    - 小组课
      - 社交游戏课
        - 轮流活动
        - 两人合作搭建游戏
      - 小组律动课
  - 二、PECS在学校场景中的应用
    - 常识课
      - 认识交通工具
        - 音频和视频
        - 图片
      - 认识蔬菜、水果
        - 视频和实物
        - 品尝
        - 种植活动
    - 美术课
      - 绘画
      - 手工制作
    - 音乐课
      - 玩乐器
      - 听音乐
    - 餐厅
      - 排队
      - 点餐
      - 用餐
      - 额外要求
  - 三、PECS在居家场景与社区场景中的应用
    - 居家场景
      - 下厨做吃的、喝的
        - 榨果汁
        - 做三明治
        - 做生日蛋糕
      - 干家务活
    - 社区场景
      - 休闲娱乐活动
        - 动物园游览
        - 轮滑
      - 去餐厅就餐
      - 去超市、商场购物

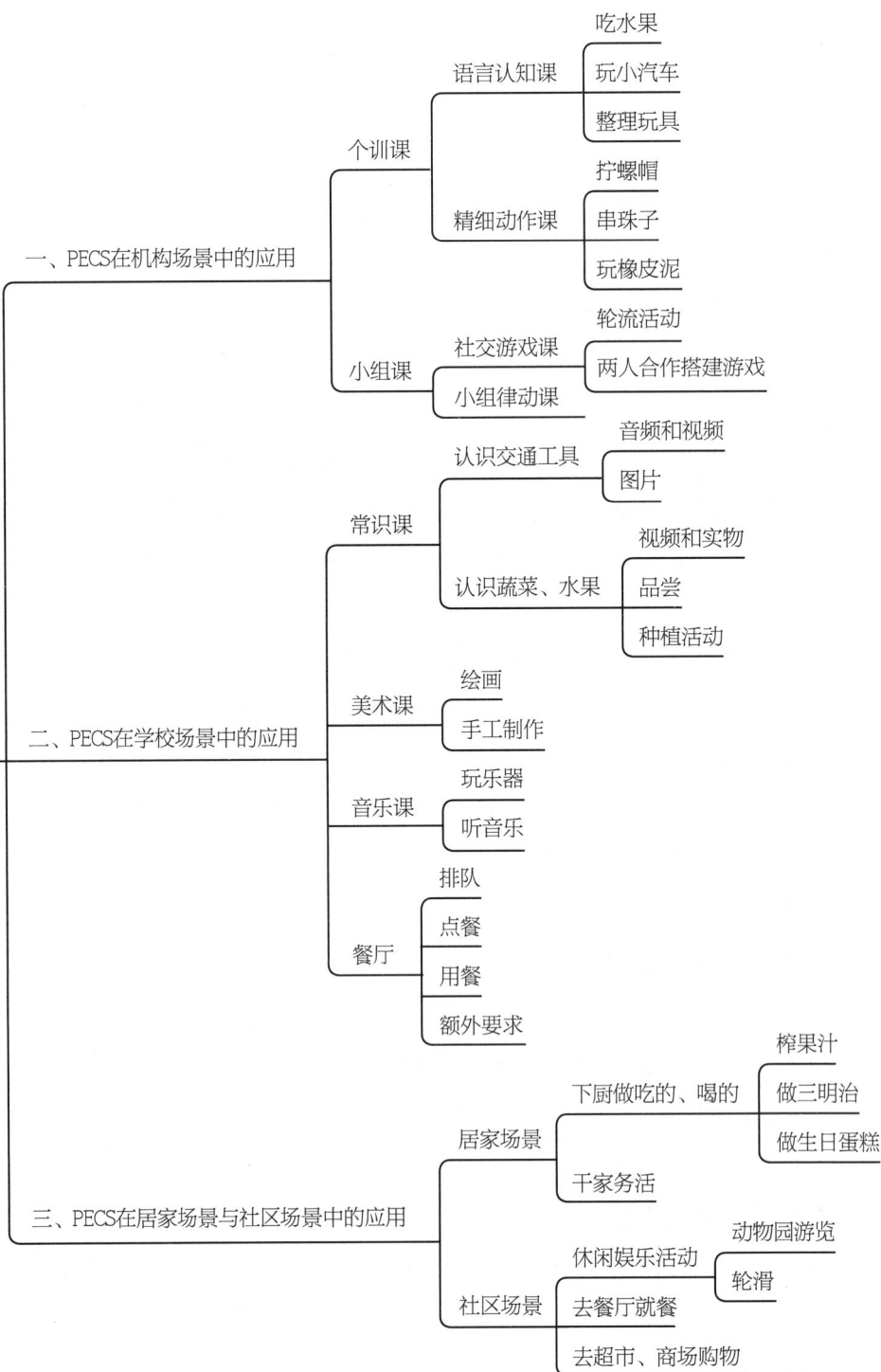

检测与思考 ·····▶

1. PECS可以在哪些场景中应用？
2. 结合场景说一说PECS的应用程序。

单元九任务三
检测与思考参考答案

参考文献 ·····▶

FROST L A, BONDY A S. PECS training manual. 2th ed. Newark: Pyramid Educational Consultants, 2014.

单元十·辅助沟通系统的未来发展趋势

导 语

随着信息技术和辅具开发设计交汇融合，全球不同类型的沟通辅具层出不穷，呈现出电子化、信息化、科技化的特点。无论是国家、企业还是社会公众，都越来越认识到辅助沟通系统的应用价值与应用空间之广泛。因此，近年来，国家与社会投入相当多的资源，完善相应的政策法规，推动辅助沟通系统的发展。那么，辅助沟通系统的发展究竟如何？其在未来又有哪些机遇？又有怎样的发展趋势？

通过本单元的学习，我们将了解辅助沟通系统的研究现状与进展、其未来的发展趋势。

学习目标

1. 知道与辅助沟通系统相关的政策法规。
2. 了解一些新型、高科技辅助沟通系统。
3. 知道当前辅助沟通系统在国内的发展状况。

知识导览

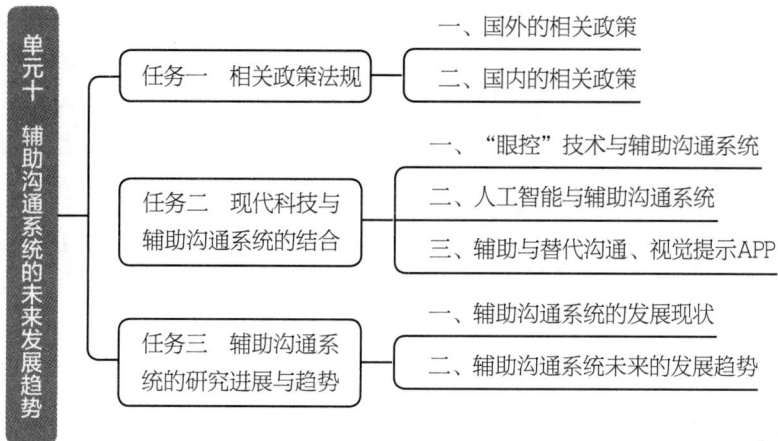

单元十 辅助沟通系统的未来发展趋势

- 任务一　相关政策法规
  - 一、国外的相关政策
  - 二、国内的相关政策
- 任务二　现代科技与辅助沟通系统的结合
  - 一、"眼控"技术与辅助沟通系统
  - 二、人工智能与辅助沟通系统
  - 三、辅助与替代沟通、视觉提示APP
- 任务三　辅助沟通系统的研究进展与趋势
  - 一、辅助沟通系统的发展现状
  - 二、辅助沟通系统未来的发展趋势

扫码学习

▶ 任务一
相关政策法规

问题情境···▶

　　辅助沟通系统在20世纪50年代开始被运用于言语沟通医疗干预当中，但一直没有得到相关法律的支持；直到20世纪80年代，辅助沟通系统在政策法律相关领域得到国家支持以后有了长足的发展。

　　辅助沟通系统的发展受益于哪些政策法规？近年来，法律领域又有了哪些支持？对这部分内容的学习将帮助我们回答以上问题。

一、国外的相关政策

（一）美国的相关政策

　　1979年，美国一群参加康复工程会议的工程师和学者成立了北美康复工程和辅助技术学会（the Rehabilitation Engineering and Assistive Technology Society of North America，RESNA），这是美国第一个致力于通过增加对技术解决方案的访问来促进残疾人的健康和福祉的专业组织，由研究人员、临床医生、辅具供给商、辅具制造商以及辅具的消费者组成。RESNA通过科学、文学、专业和教育活动，为公共福利做出贡献，以实现所有公民生活质量的提高，实现"通过技术使残疾人的健康和福祉得到最大化的促进"的最终目标。美国联邦政府在1986年颁布的《障碍者教育法修正案》中首次提出为学龄残疾儿童提供需要的技术辅助，并在1988年公布《残障科技法案》。法案中再次强调应为残障人士提供与之相适应的辅助性科技服务，目的是使残障人士有机会获得辅助技术设备及服务。紧接着，1989年又通过了《残疾人相关技术援助法》，要求各州尽可能地为残疾公民提供涵盖辅助沟通在内的辅助技术援助。1997年，美国颁布的《残疾个体教育法修正案》中更是明确指出人人享有沟通交流的权利，要为那部分沟通障碍者提供辅助沟通服务。1998年，美国《康复修正法》第508条要求为残障人士提供电子和信息方面的辅助技术，旨在解决残障人士在信息技术领域遇到的难题。同年，《美国辅助技术法》取代了《残疾人相关技术援助法》，成为美国特殊教育辅助技术方面的重要法律。该文件提出要从服务和资金等方面为各州的辅助技术项目提供持续性支持，从法律上保障了残疾人获得辅助技术的合法权益。2004年，美国颁布的《残疾人教育修正法》要求，发展包括辅助技术设备和服务在内的支持技术，使残障学生最大程度地发展其潜力，保证残障学生得到有效的教育（李欢、林佳英，2020）。

2009年1月1日，RESNA正式颁布实施"辅助技术服务专业人员（Assistive Technology Professional，ATP）认证"计划。在美国，获得ATP认证的人士主要是康复工程师、职业治疗师、物理治疗师、言语康复和听觉治疗师以及相关专业的学者。个人必须符合各项条件并且接受RESNA对辅助技术服务的监管，才能获得并维持ATP认证。

（二）德国的相关政策

德国《社会法典》第5卷第33条第1款规定：被保险人有资格获得在特殊情况下需要的助视器、助听器、假肢、矫形器或其他辅助器具。根据残疾人的年龄和身份的不同，资金来源不同。3～21岁的残疾人，辅助器具的配置及相关服务的提供由政府财政完全承担；21岁以上因工致残者，由工伤保险基金负责；21岁以上因病或者其他原因致残的劳动者，由养老保险基金负责；因疾病致残的非劳动者，则由医疗保险和长期护理保险基金负责。

（三）日本的相关政策

2002年，日本通过了《护理保险法》，为65岁以上的老人或40岁以上特定疾病患者提供辅助器具、护理服务等保障。2006年，日本《残疾人自立支援法》规定，为残疾成人（肢体残疾、智能残疾、精神残疾的成人）以及残障儿童（《儿童福祉法》规定的残障儿童、未满十八岁的精神残疾人）提供辅助器具、康复训练等保障。

（四）世界卫生组织的相关政策

世界卫生组织非传染性疾病与精神卫生署损伤与暴力预防部残疾与康复小组颁布了《世界卫生组织残疾与康复行动计划（2006年～2011年）》。文件指出，当前的主要任务之一是"促进辅助技术的开发、生产、销售和服务"。2014年5月，第六十七届世界卫生大会召开，此次大会通过决议批准了《世卫组织2014～2021年全球残疾问题行动计划：增进所有残疾人的健康》，其中包含的三个目标之一是：加强和推广康复、适应训练、辅助技术、援助和支持性服务以及以社区为基础的康复。

二、国内的相关政策

我国从中央到地方的无障碍服务政策体系还在完善当中，目前正在加快发展速度并进入政策落实阶段。

《中共中央国务院关于促进残疾人事业发展的意见》提出，"对贫困残疾人康复训练、辅助器具适配等基本康复需求给予补贴""鼓励和支持残疾人服务领域的科技研究、引进、应用和创新，提高信息化水平，扶持残疾人辅助技术和辅助器具研发、生产和推广，促进相关产业发展"。《国务院办公厅转发中国残联等部门和单位关于加快推进残疾人社会保障体系和服务体系建设指导意见的通知》提出，"有条件的地方对重度残疾人适配基本型辅助器具、残疾人家居环境无障碍建设和改造、日间照料、护理、居家服务给予政府补贴"。

我国对残疾人康复技术也提出了一些要求。2016年，教育部办公厅发布的《普通学校特殊教育资源教室建设指南》要求为残疾学生"选择配备的教育教学和康复训练设施设备"。2017年修订的《残疾人教育条例》第五十五条则提出要为残疾人教育教学专用仪器设备、教具、学具、软件及其他辅助用品的研究和生产提供支持。2019年，《中国残联办公厅 教育部办公厅关于开展残疾大学生辅助器具适配助学行动的通知》中表示，要"为残疾大学生适配轮椅、助行器等基本辅助器具"等。

近年来，我国政府在康复辅具的设计和研发上给予了重点扶持。在顶层设计上，《国务院关于加快发展康复辅助器具产业的若干意见》《"健康中国2030"规划纲要》等相关政策印发，强调加快发展康复辅具器具产业，重点支持自主研发和生产康复辅具，增强自主创新能力，并表示鼓励有条件的地方将基本的治疗性康复辅助器具逐步纳入医疗保险支付范围。2015年，国务院下发《国务院关于加快推进残疾人小康进程的意见》，提出"实施重点康复项目，为城乡贫困残疾人、重度残疾人提供基本康复服务，有条件的地方可以对基本型辅助器具配置给予补贴"。2016年，《"十三五"加快残疾人小康进程规划纲要》提出，到2020年，残疾人基本康复服务覆盖率、残疾人辅具器具适配率达到80%以上，有条件的地方可对残疾人基本型辅助器具适配予以补贴。2020年，工业和信息化部、中国残疾人联合会发布了《关于推进信息无障碍的指导意见》，指出针对残疾人、老年人功能康复和健康管理需求，加大沟通和信息辅助器具研发力度，提升产品的通用性、安全性和便利性。2021年康复辅助技术咨询师国家职业技能标准顺利通过初审，标志着康复辅助技术咨询师国家职业技能标准的制定迈出了坚实的一步。可以说，无障碍辅助的政策体系正在快速搭建完善中，并将快速步入落地实施以及评估检查阶段。

要点回顾 ·····▶

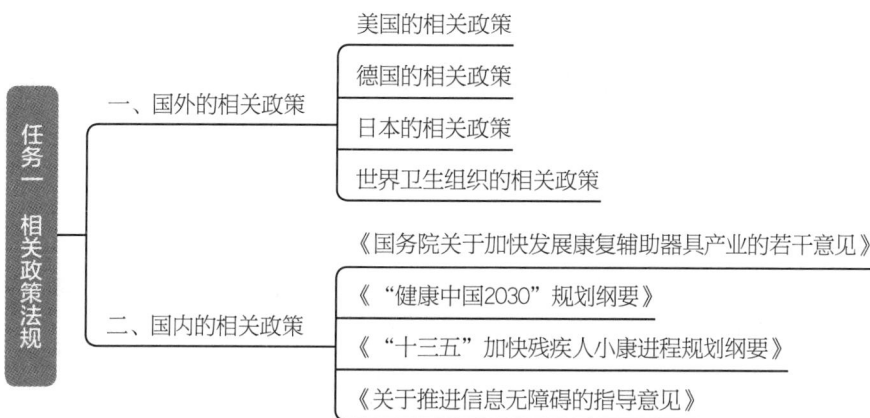

任务一 相关政策法规	一、国外的相关政策	美国的相关政策
		德国的相关政策
		日本的相关政策
		世界卫生组织的相关政策
	二、国内的相关政策	《国务院关于加快发展康复辅助器具产业的若干意见》
		《"健康中国2030"规划纲要》
		《"十三五"加快残疾人小康进程规划纲要》
		《关于推进信息无障碍的指导意见》

检测与思考 ·····▶

1. 美国哪部法律中首次提出为学龄残疾儿童提供需要的技术辅助？

2. 哪部法律中明确提出"人人享有沟通交流的权利"？

3. 国内有哪些政策法规支持辅助沟通系统的发展？

单元十任务一
检测与思考答案

▶ 任务二
现代科技与辅助沟通系统的结合

问题情境···▶

　　辅助沟通系统理论与沟通辅具的应用已为众多沟通障碍者带来了生活的便利，在实际康复与实践教学过程中，收获颇丰。近年来，"眼控"技术、大数据与人工智能等在各个领域中大放光彩、融合发展。辅助沟通系统同样享受着这些科技革命带来的成果，科技革命正引领辅助沟通系统实现全面智能化升级。那么，目前已有哪些高科技辅助沟通系统？这些辅助沟通系统为沟通障碍者提供了什么样的升级服务与使用体验？在这部分的学习中，我们将列举两个例子供大家学习。

一、"眼控"技术与辅助沟通系统

"眼控"技术顾名思义，是一种区别于传统触控、声控而存在的一种将眼球的运动视为"输出信息"，从而实现对不同的仪器、器械的操作的交互方式。

（一）"眼控"技术的出现

因为不愿行走，我们发明了自行车、汽车、飞机等出行工具；因为不愿洗衣服，我们发明了洗衣机；因为不愿扫地，我们发明了自动扫地机器人等机器。还有其他一些工作，我们都选择让机器人代替。

从某种意义上来说，人机交互领域所有研究的目的都是寻求一条信息传达的最优、最合适、最让人感到舒适的路径。大脑对信息的处理需要经过信息的输入、信息的编码、信息的处理、结果的输出四个流程。眼睛是我们的视觉传导器官并承担着接收信息的重要责任，80%以上的外界信息第一时间通过我们的眼睛传入大脑，大脑对这些信息进行编辑加工，于是，我们的想法产生并进一步反馈在行动上。目前，"触控""声控"等交互方式大多都需要先通过我们的眼睛接受外部世界的刺激，大脑对信息进行加工后再反馈在我们的操作上。

如果"结果的输出"这一流程我们通过眼睛这一途径来进行，那么，大脑处理信息的过程将更加简化与快捷。

（二）"眼控"辅助沟通系统

互联网与大数据的发展推动着人机交互技术的进步，"触控""声控"等成熟的、传统的交互方式越来越难以满足人们的需求。手机、平板等电子设备若仍使用传统的交互方式操作，对于具有肢体运动障碍的患者而言，使用起来存在困难，部分患者如偏瘫类患者根本无法使用。"眼控"技术相较于传统交互方式而言，更加直接、自然且具备双向性。如果将"眼控"技术应用于这些患者身上，为他们提供信息获取、交换、交流的媒介；那么，通过眼睛操控现代化的电子设备与外界交流，就能够有效解决肢体运动障碍患者无法使用电子设备进行"信息输入"以及"信息输出"的两大难题，为其建立更良好的用户体验，提升他们的沟通效率，帮助他们融入信息化的社会。

在中风病中，最常见的病症是运动性失语并伴随同侧偏瘫，其次是感觉性失语。若两者并存，则称为混合性失语。患感觉性失语的病人可以表达，但却答非所问，不能理解别人说话的意思。而运动性失语则会使患者丧失一定的说话能力，但患者能理解别人说话的意思。病人中风失语后，医护人员无法与其建立沟通，治疗多依靠医护人员的经验。护理时，医护人员依靠对时间的猜测发现病患的主观需求，如上厕所等基本生活需求（黄登俊，2016）。"眼控"技术在此情况下能有效地帮助这类患者表达自身需求，奠定更好的交流基础，减轻医疗负担。

"眼控"技术能让四肢瘫痪者通过点头和眨眼，操纵屏幕上的物体。霍金的语音合成系统就用了这种技术，使他的思想能够转化为相仿的语音。1963年，霍金患上肌萎缩侧索硬化，自2005年起，霍金连手指也不能动弹，无法再用手控制计算机，只能通过眼睛与人沟通。英特尔找到了较好的解决方案：通过眼动追踪、联想输入和语音合成器播放辅助霍金和外界沟通。

二、人工智能与辅助沟通系统

人工智能是指由人类制造并生产出来的一种能够模拟人类思考，并做出相似反应的智能技术，包括语言识别、图像识别、自然语言处理等。

（一）人工智能的概念

人工智能是从Artificial Intelligence翻译来的，简称AI，也称机器智能。人工智能一词可分为"人工"和"智能"两个部分来理解。人工规定了人力所能制造和完成的范围，智能则涉及了意识、自我、思维等各个方面。人工智能是指用人工的方法与技术来模仿、延伸和扩展人类的智能，实现"机器思维"（张彦欣，2020）。1956年，达特茅斯（Dartmouth）学会上的专家最早提出人工智能一词。人工智能是研究机器和智能的计算机学科的一个重要分支，它涉及心理学、认知科学、思维科学、信息科学、生物科学和系统科学等多个知识领域，是一门非常复杂的高科技学科。人工智能是研究怎样表示知识以及怎样获得知识并使用知识的学科，也是研究如何使计算机去做只有人才能做的智能的工作的学科。

（二）人工智能辅助沟通系统

许多孤独症儿童在感知他人及自身的情绪状态、进行情绪调节和建立亲密关系方面存在困难。许多孤独症儿童不会表现社会交往姿势，如帮别人拿某件东西、向别人微笑或挥手。孤独症儿童在言语的处理上只能进行比较简单或字面上的处理。简单的因果关系和明确的问题比抽象的概念或者习惯用语更容易让他们理解。他们缺乏理解语言社会性意义的能力。每个孤独症个体的症状轻重不同，表现形式更由于生活环境的影响带着强烈的个人特征。此外，由于刻板行为，孤独症儿童一旦形成定性便很难改变。

目前，手机上的很多语音助手都是人工智能与言语系统结合的成果。人工智能与辅助沟通系统的结合更多反应在诸如此类的应用上。此类辅助沟通系统会针对沟通障碍者的个体特征信息，建立起一套个人化的方案。使用人工智能技术，通过大数据以及编程的方法，利用现有的电子科技设备（手机、平板等），采集孤独症患者的个人数据（背景数据、语言沟通特征数据）；得到患者的基本数据后，利用自然语言处理技术和大数据技术分析患者沟通过程中的障碍、表达的习惯以及形式，得到其情感情绪数据；以此构建回复数据库，针对不同的沟通主题、情感情绪，帮助患者将其自身的话语补充完整或提供一到多条回复方案供其选择。

不仅仅是孤独症患者，任何在表达个人情绪和想法上存在障碍的人士都可使用人工智能辅助沟通系统去完善个人社交技巧。

🔖 |案例卡片|

搜狗输入法AI聊天助手

搜狗输入法上线AI聊天助手"智能汪仔"，它可以通过人工智能技术帮助用户更好地表达自身的想法。

在聊天过程中，"智能汪仔"通过"AI配图""AI帮写""趣发送""AI校对"等功能帮助用户更好、更完善、更准确地表达自身的想法并回复他人。

"AI配图"功能。用户在输入框输入文字时，AI聊天助手会根据文本内容自动匹配对应的表情包。

"趣发送"功能。AI聊天助手可以在线将用户输出的话语转换为多种风格，并对用户表达的内容进行拓展与补充。（见图10-1）

图10-1　"趣发送"

用户还可以通过符号连发、颜文字联想等操作，让表达方式变得更多样、有趣。

AI聊天助手提供实时天气资讯，包括推送每日天气提醒、智能解读及精准推送天气信息、推送灾害预警等。整个过程不需要跳转到其他APP进行查询，可边聊天边使用。

三、辅助与替代沟通、视觉提示APP

由于孤独症人群自身沟通与行为上存在缺陷，将应用行为分析法（Applied Behavior Analysis，ABA）中的回合式教学法（Discrete Trial Teaching，DDT）应用到对语言沟通学习工具的设计中，会对其良好学习效果的取得有极大的帮助作用。应用行为分析法是广泛应用于孤独症人群的教育方法之一，其中，回合式教学法是核心教学手段。它采用一对一的训练模式，通过强化、消退、惩罚、刺激、控制、区分和泛化等行为治疗技术，增加孤独症儿童期望行为的出现，减少问题行为的产生。国外研究证实，回合式教学法是极有效的治疗孤独症的手段，可以改善孤独障碍患儿的核心症状，并认为可以由非专业人士操作。

前文提到了由北京大学、清华大学美术学院、北京星星雨教育研究所等联合开发的APP——《小雨滴》（见图10-2）。APP中通过大量的图片提示、组合及发声，帮助孤独症儿童与其他言语沟通障碍者表达自身的基本需求、情绪、感受，回答简单问题，并构建简单的句子，提高儿童的认知能力和语言表达能力，并帮助其有效泛化到日常生活情境中。

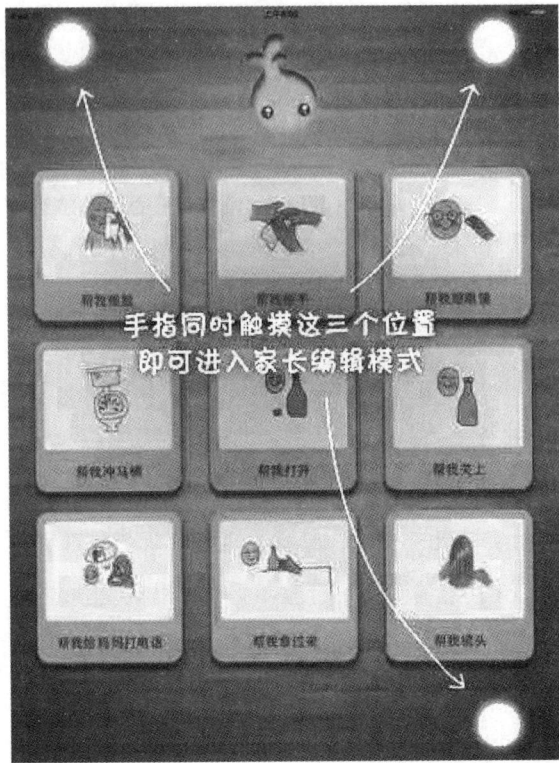

图10-2 《小雨滴》

要点回顾 ⋯⋯▶

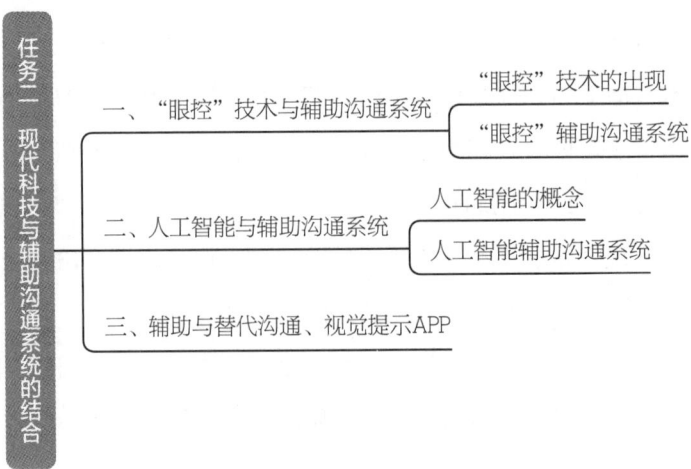

检测与思考 ·····▶

1. 什么是"眼控"技术？"眼控"技术与辅助沟通系统如何结合？

2. "眼控"较传统交互方式的优点在哪里？

3. 什么类型的沟通障碍者适合运用"眼控"技术？

4. 人工智能的定义是什么？

5. 人工智能如何帮助我们沟通？

6. 辅助与替代沟通、视觉提示APP如何帮助孤独症患者自我表达？

单元十任务二
检测与思考答案

▶ 任务三
辅助沟通系统的研究进展与趋势

问题情境···▶

广义的沟通障碍是指个体说话不清楚（unintelligible）、很奇特（conspicuous）或让人感觉很不舒服（unpleasant）等。将此概念延伸至广大受众上，只要言语及语言和沟通信息的解码及编码上有困难，都可以称为沟通障碍。

"人人享有沟通的权利"是我们对无障碍沟通美好的愿景。我国辅助沟通体系的运行需要各个团队与部门之间协助合作，对相关人员沟通辅具的专业知识要求较高。当前部门之间与各人员之间尚未形成良好的合作关系，因此辅助沟通系统的服务过程并不顺畅，实际效果并不理想。

国内辅助沟通系统的发展现状如何？未来辅助沟通系统的发展又呈现什么样的趋势？

一、辅助沟通系统的发展现状

与国内的研究相比，美国辅助沟通技术发展较完善，应用范围较广，且应用成果也令人惊喜。美国的辅助沟通系统改变了无数言语-语言障碍人士的生活。比如，一个重度瘫痪、最终也不能用口语表达的脑瘫人士可以依靠辅助沟通系统获得博士学位，拥有一份不错的工作，找到相伴一生的爱人。再比如，一位再也无法顺利用口语表达的失语症病人可以依靠辅助沟通系统重新从事他热爱的事业，再次给家人和朋友带来欢笑。相较之下，我国的辅助沟通系统发展尚不完善，缺少本土化的理论基础和专业研究人员，普及和应用的范围狭窄。具体表现在以下几个方面。

（一）辅助沟通系统的应用范围狭窄

当前，我国沟通辅具的发展还处于萌芽阶段，相应的理论研究和实际应用数量较少，且近年来研究大都集中在使用辅助沟通系统改善孤独症儿童的沟通上，研究范围亦有待扩展。在国内的沟通障碍者中，沟通障碍儿童占据较高比例，其中包括有语言儿童和无语言儿童。通过在知网检索"辅助沟通系统"或"AAC"发现，国内在特殊教育领域的研究对象主要是患有孤独症、脑瘫、智力障碍、发育迟缓、唐氏综合征等有语言基础的儿童，缺少对无语言的重度听力障碍儿童的应用研究。既然辅助沟通系统能帮助有重度沟通障碍的个体发展接受性语言和表达性语言，那么它在促进重度听力障碍儿童的交流沟通上也一定会卓有成效。

（二）辅助沟通系统的场景应用具有局限性

正如单元九所提，以PECS为例的辅助沟通技术可以应用到机构、学校、家庭和社区等多个场景中。但调查发现，目前机构和学校中专业的语言治疗师和言语康复师仍缺口较大，大部分康复训练课以一对一的方式进行，缺少课堂的真实性和同伴之间的互动性。在家庭和社区场景中，辅助沟通系统能发挥的作用更是微乎其微。一方面，由于市面上的沟通辅具价格偏高，语言障碍儿童家庭的经济压力较大，再加上有些沟通辅具体积庞大，不方便携带，很难在外出时使用；另一方面，大多数家长不熟悉辅助沟通系统的使用策略和操作流程，也没有过多精力系统地学习相关知识。这些原因导致辅助沟通系统的应用场景只能局限在一间训练室中和一位训练师身上，这不利于促进儿童在生活中的语言康复。

（三）辅助沟通系统体系制度尚未完善

辅助沟通系统的发展与广泛应用对改善沟通障碍儿童的沟通能力有迫切性和必要性。与此同时，国内辅助沟通系统体系制度尚未完善，辅助沟通系统的有效使用需要与研发、评估、筛查、适配、定期检修等服务共同配合。首先，就目前情况而言，我国专业的辅具研发人员稀缺，大多数沟通辅具的实用性和广泛性未能在大样本中得到有效证明，导致普及范围受限（董理权、吴小高，2016）。其次，没有建立辅助沟通系统的培训体系，绝大部分教师与家长对辅助沟通系统的认知较低甚至没有相关概念，这种现状同样影响着辅助沟通系统的广泛使用，并限制其发展。最后，在沟通辅具的研发、制造方面制定科学的行业标准，拓宽辅具制造商的业务范围，使其不仅能进行买卖，而且能提供技术支持、维修、租借和培训等服务也非常重要。

二、辅助沟通系统未来的发展趋势

当下是我国辅助沟通系统的发展机遇期。伴随着辅助沟通系统的建设与完善，其未来的发展可能会呈现如下特点。

（一）辅助沟通系统未来发展的广泛性

广义上来说，任何人都有可能需要辅助沟通系统。比如，当你喉咙发炎或呼吸道感染没有办法发声说话时，一部手机、一台平板电脑就是你的辅助沟通系统。只要是在面对面沟通（使用口语）或远距离沟通（使用文字）时需要支持及辅助的人，都可以使用辅助沟通系统。未来辅助沟通系统的使用者不仅包括特殊儿童，而且包括听力困难的老年人、出国旅游但又不懂当地语言的游客……只要处在需要沟通但当前无法进行沟通的情境中，都可以使用辅助沟通系统（付忠莲，2020）。

> 📎 |案例卡片|
>
> **跨文化交流时用到的辅助沟通系统**
>
> 刚刚转换到不同文化的语言环境中时，很多人都或多或少会借助翻译软件跟不同文化背景的人交流；很多重要的国际大会中，与会者来自不同的国家，说着不同的语言，这时便可以佩戴同声传译器，来解决语言不通的烦恼。

（二）辅助沟通系统未来发展的多样化

辅助沟通系统适用人群范围广大，辅助沟通系统的功能、类型、形式差异也较大，在保持辅助沟通系统快速发展的同时，亦要注重其多样性的特点，提升沟通辅具自主创新能力，以满足沟通障碍者的需求。充分与新兴科技相结合，使沟通辅具更简洁、更方便携带、更容易操作。就一般情况而言，辅助沟通系统的多样性发展受到很多因素的影响，如国家政策体系的支持、高新科技技术的成熟与普及等。加快辅助沟通系统与人机工程、美学创意、人工智能、可穿戴设备、仿生设备等领域中前沿技术、关键共性技术的融合。

（三）辅助沟通系统新技术继续快速发展

在科技快速发展的当下，辅助沟通系统新技术继续快速发展，并将沿着工具平台化部署。我国辅助器具国家科研立项机制已经建立，并且辅助器具科研工作形成了以国家科研机构为主、企业和社会机构参与的局面（陈光，2012）。"十三五"期间，沟通和信息辅助器具进入了科技部科研项目管理序列。据《残疾人基本辅助器具指导目录（2020版）》显示，共有辅助器具123种，其中沟通和信息辅助器具占了34种，功能服务覆盖了大部分沟通障碍者。计算机、人工智能等越来越多的高新技术与辅助沟通系统的结合更快、更深，成为未来沟通与信息辅具研发的重要基础，为满足广大沟通障碍者无障碍沟通的要求，提供源源不断的"辅具力量"。

最大程度发挥移动技术在辅助沟通系统中的作用。相比于传统的辅助沟通系统或工具（如语音生成装置等），智能手机或平板电脑体积小、价格便宜，还有各种功能（如聊天、上网、购物、导航）。近年来，也有大量的类辅助沟通系统手机应用出现，帮助和支持有需要的人沟通。

（四）辅助沟通系统未来发展的个性化

作为一种沟通工具，辅助沟通系统的最终目的是提供高效的途径去帮助沟通障碍者表达他们的需求、交换信息、发展社交关系和参与社交等活动。没有一种辅助沟通系统是适用于所有人的。每个人的情况都不一样，我们要做的是寻找最适合某个沟通障碍者的辅助沟通系统。最终的发展必将是以人为本、个性化的。有研究者指出"以人为本"的三个必备条件（McNaughton，Light，2013）。①康复和教育团队必须把关注点放在"交流沟通"上，同时要多方位干预，确保干预效果的最大化。②团队不能撇开沟通障碍者和家人的需求，团队需要通过评估找到符合病人需求、能力和偏好的辅助沟通系统。③研究人员和辅助沟通系统研发者必须确保新开发的辅助沟通系统跟沟通障碍者的需求和技能匹配。具体来说，在硬件设计上，未来辅助沟通系统创新设计是以个人需求为导向、以信息化为手段、以创新为支撑、以服务为补充的内在精神隐喻与外在功能实现，是针对沟通障碍者个人特点、使用习惯等个体特征的全方位服务与关怀；在服务体系上，未来的沟通系统将以个人为核心，提供一对一、点对点，涵盖语言治疗、物理治疗、心理治疗多个方位的评估、建议、评核、康复追踪的一站式服务。

要点回顾 ·····▶

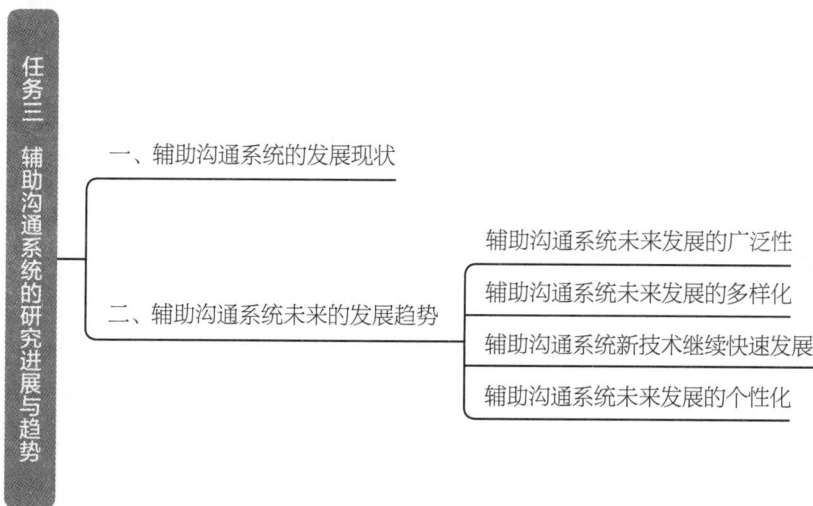

检测与思考 ·····▶

1. 国内辅助沟通系统发展现状如何？
2. 未来辅助沟通系统发展趋势如何？

单元十任务二
检测与思考答案

参考文献 ·····▶

MCNAUGHTON D, LIGHT J. The iPad and mobile technology revolution: benefits and challenges for individuals who require augmentative and alternative communication. Augmentative and alternative communication, 2013（2）.

陈光. 浅谈我国辅助器具科研工作未来发展. 中国康复理论与实践，2012（3）.

董理权，吴小高. 我国残疾人基本辅助器具服务保障制度建立的必要性浅析. 中国康复理论与实践，2016（8）.

付忠莲. 辅助沟通系统在我国内地应用之探讨. 襄阳职业技术学院学报，2020（6）.

黄登俊. 脑卒中失语症患者眼动交互系统设计. 成都：西南交通大学，2016.

李欢，林佳英. 近二十年国际特殊教育辅助技术研究的演化路径分析. 中国特殊教育，2020（1）.

张彦欣. 基于人工智能的高职国际商务专业人才培养发展思考. 劳动保障世界，2020（3）.